Reinhart Schmidt, Dieter Gramlich (Hrsg.)

Kapitalmarktforschung und Bankmanagement

WIRTSCHAFTSWISSENSCHAFT

Reinhart Schmidt, Dieter Gramlich (Hrsg.)

Kapitalmarktforschung und Bankmanagement

Impulse für eine anwendungsorientierte Forschung

Deutscher Universitäts-Verlag

Bibliografische Information Der Deutschen Bibliothek
Die Deutsche Bibliothek verzeichnet diese Publikation in der Deutschen Nationalbibliografie; detaillierte bibliografische Daten sind im Internet über <http://dnb.ddb.de> abrufbar.

1. Auflage Dezember 2004

Lektorat: Ute Wrasmann / Sabine Schöller

Der Deutsche Universitäts-Verlag ist ein Unternehmen von Springer Science+Business Media.
www.duv.de

Umschlaggestaltung: Regine Zimmer, Dipl.-Designerin, Frankfurt/Main
Druck und Buchbinder: Rosch-Buch, Scheßlitz
Gedruckt auf säurefreiem und chlorfrei gebleichtem Papier

ISBN 978-3-8244-0816-0

Vorwort

Das vergangene Jahrzehnt markiert eine Dekade des Umbruchs auf den Finanzmärkten. Speziell die hoch entwickelte Informationstechnologie hat eine neue Transparenz und Dynamik geschaffen. Prozesse der Deregulierung und Globalisierung unterstützen ein weltweites Asset-/ Liability-Management. Zugleich prägen Brüche auf den Aktienmärkten, veränderte Wechselkursrelationen, Zinsvolatilität und Länderkrisen die Finanzmärkte. Diese werden zusätzlich durch Unternehmenskrisen aufgrund des begrenzten Wachstums und der Restrukturierungen auf den Gütermärkten betroffen bis hin zu den Konsequenzen geopolitischer Verwerfungen.

Aus Sicht von Bankwissenschaft und Bankpraxis schaffen die genannten Entwicklungen vielfältige Perspektiven und Probleme. Grundsätzlich stellen sich die Fragen, welche neuen Phänomene auf den Finanzmärkten erkannt werden können, wie diese verlässlich zu identifizieren sind und welche Anforderungen für den Umgang mit ihnen aus Sicht des Finanz- und Bankmanagements resultieren. Dabei müssen zum einen, etwa mit Blick auf operationelle Herausforderungen, weitgehend neue Antworten gefunden werden. Zum anderen bietet sich an, etwa mit Bezug auf die verbesserte Verfügbarkeit stochastischer Parameter, die bereits in der Kapitalmarkttheorie vorhandenen Ansätze auf die gegenwärtige Situation hin fortzuentwickeln.

Die Beiträge des vorliegenden Tagungsbands sind diesen Fragestellungen gewidmet. Sie beinhalten die aktualisierten Fassungen einer Tagung zu Kapitalmarktforschung und Bankmanagement, die am 23. April 2004 an der Martin-Luther-Universität Halle-Wittenberg durchgeführt wurde. An der Martin-Luther-Universität war im April 1994 der Lehrstuhl für Finanzwirtschaft und Bankbetriebslehre neu eingerichtet worden. Die erste Dekade der Lehr- und Forschungstätigkeit fällt in die angeführte Zeit des Umbruchs an den Finanzmärkten. Das 10-jährige Bestehen wird zum Anlass genommen, Entwicklungen und Perspektiven von Kapitalmarktforschung und Bankmanagement kritisch zu reflektieren. Impulse für Theorie und Praxis sollen gegeben werden. Die Beitragenden sind als Experten in den jeweiligen Themenbereichen ausgewiesen. Mit dem Lehrstuhl für Finanzwirtschaft und Bankbetriebslehre sind sie über ihre wissenschaftliche Tätigkeit unmittelbar verbunden.

Teil 1 „Kapitalmarktforschung" des Tagungsbands ist der Untersuchung ausgewählter Phänomene auf den Finanzmärkten aus Sicht der empirischen Kapitalmarktforschung gewidmet. Im einführenden Aufsatz „Zur Vielfalt der empirischen Kapitalmarktforschung" schafft *Reinhart Schmidt* einen mehrfachen Bezugsrahmen. Empirische Analysen im Bereich Kapitalmarkt sind im Spannungsfeld der Verfügbarkeit von Theorien, Methoden und Daten dadurch gekennzeichnet, dass sie sowohl ökonomische Modelle überprüfen als auch eigene, originäre Fragestellungen verfolgen. Die Schwerpunkte der empirischen Kapitalmarktforschung in Deutschland – als solche zugleich von den

Forschungsansätzen in den USA inspiriert – bilden den Kontext für die auch an der Universität Halle vertiefte Forschung. Diese lässt sich u. a. durch die Aspekte Informationsverarbeitung, Performanceanalyse sowie Corporate Governance charakterisieren und wird anhand ausgewählter Beispiele dargelegt.

Florian Holzapfel analysiert in „Zur Empirie des Gewinnmanagements deutscher Aktiengesellschaften" Gewinnschwellen im Rahmen des Erfolgsausweises von Unternehmen. Gewinnschwellen sind als solche Gewinn-Bezugspunkte definiert, die von den tatsächlichen Gewinnen übertroffen werden sollen. Ihre Existenz wird unter Einbezug der Behavioral Finance und des Principal-Agent-Ansatzes konzeptionell unterlegt. Die anschließende empirische Überprüfung von drei ausgewählten Gewinnschwellen bezieht über 800 Aktiengesellschaften in Deutschland und den USA im Zeitraum 1987-2000 ein. Sie erbringt, differenziert nach den Gewinnschwellen Break-Even, Gewinn letzte Periode und Konsensanalystenprognose, signifikante Ergebnisse. Dabei ist auch das Gewinn- und Erwartungsmanagement deutscher Unternehmen, etwa unter Beachtung der aktiven Leitung von Analysten, überprüft.

Unter dem Thema „Empirische Untersuchungen zu Kursaussetzungen am deutschen Aktienmarkt" stellt *Matthias Ecke* die empirische Analyse von Handelsunterbrechungen auf dem deutschen Aktienmarkt in den Mittelpunkt. Er formuliert und prüft mehrere Hypothesen mit dem Ziel, Kursaussetzungen in Bezug auf die Relevanz der ihnen zugrunde liegenden Informationen hin zu bewerten. Die Beurteilung der Kurseffekte erfolgt u. a. im Vergleich zu nicht ausgesetzten Ad-hoc-Meldungen. In einer umfassenden Studie mit einer Grundgesamtheit von über 510 Kursaussetzungen am deutschen Aktienmarkt 1993-2001 und 349 ausgewählten Ad-hoc-Meldungen legt *Matthias Ecke* bemerkenswerte Ergebnisse vor. Diese zeichnen sich u. a. durch Signifikanz und Asymmetrien bei den beobachteten Effekten aus.

Annemarie Sapusek bezieht sich in „Volatility clustering in German stock returns" auf empirische Studien für die USA und andere Länder, die eine Veränderung der Volatilitäten finanzwirtschaftlicher Zeitreihen im Zeitverlauf belegen. Der deutsche Aktienmarkt ist ebenfalls durch Perioden unterschiedlicher Rendite- und Volatilitätsentwicklung gekennzeichnet. Diese Volatilitätsphasen können mit GARCH-Modellen, die Abhängigkeiten in den Varianzen implizieren, beschrieben werden. Im Rahmen dieser empirischen Untersuchung werden unterschiedliche GARCH-Modelle (u. a. GARCH, EGARCH, TARCH) für Aktien- und Indexrenditezeitreihen geschätzt. Es werden Abhängigkeiten und Asymmetrien in den Varianzen und Zusammenhänge zwischen Mittelwert und Varianz gefunden.

Der umfassende, konzeptionelle Überblick zu „Agentenbasierte Simulation von Aktienmärkten" von *Norman Ehrentreich* beschließt die Reihe der Aufsätze zur Kapitalmarktforschung. Agentenbasierte Simulation als Bereich der computerbasierten Wirtschaftswissenschaften hat als Ziel, Prozesse und Strukturen von Ökonomien (Makroebene) durch die Modellierung und Aggregation des Verhaltens von Individuen (Mikroebene) endogen zu erklären. Im Unterschied zu traditionellen verhaltenswissenschaftlichen Ansätzen werden dabei die Prämissen der vollkommenen Rationalität und vollkommenen Information als Grundlage individuellen Verhaltens kritisch hinterfragt. An die Stelle repräsentativer Agenten treten heterogene Agenten, deren Interaktion durch Lernen gekennzeichnet ist. Hierdurch können Komplexität, Dynamik und Nichtlinearität auf ökonomischen Märkten auf besondere Weise modelliert werden.

Teil 2 „Bankmanagement" des Tagungsbands legt ausgewählte Anforderungen und Alternativen offen, die mit der geänderten Situation auf Finanzmärkten für das Management von Kreditinstituten als den dominanten Akteuren verbunden sind. Ganz offensichtlich erfordern die neuen geschäftspolitischen Chancen, aber auch die neue Exponiertheit der Banken gegenüber Risiken, eine verbesserte Qualität des Bankmanagements. Diese zeichnet sich vordergründig durch den weiteren Einbezug zentraler Erfolgsparameter aus. Im eigentlichen Sinn aber geht es um eine ziel- und methodenkonsistente Steuerung der Zusammenhänge innerhalb der Bank sowie zwischen der Bank und ihrem Umsystem. Im Beitrag „Entwicklungslinien des Gesamtbankmanagements" arbeitet *Dieter Gramlich* hierfür die Postulate Vollständigkeit, Koordiniertheit, Integriertheit und Kausalität heraus und vergleicht diese mit dem Status quo der Gesamtbanksteuerung. Ausgewählte Aspekte werden im Zusammenhang mit der intern-externen Kompatibilität von Zielen und Maßnahmen sowie dem Einbezug von Geschäftsfeldpotenzialen mit eigenem Erfolgsprofil und neuen Interdependenzen zu Preis- und Ausfallrisiken vertieft.

Technologisierung, Dynamik und Komplexität rücken in der Zukunft – auch unter Beachtung der bankenaufsichtsrechtlichen Vorgaben – organisatorische Anforderungen in den Mittelpunkt. Ebenso hat die zunehmende Spezialisierung des Bankgeschäfts die Abhängigkeit der Bank von einzelnen Mitarbeitern bzw. Mitarbeiterteams und deren Zuverlässigkeit erhöht. *Lars Schiefner* unterbreitet in seinen Ausführungen zu „Operationelle Risiken im Bankbetrieb" Möglichkeiten zur Erfassung und – als eine der zentralen Herausforderungen – der Bewertung dieses Phänomens. Ein Schwerpunkt liegt auf den seit 2004 feststehenden Regeln der Bankenaufsicht zur Eigenkapitalunterlegung operationeller Risiken. Neben diesen indirekten Quantifizierungen werden quantitative und qualitative Top-Down- und Bottom-Up-Ansätze vorgestellt und mit Blick auf ihre Eignung beurteilt.

Im Kontext von Globalisierung, Securitization und Asset Management kommt dem aktiven Umgang mit Bonitätsrisiken als Schlüsselgröße des Bankerfolgs eine zentrale Bedeutung zu. *Hans-Ulrich Templin* verbindet in seinen Gedanken zu „Asset Management von Corporate Bonds und Rating" die Phänomene risikogerechtes Pricing und Rating von Unternehmensanleihen. Bonitätsspreads bei internationalen Anleihen folgen insbesondere den Risikoeinstufungen durch renommierte Ratingagenturen. Eine Strategie des Asset Managements von Bondportfolios besteht deshalb darin, im Sinne eines Informationsmanagements die Ratingurteile und ihre Konsequenzen auf Bondpreise vorwegzunehmen. Der Autor stellt hierfür ein eigenes Ratingsystem vor.

Die Herausgeber verbinden mit dem Tagungsband den Wunsch, dass er Impulse für die Weiterentwicklung von Kapitalmarktforschung und Bankmanagement geben möge. Sie sind allen Beitragenden für ihr Engagement im Rahmen von Tagung und Tagungsband sehr herzlich verbunden. Besonderen Dank drücken sie dem Team vom

Lehrstuhl für Finanzwirtschaft und Bankbetriebslehre für die wertvolle Unterstützung bei der Organisation der Tagung aus. Nicht zuletzt gilt in diesem Zusammenhang ein Dank der Stadt- und Saalkreissparkasse Halle sowie der Volksbank Halle (Saale) eG für die freundliche Unterstützung. Die Schrift möge auch Ausdruck dessen sein, dass sich in den neuen Bundesländern eine vielfältige finanz- und bankwirtschaftliche Forschung entwickelt hat.

Reinhart Schmidt
Dieter Gramlich

Inhaltsverzeichnis

Abkürzungsverzeichnis

Abs.	Absatz
AG	Aktiengesellschaft
AMA	Advanced Measurement Approaches (Ambitionierte Messansätze)
APT	Arbitrage Price Theory
AR	Abnormale Rendite
ARCH	Autoregressive Conditional Heteroskedasticity
AUF	Abnormale Umsatzfaktoren
Aufl.	Auflage
AVAS	Average Volume Adjusted Time Series
BaFin	Bundesanstalt für Finanzdienstleistungsaufsicht
Bd.	Band
BörsG	Börsengesetz
BörsO	Börsenordnung
bspw.	beispielsweise
bzw.	beziehungsweise
ca.	circa
CAAR	Kumulierte durchschnittliche abnormale Rendite
CAPM	Capital Asset Pricing Model
CAR	Kumulierte abnormale Rendite
DAI	Deutsches Aktien-Institut
DAFOX	Deutscher Aktienindex für Forschungszwecke
DFG	Deutsche Forschungsgemeinschaft
DGAP	Deutsche Gesellschaft für Ad-hoc-Publizität
d. h.	das heißt
Diss.	Dissertation
DJSI	Dow Jones Sustainability Index
DM	Deutsche Mark
DV	Datenverarbeitung
EBIT	Earnings before Interest and Taxes
ed.	edition
Ed.	Editor
eG	eingetragene Genossenschaft
EGARCH	Exponential Autoregressive Conditional Heteroskedasticity
EMH	Effizienzmarkthypothese
EPS	Earnings per Share (Gewinn je Aktie)

et al.	et alii
EUR	Euro
e.V.	eingetragener Verein
f.	folgende
FAZ	Frankfurter Allgemeine Zeitung
ff.	fortfolgende
FTSE4G	Financial Times Stock Exchange Index for Good
FWB	Frankfurter Wertpapierbörse
GARCH	Generalized Autoregressive Conditional Heteroskedasticity
GPB	Geschäftspolitischer Bereich
H.	Heft
HI	Helaba Invest (Hessische Landesbank Invest)
Hrsg.	Herausgeber
HV	Hauptversammlung
IAH	Interacting-Agent Hypothesis
IAS	International Accounting Standard(s)
IBES	Institutional Brokers Estimate System
IFRS	International Financial Reporting Standard(s)
Inc.	Incorporated
insbes.	insbesondere
IPO	Initial Public Offering
i. S.	im Sinne
IT	Informationstechnologie
Jg.	Jahrgang
KAP	Konsensanalystenprognose
LFB	Liquiditätsmäßig-finanzieller Bereich
LFHI	Low-Frequency-High-Impact
Mrd.	Milliarde
No.	Number
Nr.	Nummer
NYSE	New York Stock Exchange
ÖBA	Österreichisches BankArchiv
o. Jg.	ohne Jahrgangsangabe
p.	page
pp.	pages
PV	Present Value
RAPM	Risk-Adjusted Performance Measurement
RAROC	Risk-Adjusted Return on Capital
RORAC	Return on Risk-Adjusted Capital
RSW	Rendite/ Sicherheit/ Wachstum (Scoring)

S.	Seite
SFI-ASM	Santa Fe Institute Artificial Stock Market
s. o.	siehe oben
TARCH	Threshold Autoregressive Conditional Heteroskedasticity
TOB	Technisch-organisatorischer Bereich
u. a.	unter anderem
US	United States
USD	United States Dollar
u. U.	unter Umständen
Vgl.	Vergleiche
Vol.	Volume
vs.	versus
WpHG	Wertpapierhandelsgesetz
WpÜG	Wertpapiererwerbs- und Übernahmegesetz
z. B.	zum Beispiel
ZfbF	Zeitschrift für betriebswirtschaftliche Forschung
z. T.	zum Teil
z. Zt.	zur Zeit

Symbolverzeichnis

A	Asset (Value-Modell)
BE	Bruttoertrag
D	Default (Rate-Modell)
E	Erwartungswertoperator
EI	Einlage
EK	Eigenkapital
h	Conditional Variance
H	Hypothese
i	Index (i = 1, ..., N)
k	Konkursquote
K	Kurs
KB	Beginn Kursaussetzung
KE	Ende Kursaussetzung
KR	Kredit
N	Häufigkeit, Anzahl
PV	Present Value
r	Rendite
R	Rendite
r_f	Risikofreie Rendite
r_m	Marktrendite
S	Schaden
SA	Sonstige Aktiva
w	Wechselkurs
X	Einzelschaden
z_F	Risikofreier Zinssatz
z_R	Risikoprämie

α	Unterlegungsfaktor
ß	Beta (Betafaktor)
Δ	Delta
ε	Störgröße

Teil 1

Kapitalmarktforschung

Reinhart Schmidt

Zur Vielfalt der empirischen Kapitalmarktforschung

1 Einleitung

Die Betriebswirtschaftslehre hat in dem letzten Viertel des 20. Jahrhunderts eine Erweiterung dadurch erfahren, dass die empirische Forschung zu einem wichtigen und festen Bestandteil dieser Disziplin geworden ist. Der Band „Ergebnisse empirischer betriebswirtschaftlicher Forschung"[1] belegt diese Entwicklung bis zum Anfang der neunziger Jahre in eindrucksvoller Weise. In den verschiedensten betriebswirtschaftlichen Funktionsbereichen wird empirische Forschung betrieben, die sich allerdings oft an Forschung anschließt, die schon vorher in den USA betrieben wurde. Im Bereich von Unternehmensfinanzierung und Kapitalmarkt wies der deutschsprachige Raum im Hinblick auf die empirische Forschung einen starken Rückstand auf. Deshalb wurde Ende der achtziger Jahre von der Deutschen Forschungsgemeinschaft (DFG) ein fünfjähriger Schwerpunkt „Empirische Kapitalmarktforschung" eingerichtet. Der Verfasser hat an diesem Schwerpunkt koordinierend und mit Projekten mitgewirkt. Diese Erfahrungen aus der Mitwirkung an dem Schwerpunkt haben bewirkt, dass mit der Einrichtung des Lehrstuhls für Finanzwirtschaft und Bankbetriebslehre an der Martin-Luther-Universität Halle-Wittenberg auch die empirische Kapitalmarktforschung in Halle aufgenommen werden konnte. Im Folgenden wird nach grundsätzlichen Ausführungen zur empirischen Kapitalmarktforschung anhand ausgewählter Problembereiche veranschaulicht, welche Methoden man in Halle bisher eingesetzt und welche Ergebnisse man erzielt hat. So kann ein Eindruck von der Vielfalt dieser Forschungsrichtung entstehen.

2 Grundlagen der Kapitalmarktforschung

2.1 Kapitalmarkt und Kapitalmarktforschung

In den Wirtschaftswissenschaften bildet die Erklärung von Strukturen und Prozessen ein wichtiges Anliegen. Neben der Erklärung geht es zunächst oft nur um Beschreibung, andererseits aber auch nach der Erklärung um Gestaltungsempfehlungen. Abbildung 1 verdeutlicht diese Forschungskonzeptionen im Zusammenhang mit der Erforschung von organisationsinternen Strukturen und Prozessen, von Marktstrukturen und -prozessen sowie von relevanten Märkten. Die Kapitalmärkte, die man sachlich, zeitlich und regional weiter untergliedern kann, spielen für die Entwicklung der

---

1 Vgl. *Hauschildt, J./ Grün, O.* (1993).

Wirtschaft eine immer größere Rolle, so dass deren theoretische und empirische Erforschung eine wichtige Aufgabe für die Wirtschaftswissenschaften darstellt. Theorie und Empirie beschränken sich dabei aber nicht auf den jeweiligen Kapitalmarkt, sondern es werden auch Verbindungen zu organisationsinternen Strukturen und Prozessen hergestellt.

Abbildung 1: *Ökonomische Erklärung von Strukturen und Prozessen*

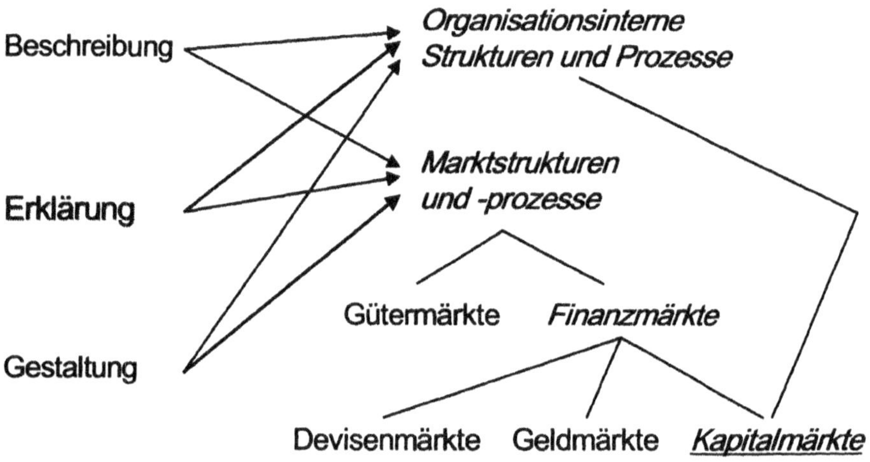

Der Kapitalmarkt hat seine traditionelle Stärke im angelsächsischen Raum. Inzwischen gewinnt er auch in Kontinentaleuropa immer mehr an Bedeutung, indem vom Bankkredit zur Anleihe übergegangen wird – wie auch vom Gesellschafter eines Unternehmens zum Aktionär. Es kommt hinzu, dass die auf Geld lautenden Informationen, die am Kapitalmarkt verarbeitet werden, besonders von dem Fortschritt in der Informations- und Kommunikationstechnologie profitieren. Weiter schafft die stattgefundene Deregulierung am Kapitalmarkt Vielfalt und Wettbewerb. Schließlich bildet die Globalisierung eine Herausforderung für Flexibilität und Wettbewerb. Es ist offensichtlich, dass sich aus diesen Veränderungen vielfältige Forschungsaufgaben stellen.

Die empirische Kapitalmarktforschung ist wie jede empirische Forschung durch eine typische Menge von Elementen zu kennzeichnen. In Abbildung 2 findet sich eine systematische Anordnung dieser Elemente. Dabei wird deutlich, dass es neben dem Testen ökonomischer Theorien auch um die Analyse konkreter Fragestellungen am Kapitalmarkt geht.

Abbildung 2: Elemente der empirischen Kapitalmarktforschung

Forschungszweck (Problem)

- Testen ökonomischer Theorien im Bereich des Kapitalmarktes
- Analyse konkreter Kapitalmarkt-Fragestellungen

Datengewinnung

- Beobachtung und Dokumentenanalyse
- Umfragen (Fragebogen, Interview)
- Experimente

Objektmenge

- Einzelfall, Stichprobe, Grundgesamtheit

Methoden

- Statistik
- Ökonometrie

Die Datengewinnung kann auf sehr unterschiedliche Weise erfolgen, für den Kapitalmarkt typisch sind die Beobachtung von Wertpapierkursen, die Dokumentation und Berichterstattung von Ereignissen durch die Unternehmen und die Presse. Aber auch Umfragen und Interviews sind für die Datengewinnung gefragt. Auch dringt die Durchführung von Experimenten im Rahmen eng abgegrenzter Fragestellungen vor. Die Objektmenge kann sich auf Einzelfälle (Case Studies) beschränken, in der Regel werden aber Stichproben gezogen, seltener kann auch die Grundgesamtheit untersucht werden. Methodisch ist empirische Kapitalmarktforschung ohne Statistik und Ökonometrie nicht mehr denkbar, obwohl sich ergänzend auch spezielle kapitalmarktorientierte Forschungsdesigns durchgesetzt haben.

Wie bei jeder empirischen Forschung existiert ein Abstimmungsproblem von Theorie, Methode und Daten in unterschiedlicher Form: Daten sind vorhanden, aber Theorie und Methode fehlen; Methode existiert, aber Theorie und Daten fehlen; Theorie ist geschaffen, aber Methode und Daten fehlen; Methode und Daten passen zusammen, aber Theorie fehlt; Theorie und Daten kombinierbar, aber Methode fehlt; Theorie und Methode sind abgestimmt, aber Daten fehlen. Das letztgenannte Problem stellt sich in der empirischen Kapitalmarktforschung oft, weil bestimmte Daten nicht öffentlich verfügbar sind. Letzten Endes müssen Theorie, Methode und Daten aufeinander abgestimmt werden.

Die Entwicklung der empirischen Kapitalmarktforschung ist an die Erfüllung von Voraussetzungen gebunden, die wie folgt systematisiert werden können:

1. Theorieverfügbarkeit

   - Zusammenhang von Rendite und Risiko (*Markowitz*),[2]
   - Kapitalmarkttheorie (*Sharpe*),[3]
   - Informationsverarbeitungseffizienz (*Fama*),[4]
   - Bewertung von Derivaten (*Black/ Scholes*)[5].

2. Methodenverfügbarkeit

   - Rendite- und Volatilitätsmessung, Bereinigungstechniken,
   - Modellierung von Renditeverteilungen,
   - Ereignisstudienmethodik,
   - Multivariate Analysemethoden,
   - Univariate Zeitreihenanalyse,
   - Regressionsanalyse integrierter Zeitreihen,
   - Monte-Carlo-Simulation,
   - Künstliche Neuronale Netze/ Genetische Algorithmen.

3. Datenverfügbarkeit

   - Preis- und Mengendaten, auch Intraday-Daten,
   - Indexdaten (auch „nur" für Forschungszwecke: DAFOX),
   - Abschlussdaten von Unternehmen,
   - sonstige Unternehmensdaten (auch: Ad-hoc-Meldungen),
   - Presseartikel/ Researchberichte/ Analystenurteile und -prognosen,
   - Daten über Anteilseigner, Depotstrukturen.

Aus der Kombination der verfügbaren Elemente ergibt sich eine enorme Vielfalt von Forschungsmöglichkeiten. So ist auch der Anteil der empirischen Forschung zunächst in den USA, aber auch weltweit stark angestiegen. Eine Inspektion des jeweils ersten Heftes eines Jahrgangs der Zeitschrift „Journal of Finance" belegt dies anhand der Prozentsätze von Artikeln über empirische Kapitalmarktforschung sehr gut: 1963 und 1973 unter 10 Prozent, 1983 ein Drittel, 1993 zwei Drittel, 2003 knapp 60 Prozent.

---

2 Vgl. *Markowitz, H. M.* (1952).
3 Vgl. *Sharpe, W. F.* (1964).
4 Vgl. *Fama, E. F.* (1970).
5 Vgl. *Black, F./ Scholes, M.* (1973).

2.2 Zur Entwicklung der empirischen Kapitalmarktforschung in Deutschland

Auf den in der Vergangenheit bestehenden deutlichen Rückstand des deutschsprachigen Raums bei der empirischen Forschung im Bereich von Unternehmensfinanzierung und Kapitalmarkt wurde einleitend verwiesen. Eine erste Reaktion hierauf war der 1989 von der DFG eingerichtete fünfjährige Schwerpunkt „Empirische Kapitalmarktforschung". Im Anschluss daran wurde kapitalmarktbezogene empirische Forschung von 1994 bis 2000 auch in einem DFG-Schwerpunkt „Effiziente Gestaltung von Finanzmärkten und Finanzinstitutionen" betrieben.

Ein Teil der Ergebnisse des ersten Schwerpunkts ist in zwei Sammelbänden publiziert worden.[6] Aus der folgenden Aufstellung erkennt man den Charakter der behandelten Probleme:

1. Empirische Kapitalmarktforschung (ZfbF-Sonderheft 1993)
   - Informationsverarbeitung an den Aktienmärkten,
   - Preisbildung an Kassa- und Terminmärkten,
   - Anlegerverhalten und Marktorganisation,
   - Beziehung zwischen Kapital- und Gütermärkten,
   - Finanzdatenbanken.
2. Empirical Research on the German Capital Market (Sammelband 1999)
   - Market Structure and Organization,
   - Information and Capital Market,
   - Risk and Return,
   - Futures and Options.

Fragen der Kapitalmarktforschung werden in den gesamten Wirtschaftswissenschaften behandelt und haben auch Einzug in die akademische Lehre gefunden. Ein Musterbeispiel stellt eine statistisch-ökonometrisch orientierte Vorlesung „Empirische Kapitalmarktforschung" an der Universität Wien dar.[7] Vorlesungsinhalte sind:

- Verteilungseigenschaften von Wertpapierrenditen,
- Informationseffizienzhypothese, Überprüfung des Random Walk-Modells,
- Event Studies,
- Gleichgewichtsmodelle für Aktienrenditen (Marktmodell, CAPM),
- Multifaktormodelle für Aktienmärkte,

---

6 Vgl. *Bühler, W./ Hax, H./ Schmidt, R.* (1993); *Bühler, W./ Hax, H./ Schmidt, R.* (1999).

7 Im Internet verfügbar unter: finance2.bwl.univie.ac.at/bbwl/kapmarkt.htm.

- Fristigkeitsstruktur der Zinssätze,
- Nichtlinearitäten in Finanzzeitreihen,
- Dynamische Volatilitätsmodelle.

Ein Überblicksartikel zeigt den beachtlichen Fortschritt der entsprechenden Forschung im deutschsprachigen Raum, vor allem seit den neunziger Jahren.[8]

3 Ausgewählte Beiträge zur Kapitalmarktforschung in Halle

Im Folgenden sollen einige Beiträge aus der halleschen empirischen Forschung zum Kapitalmarkt kurz vorgestellt und kommentiert werden.

3.1 Rankings börsennotierter Aktiengesellschaften

Der Verfasser hat 1987 an der Universität Kiel ein System der Performancemessung entwickelt, bei dem auf Basis einer Kombination von Rendite-, Sicherheits- und Wachstumskennzahlen aus Jahresabschlussdaten ein Scorewert als gewichteter Punktwert ermittelt wird (RSW-Verfahren).[9] Die Vergleichbarkeit und damit Aggregationsfähigkeit verschiedener Kennzahlen wird dabei über das statistische Verfahren der Standardisierung erreicht, die relative Position eines Unternehmens ist entscheidend.[10] Die Unternehmen können so nach Branchen und/ oder Ländern in eine Rangfolge nach der Performance gebracht werden, zusätzlich kann die Performance auch im Zeitablauf verglichen werden.

Im Jahr 1994 wurde das RSW-Verfahren um eine Komponente der Börsenperformance erweitert, wonach die Unternehmensperformance sich zu gleichen Teilen aus einer fundamentalen, aus Konzernabschlüssen abgeleiteten Komponente einerseits und einer an der Börsenkursentwicklung abgeleiteten Komponente andererseits zusammensetzt. Die fundamentale Performance ist dabei eher rückwärts gerichtet und kann durch Bewertungsmanipulationen beeinträchtigt sein. Die Börsenkomponente ist zukunftsorientiert, die Börsenbewertung schwankt aber stärker und kann durch Über-

---

8 Vgl. *Möller, H. P./ Hüfner, B.* (2001).
9 Vgl. *Schmidt, R.* (1990).
10 Vgl. zu diesem Konzept schon *Schmidt, R.* (1980).

treibungen nach oben oder unten verzerrt sein. Eine Kombination beider Bewertungen in einem Performancemaß führt so tendenziell zu einer besser abgesicherten Aussage. In Abbildung 3 ist dieses kombinierte RSW-Verfahren am Beispiel der Kampa-Haus AG dargestellt.

Schließlich wurde im Jahr 1998 das System der Performancemessung neu konzipiert und konsequent auf den Shareholder Value ausgerichtet. Seitdem werden die 500 größten Konzerne Europas im Auftrag von „manager magazin" im Sinne einer praxisorientierten Fragestellung am Kapitalmarkt daraufhin überprüft, ob sie für den Aktionär Wert geschaffen oder vernichtet haben. Das Konzept basiert auf der Überrendite eines Unternehmens über die Kapitalkosten. Als Endergebnis des Unternehmenstests errechnet sich ein Scorewert, der als Mittelwert der standardisierten fundamentalen Überrendite und des standardisierten Total Shareholder Return definiert ist. Dieses kombinierte Performancemaß wird Shareholder Value Performance genannt.

Vergleicht man die Ergebnisse mehrerer solcher Unternehmenstests, so erkennt man, wie schwer es ist, schon über wenige Jahre hinweg eine gleich bleibende Performance zu erreichen. Der Verfasser hat fünf der von ihm durchgeführten Unternehmenstests für die Geschäftsjahre 1998 bis 2002 vergleichend ausgewertet. Einbezogen wurden alle nichtfinanziellen Unternehmen, die für alle fünf Jahre in den Tests enthalten waren. In Abbildung 4 sind die Korrelationskoeffizienten für das Performancemaß, d. h. die Shareholder Value Performance, wiedergegeben. Die Korrelationskoeffizienten verhalten sich sehr einheitlich nach einem bestimmten Muster. Um ein bestimmtes Jahr herum – also links und rechts um die Diagonale – ist die Korrelation zunächst recht hoch und nimmt dann kontinuierlich nach links und rechts ab. Die Performance des Jahres 1999 ist z. B. hoch mit der Vorjahresperformance, aber nur schwächer mit der des Jahres 1997 verbunden. Und von 2000 bis 2002 nimmt die Korrelation nicht nur ab, sie wird sogar negativ. Aus diesen Ergebnissen kann geschlossen werden, dass es den Unternehmen schwer fällt, die Unternehmensperformance zu stabilisieren.

Abbildung 3: *Beispiel zum RSW-Verfahren von 1994*
Quelle: manager magazin 11/ 1994

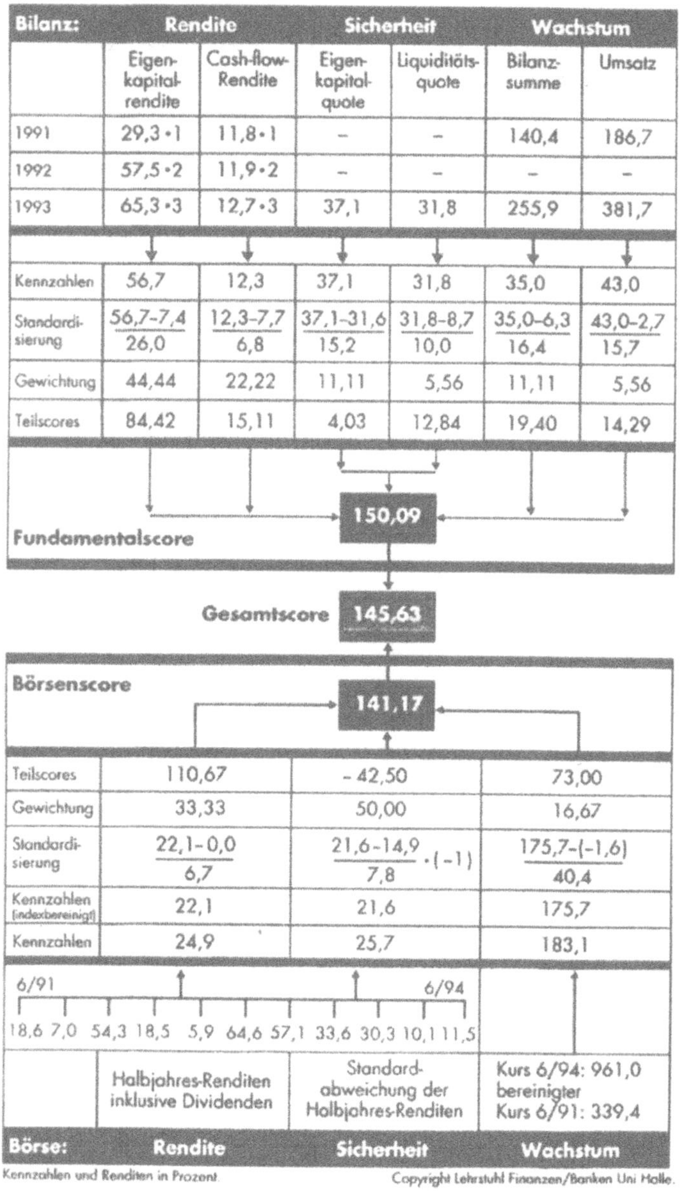

Abbildung 4: Korrelation der Shareholder Value Performance von 168 nichtfinanziellen europäischen Aktiengesellschaften
Quelle: Eigene Berechnungen

Jahr	1997	1998	1999	2000	2001	2002
1997		0,53	0,23	0,22	0,08	0,08
1998	0,53		0,64	0,14	-0,13	-0,05
1999	0,23	0,64		0,30	-0,24	-0,13
2000	0,22	0,14	0,30		0,48	0,30
2001	0,08	-0,13	-0,24	0,48		0,81
2002	0,08	-0,05	-0,13	0,30	0,81	

In einer Dissertation hat *Tamm*[11] empirisch untersucht, inwieweit Rankings auf Basis anderer Ranking-Methodiken Vorteile gegenüber einem Ranking auf Punktwertbasis aufweisen.

Basis für die Rankings bilden Beziehungen zwischen fundamentalen Unternehmensdaten und Aktienrenditen. Weitere empirische Forschungsergebnisse zu diesem Problemkreis hat *Peters*[12] erzielt, der deutsche, englische und französische Unternehmen im Hinblick auf die Korrelation zwischen Erfolgsmaßen und Aktienrenditen in Abhängigkeit von der Länge des Betrachtungszeitraumes untersucht hat. Und *Templin*[13] hat geprüft, inwieweit das Aktienkursrisiko durch fundamentale Risikomaße erklärt werden kann.

3.2 Computergestützte Inhaltsanalyse als Instrument der Kapitalmarktforschung

In der empirischen betriebswirtschaftlichen Forschung bilden regelmäßig Mengen- und Wertangaben die Datenbasis. Nichtnumerische Daten werden für großzahlige Untersuchungen selten verwendet. Informationen in Form verbaler Texte sollten aber auch für die empirische Forschung herangezogen werden. Deshalb ist die in den Sozialwissenschaften entstandene Inhaltsanalyse von dem Verfasser schon früh als compu-

[11] Vgl. *Tamm, S.* (2002).
[12] Vgl. *Peters, M.* (1999).
[13] Vgl. *Templin, H.-U.* (1998).

tergestützte Methode zur Analyse von Unternehmenstexten entwickelt und angewendet worden.[14] Diese Methode ist später zur Untersuchung der halbstrengen Informationseffizienz[15] eingesetzt worden, indem Pressemeldungen in Wörter zerlegt wurden, die Wörter bestimmten Kategorien zugewiesen wurden, und dann die Informationsverarbeitung durch die Börse mit Hilfe multipler Regression getestet wurde.[16] Abbildung 5 demonstriert einige der Kategorien und zugleich einen Auszug aus dem empirisch erstellten Wörterbuch. Auch kann man natürlich schriftliche Informationen in einem Gesamtzusammenhang analysieren.[17]

Abbildung 5: *Ökonomische und allgemeine Bewertungsvariablen zur Inhaltsanalyse von Pressemeldungen zwecks Erklärung von Aktienindizes*
Quelle: Schmidt, R./ May, A. (1993)

Kategorie	Kürzel	Wörterbuchauszug
Unternehmenserfolg	P_ERFOLG	Spitzendividende, Rekordgewinne, Gewinnschub
	N_ERFOLG	Dividendenausfall, Gewinneinbruch, Verlustjahr
Rechnungswesen	P_BILANZ	Kosteneinsparung, Kostenvorsprung, Investitionsboom
	N_BILANZ	Bilanzprobleme, Lohnkostendruck, Rentabilitätsprobleme
Finanzen	P_FINANZ	Kooperationserfolge, Eigenkapitalstärkung, hochliquide
	N_FINANZ	Bonitätsverfall, Liquiditätskrise, Konkursantrag
Kapitalanlage	P_KAPANL	Vermögenszuwachs, Rekordemissionen, Kursrekorde
	N_KAPANL	Insiderskandal, Crash-Gefahr, Börsenskandal
Absatzpolitik	P_ABSATZ	Absatzrekorde, Orderzuwachs, Markenerfolge
	N_ABSATZ	Marketingfehler, Rückrufaktion, Umsatzeinbußen
Konjunkturpolitik	P_KONJUN	Wachstumspfad, Super-Konjunktur, Produktivitätsschub
	N_KONJUN	Teuerungswelle, Rezession, Konjunkturabschwung
Finanzmarkt	P_EFFEKT	Indexhoch, Börsenboom, Superhausse
	N_EFFEKT	Panikverkäufe, Kurseinbrüche, Finanzmarkt-Turbulenzen
Politik	P_POLTIK	Wahlsieg, Reformen, Liberalisierung
	N_POLTIK	Wahleklat, Bürgerkrieg, Parteienstreit
Wirtschaftspolitik	P_WIPOL	Wirtschaftsreform, Deregulierung, Strukturreform
	N_WIPOL	Strukturkrise, Protektionismus, Handelskonflikt
Allg. Bewertungen	DPLUS	Superlative, Spitzenleistungen, Rekordjahr
	PLUS	steigen, verbessern, positiv
	NEUTR	normal, durchschnittlich, befriedigend
	MINUS	verlieren, verworren, ungenügend
	DMINUS	tiefrote, verheerend, Niedergang

14 Vgl. *Schmidt, R.* (1981).
15 Vgl. dazu *Fama, E. F.* (1970) und die umfassende Darstellung bei *Sapusek, A.* (1998a).
16 Vgl. *Schmidt, R./ May, A.* (1993).
17 Vgl. dazu für Unternehmensziele *Kalka, L.* (2002).

In einer aktuellen Arbeit hat *Beier-Middelschulte*[18] die computergestützte Inhaltsanalyse angewendet, um die Beziehungen zwischen Unternehmensmeldungen und Pressemeldungen großzahlig zu untersuchen. Für den Kapitalmarkt spielt nämlich die Presse eine wichtige Rolle bei der Informationsbewertung.

Die einzelnen Meldungen der Unternehmen und auch die Nachrichten der Presse wurden dann aufgrund der Häufigkeit der enthaltenen Einzelnoten bewertet, und es wurde je Text eine Gesamtnote errechnet. Abbildung 6 stellt die Meldungen und Nachrichten für eine Aktiengesellschaft während des Untersuchungszeitraums dar. Als Ergebnis ist festzuhalten, dass die Presse eine Filterfunktion bezüglich der Meldungen ausübt, woraus sich auch konkrete Empfehlungen für die Kommunikationspolitik der Unternehmen ergeben.

Abbildung 6: *Bewertete Mitteilungen und Nachrichten betreffend die Quiagen AG (N=Pressenachricht, P=Pressemeldung, AH=Ad-hoc-Mitteilung) Quelle: Beier-Middelschulte, A. (2004)*

Datum	Art	Überschrift	Note
2. Jan.	N	Das Warten auf die Frühjahrsrallye kann jetzt beginnen	2,3
10. Jan.	AH	Qiagen Genomics schließt Verträge mit Daiichi Chemicals	2,3
10. Jan.	P	QIAGEN Genomics schließt Verträge mit Daiichi Pure Chemicals	2,0
10. Jan.	AH	Agilent und QIAGEN Genomics bilden Allianz	1,9
10. Jan.	P	Agilent und QIAGEN Genomics bilden Allianz	1,9
11. Jan.	N	Qiagen stemmt sich gegen den Trend	1,8
24. Jan.	N	Morgan Stanley startet Qiagen mit Starker Kauf	2,0
6. Feb.	N	Neue-Markt-Stars von morgen sind solide	2,3
19. Feb.	N	Experten hoffen auf ein Ende der Gewinnwarnungen	3,1
20. Feb.	AH	QIAGEN IM VIERTEN QUARTAL WEITER AUF ERFOLGSKURS	1,9
20. Feb.	P	QIAGEN im vierten Quartal weiter auf Erfolgskurs	2,1
21. Feb.	N	Hohe Dynamik von Qiagen reicht der Börse nicht	2,6
2. Mrz.	N	LBBW erhöht Qiagen-Gewinnschätzung	2,4
4. Apr.	AH	QIAGEN und ZYMARK SCHLIESSEN STRATEGISCHE ALLIANZ	1,6
4. Apr.	P	QIAGEN und ZYMARK schließen strategische Allianz	2,0
18. Apr.	AH	PreAnalytix stellt erstes Produkt zur Stabilisierung von RNA vor	2,1
24. Apr.	AH	QIAGEN ÜBERNIMMT SAWADY GRUPPE IN JAPAN	1,7
25. Apr.	N	Qiagen übernimmt Sawady-Gruppe	1,7
4. Mai.	N	Banker empfehlen Qiagen-Aktie vor Bekanntgabe der Quartalszahlen	2,3
7. Mai.	AH	QIAGEN meldet starkes Wachstum in Umsatz und Gewinn	1,9
7. Mai.	P	QIAGEN meldet starkes Wachstum in Umsatz und Gewinn	2,1
8. Mai.	N	Qiagen mit Umsatz- und Ergebnisplus	2,2
9. Mai.	N	Qiagen überrascht Analysten	2,2
28. Jun.	P	QIAGEN und Aventis Pharma vereinbaren Zusammenarbeit	2,9

18 Vgl. *Beier-Middelschulte, A.* (2004).

3.3 Corporate Governance im internationalen Vergleich

Corporate Governance bringt nicht nur aus Sicht des einzelnen Unternehmens, sondern auch aus Sicht des Kapitalmarktes bedeutende Gestaltungsprobleme. Unterschiedliche Ausformungen können daher zu ganz unterschiedlichen Bewertungen durch den Kapitalmarkt führen.[19] Am Lehrstuhl für Finanzwirtschaft und Bankbetriebslehre in Halle wurde die Einstellung unterschiedlicher Stakeholder empirisch durch Befragung[20] erforscht. Auch wurde die Frage untersucht, welche Besonderheiten sich ergeben, wenn grenzüberschreitende Fusionen stattfinden. Insbesondere wurden neue Gestaltungsformen für Merger of Equals gefunden und beschrieben.

Abbildung 7: *Beziehungen zwischen Inhaltskategorien von Corporate Governance-Kodizes im internationalen Vergleich*
Quelle: Schmidt, R. (2003)

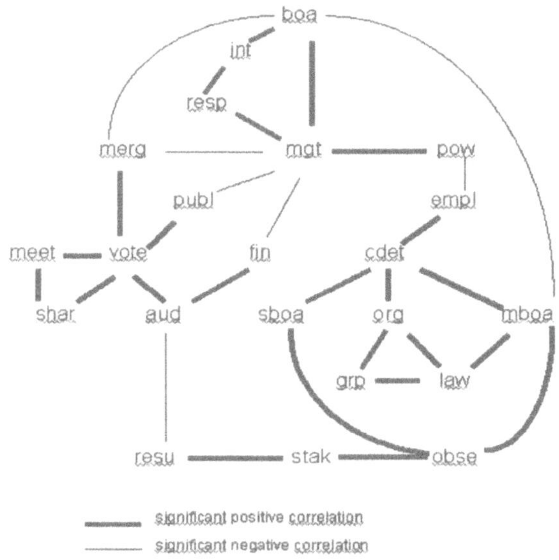

Im internationalen Vergleich ist auch von Interesse, wie Kodizes zur Corporate Governance Gemeinsamkeiten oder Unterschiede aufweisen. Methodisch wurde erneut die

19 Vgl. den Überblick bei *Shleifer, A./ Vishney, R.W.* (1997).
20 Vgl. dazu *Schmidt, R.* (1998).

computergestützte Inhaltsanalyse eingesetzt, indem die in den Kodizes vorkommenden Wörter bestimmten, mit Corporate Governance verbundenen Kategorien zugewiesen wurden.[21]

Jedes Dokument kann dann also durch die Häufigkeit der vorkommenden Kategorien beschrieben werden. In Abbildung 7 sind positive und negative Korrelationen zwischen verschiedenen Kategorien graphisch dargestellt, dabei sind die Kategorien mnemotechnisch abgekürzt. Man erkennt beispielsweise, dass die Kategorien „codetermination" (cdet), „supervisory board" (sboa) und „management board" (mboa) positiv korreliert sind – ein Anzeichen dafür, dass auch deutsche Kodizes untersucht wurden (one-tier system, Mitbestimmung). Abschließend konnte mit Hilfe der Clusteranalyse eine Klassifikation der Kodizes vorgenommen werden. Diese Ergebnisse sind allerdings abhängig von der Objektauswahl (hier: ca. 40 Kodizes) und von den in die Clusteranalyse einbezogenen Variablen (Kategorien der Inhaltsanalyse).

3.4 Ereignisstudien

Ereignisstudien (Event Studies) stellen inzwischen eine Standardaufgabe der empirischen Kapitalmarktforschung dar. Es wird untersucht, wie an der Börse auf bestimmte, genau definierte Ereignisse reagiert wird. Da an der Börse Informationen verarbeitet werden, wird das Ereignis über entsprechend publizierte Nachrichten (Pressemeldungen, HV-Ansprachen) abgebildet. Entscheidend ist nun, dass man feststellen kann und muss, wann die Nachricht die Öffentlichkeit und damit auch die Börse erreicht hat, weil dieser Zeitpunkt zum Referenzpunkt in Bezug auf etwaige Reaktionen an der Börse gemacht wird. Es wird dann anhand vieler Fälle untersucht, ob und wie stark die Börse nachweisbar auf den Nachrichteninhalt positiv oder negativ reagiert. Ein Beispiel findet sich in Abbildung 8.

In Abbildung 8 sieht man anhand der kumulierten durchschnittlichen abnormalen Renditen (CAAR) sowie der abnormalen Börsenumsätze deutlich, dass aufgrund dieser auf den Nachweis von Insiderhandel angelegten Untersuchung[22] schon vor dem Ereignistag auf die ausgewählten Positiv-Ereignisse reagiert wird, und zwar erstens mit einer schon vorher steigenden CAAR und zweitens mit überdurchschnittlichen Börsenumsätzen. Solche Ergebnisse haben dazu beigetragen, dass der deutsche Gesetzgeber die Notwendigkeit einer gesetzlichen Regelung zum Insiderhandel eingesehen hat.

---

21 Vgl. *Schmidt, R.* (2003).
22 Vgl. *Schmidt, R./ Wulff, S.* (1993).

Abbildung 8: *Entdeckung von Insideraktivitäten: kumulierte durchschnittliche abnormale Renditen sowie abnormale Börsenumsätze um den Ereignistag*
Quelle: Schmidt, R./ Wulff, S. (1993)

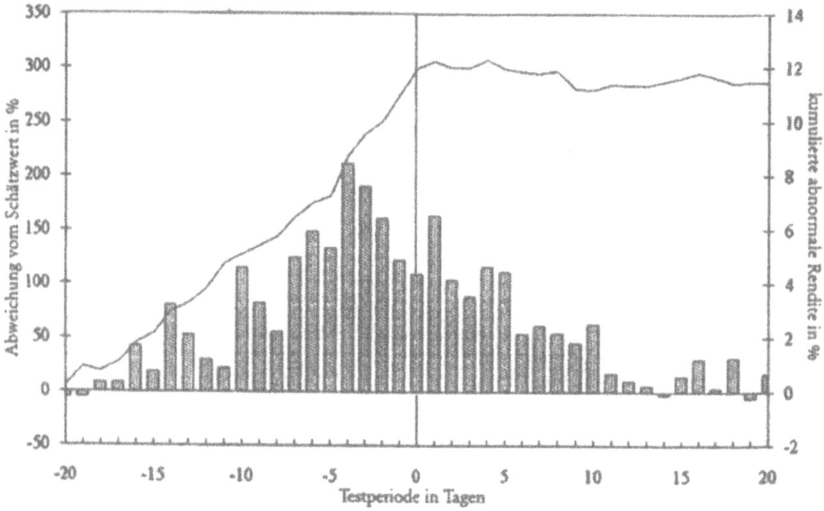

In einer auf die Wirkung von Unternehmensstrategien ausgelegten Untersuchung kann *Habbel*[23] zeigen, dass die Konzentration der Unternehmen auf das Kerngeschäft im Zeitraum 1992 bis 1998 von der Börse positiv honoriert wird (vgl. Abbildung 9). Allerdings steigt auch das Risiko an, so dass eine generelle positive Beurteilung einer solchen Unternehmensstrategie nicht vorgenommen werden kann.

Ereignisstudien werden auch mit Blick auf die Verarbeitungsgeschwindigkeit und mögliche Überreaktionen betrieben. Dazu sollte man zunächst ein Maß für den Überraschungsgrad finden und definieren. Dann kann man für unerwartete Gewinn- und Dividendeninformationen am deutschen Aktienmarkt feststellen, dass solche Informationen nicht sofort in ihrer Auswirkung richtig eingeschätzt werden können.[24]

23 Vgl. *Habbel, M.* (2001).
24 Vgl. *Werner, M.* (1999).

Abbildung 9: *Wirkungen einer Konzentration auf das Kerngeschäft auf die Aktienrendite (Market Adjusted Total Return)*
Quelle: Habbel, M. (2000)

3.5 Studien zum Gang an die Börse

Am Lehrstuhl für Finanzwirtschaft und Bankbetriebslehre hat man sich verstärkt empirisch mit dem Gang an die Börse beschäftigt. Dazu hat die Einrichtung eines Archivs der publizierten Prospekte positiv beigetragen. Eine quantitative Analyse der Prospektinhalte im Zusammenhang mit dem Gang an den Neuen Markt in Deutschland hat z. B. ergeben, dass sich die Qualität der Börsenneulinge von 1997 bis 2000 signifikant verschlechtert hat,[25] was mit eine Erklärung für den Zusammenbruch dieses Marktes bilden kann.

Andere Studien beschäftigen sich mit der Zeit nach dem jeweiligen Börsengang. Zunächst kann man die entsprechende Entwicklung der Unternehmen anhand fundamentaler Daten analysieren. *Börgmann*[26] identifiziert in diesem Zusammenhang Entwicklungstypen von IPO-Unternehmen mit Hilfe der Clusteranalyse von Jahresabschlussdaten.

---

[25] Vgl. *Schmidt*, R. (2001).
[26] Vgl. *Börgmann*, R. (2001).

Abbildung 10: *Benchmark-Sensitivität von Abnormal Returns deutscher IPOs 1983 bis 1993*
Quelle: Sapusek, A. (2000)

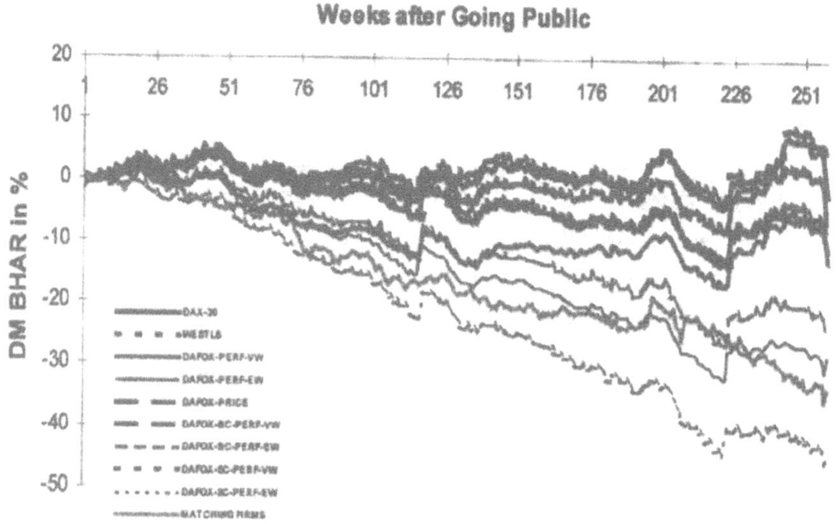

Neben der fundamentalen Unternehmensentwicklung kann man aber auch die Börsenkursentwicklung betrachten. *Sapusek*[27] kann hier eindrucksvoll nachweisen, dass zwar die für den Entwicklungsvergleich der Renditeentwicklung verwendete Benchmark eine Rolle spielt (vgl. Abbildung 10). Aber insgesamt ergibt sich eine Underperformance, so dass die Autorin feststellen kann: „We cannot recommend investments in IPO shares over a horizon of three to five years."[28]

Schließlich ist von Interesse, ob es Gemeinsamkeiten der Kursentwicklung i. S. einer Entwicklungsgesetzmäßigkeit gibt, wenn neue Marktsegmente im Börsensektor eingerichtet werden. Unter Anwendung der Kointegrationsanalyse findet *Sapusek* bei einem Vergleich von vier europäischen Märkten Gemeinsamkeiten der Entwicklung.[29]

27 Vgl. *Sapusek, A.* (2000) sowie vorher *Sapusek, A.* (1998b).
28 *Sapusek, A.* (2000), S. 390.
29 Vgl. *Sapusek, A.* (1999).

3.6 Untersuchung von Kurs- und Umsatzzeitreihen sowie des Designs von Märkten

Als historischen Ausgangspunkt der empirischen Kapitalmarktforschung kann man die zunächst einfache statistische Analyse der Eigenschaften von Kurszeitreihen ansehen. Später wurden zunehmend komplexere Methoden angewendet. In Kenntnis von Ergebnissen solcher Untersuchungen wird dann versucht, erfolgsträchtige Handelsstrategien zu entwickeln.

Im Zusammenhang mit der Entwicklung von Handelsstrategien kann *Montassér* zeigen,[30] dass die Berücksichtigung des Volumens an der Börse zu Verbesserungen solcher Strategien führen kann. Die annualisierte durchschnittliche Performance der von ihm entwickelten AVAS-Strategie übertrifft die mit der einfachen Methode der gleitenden Durchschnitte arbeitende klassische Strategie signifikant.

Schließlich ist auch im Hinblick auf die Entwicklung von Börsendaten untersucht worden, wie sich Änderungen im institutionellen Design des Börsenhandels auf den Finanzmarkt auswirken. So ist gezeigt worden, dass die Einführung des elektronischen Handelssystems XETRA durch die Deutsche Börse AG in mehrfacher Weise liquiditätssteigernd gewirkt hat.[31]

Auch kann man Vergleiche zwischen gut entwickelten und noch weniger entwickelten Finanzmärkten – hier am Beispiel Deutschlands und der Türkei – anstellen.[32] Aus solchen Ergebnissen kann man sowohl für die Strategieentwicklung als auch für die Weiterentwicklung von Finanzmärkten lernen.

Hinweise zur Gestaltung von Finanzmärkten können auch auf Basis großzahliger numerischer Experimente gewonnen werden. Hierzu sind entsprechende Rahmenmodelle entwickelt worden, deren Korrektheitsüberprüfung allein schon ein wichtiges wissenschaftliches Anliegen darstellt.[33] Damit soll vermieden werden, dass Ergebnisse, die aufgrund komplexer und damit schwer durchsichtiger Modelle gewonnen wurden, vorschnell die praktische Börsengestaltung beeinflussen.

---

30 Vgl. *Montassér, R. D.* (2003).

31 Vgl. *Sapusek, A.* (2003).

32 Vgl. *Altay, E. (2003a); Altay, E. (2003b).*

33 Vgl. eine solche Überprüfung bei *Ehrentreich, N.* (2002).

4 Schluss

In diesem Beitrag wurden zunächst die Grundlagen der empirischen Kapitalmarktforschung systematisch dargestellt. Daraus wurde deutlich, wie vielfältig Fragestellungen und Methoden dieser Forschungsrichtung sein können. Am Beispiel von Arbeiten des Lehrstuhls für Finanzwirtschaft und Bankbetriebslehre der Universität Halle konnte ein erster Eindruck dieser Vielfalt vermittelt werden. Neue Theorien und Methoden sowie neue institutionelle Designs werden die Vielfalt empirischer Kapitalmarktforschung weiter verstärken.

Quellenverzeichnis

Altay, Erdinc (2003a); The Effect of Macroeconomic Factors on Asset Returns: A Comparative Analysis of the German and the Turkish Stock Markets in an APT Framework, in: Betriebswirtschaftliche Diskussionsbeiträge, Nr. 48, Wirtschaftswissenschaftliche Fakultät der Martin-Luther-Universität Halle-Wittenberg, Halle 2003.

Altay, Erdinc (2003b); Cross-Autocorrelation between Small and Large Cap Portfolios in the German and Turkish Stock Markets, in: Betriebswirtschaftliche Diskussionsbeiträge, Nr. 49, Wirtschaftswissenschaftliche Fakultät der Martin-Luther-Universität Halle-Wittenberg, Halle 2003.

Beier-Middelschulte, Amelie (2004); Finanzkommunikation junger Emittenten – Reaktionen der Wirtschaftspresse auf Presse- und Ad hoc-Mitteilungen, Wiesbaden 2004 (Deutscher Universitäts-Verlag).

Black, Fisher/ Scholes, Myron (1973); The Pricing of Options and Corporate Liabilities, in: Journal of Political Economy, Vol. 81 (1973), S. 637-753.

Börgmann, Rikelf (2001); Unternehmensentwicklung und der Gang an die Börse. Eine empirische Untersuchung deutscher Börsenneulinge, Frankfurt am Main 2001 (Peter Lang).

Bühler, Wolfgang/ Hax, Herbert/ Schmidt, Reinhart (Hrsg.) (1993); Empirische Kapitalmarktforschung, Sonderheft 31 der ZfbF, Düsseldorf 1993 (Verlagsgruppe Handelsblatt).

Bühler, Wolfgang/ Hax, Herbert/ Schmidt, Reinhart (Hrsg.) (1999); Empirical Research on the German Capital Market, Heidelberg 1993 (Physica-Verlag).

Ehrentreich, Norman (2002); The Santa Fe Artificial Stock Market Re-Examined - Suggested Corrections, in: Betriebswirtschaftliche Diskussionsbeiträge, Nr. 45, Wirtschaftswissenschaftliche Fakultät der Martin-Luther-Universität Halle-Wittenberg, Halle 2002.

Fama, Eugene F. (1970); Efficient Capital Markets: A Review of Theory and Empirical Work, in: Journal of Finance, Vol. 25 (1970), S. 383-417.

Habbel, Markus (2001); Kerngeschäftsstrategien und Divestments aus Kapitalmarktsicht, Wiesbaden 2001 (Deutscher Universitäts-Verlag).

Hauschildt, Jürgen/ Grün, Oskar (Hrsg.) (1993); Ergebnisse empirischer betriebswirtschaftlicher Forschung - Zu einer Realtheorie der Unternehmung, Festschrift für *Eberhard Witte*, Stuttgart 1993 (Schäffer-Poeschel).

Kalka, Lutz (2002); Zielartikulationen großer europäischer Aktiengesellschaften in Geschäftsberichten, Frankfurt am Main 2002 (Peter Lang).

Markowitz, Harry M. (1952); Portfolio Selection, in: Journal of Finance, Vol. 7 (1952), S. 77-91.

Montassér, Reza Darius (2003); Die Rolle des Volumens bei der Aktienkursprognose unter besonderer Berücksichtigung der AVAS-Transformation, Wiesbaden 2003 (Deutscher Universitäts-Verlag).

Möller, Hans Peter/ Hüfner, Bernd (2001); Kapitalmarktforschung, empirische, in: *Gerke, Wolfgang/ Steiner, Manfred* (Hrsg.); Handwörterbuch des Bank- und Finanzwesens, 3. Aufl., Stuttgart 2001 (Schäffer-Poeschel), Sp. 1275-1293.

Peters, Markus (1999); Aktienkurs und Unternehmenserfolg - eine empirische Analyse für die größten deutschen, britischen und französischen Aktiengesellschaften, Kiel 1999 (Vauk).

Sapusek, Annemarie (1998a); Informationseffizienz auf Kapitalmärkten, Wiesbaden 1998 (Gabler).

Sapusek, Annemarie (1998b); Empirical Evidence on the Long-Run Performance of Initial Public Offerings in Germany, in: Banque & Marchés 1998, No. 3-4, S. 38-45.

Sapusek, Annemarie (1999); Comovement and Divergence of European Growth Markets: The Case of EURO.NM Markets, in: Betriebswirtschaftliche Diskussionsbeiträge Nr. 37, Wirtschaftswissenschaftliche Fakultät der Martin-Luther-Universität Halle-Wittenberg, Halle 1999.

Sapusek, Annemarie (2000); Benchmark-Sensitivity of IPO Long-Run Performance: An Empirical Study for Germany, in: Schmalenbach Business Review, Vol. 52 (2000), S. 374-405.

Sapusek, Annemarie (2003); Floor versus Screen Trading: Evidence from Neuer Markt, in: Betriebswirtschaftliche Diskussionsbeiträge, Nr. 51, Wirtschaftswissenschaftliche Fakultät der Martin-Luther-Universität Halle-Wittenberg, Halle 2003.

Schmidt, Reinhart (1980); Quantitative Ansätze zur Beurteilung der wirtschaftlichen Lage von Unternehmen, in: Betriebswirtschaftliche Forschung und Praxis, 32. Jg. (1980), S. 544-555.

Schmidt, Reinhart (1981); Diagnose von Unternehmensentwicklungen auf Basis computergestützter Inhaltsanalyse, in: *Bratschitsch, Rudolf/ Schnellinger, Wolfgang* (Hrsg.); Unternehmenskrisen - Ursachen, Frühwarnung und Bewältigung, Stuttgart 1981 (Poeschel), S. 353-379.

Schmidt, Reinhart (1990); Rating börsennotierter Unternehmen, in: *Gerke, Wolfgang* (Hrsg.); Anleger an die Börse, Berlin/ Heidelberg 1990 (Springer), S. 55-88.

Schmidt, Reinhart (1998); Financial Markets, Corporate Governance, and Short-term Pressures in Germany, in: *Demirag, Istemi S.* (Ed.); Corporate Governance, Accountability, and Pressures to Perform - An International Study, Stamford/ London 1998, S. 297-332.

Schmidt, Reinhart (2000); Cross-Border Mergers and Corporate Governance. An Empirical Analysis from 1988 to 1999, in: *Knyphausen-Aufseß, Dodo zu* (Hrsg.); Globalisierung als Herausforderung der Betriebswirtschaftslehre, Wiesbaden 2000 (Gabler), S. 137-164.

Schmidt, Reinhart (2001); Wandel der Prospektpublizität und der Zulassungspraxis am Neuen Markt, in: *Wirtz, Bernd W./ Salzer, Eva* (Hrsg.); IPO-Management, Wiesbaden 2001 (Gabler), S. 173-198.

Schmidt, Reinhart (2003); International Comparison of Corporate Governance Codes, Principles, and Recommendations by Using Content Analysis, in: *Berndt, Ralph et al.* (Hrsg.); Leadership in turbulenten Zeiten, Berlin et al. 2003 (Springer), S. 71-83.

Schmidt, Reinhart/ May, Axel (1993); Erklärung von Aktienindizes durch Pressemeldungen, in: Zeitschrift für Betriebswirtschaft, 63 Jg. (1993), S. 61-88.

Schmidt, Reinhart/ Wulff, Sönke (1993); Zur Entdeckung von Insider-Aktivitäten am deutschen Aktienmarkt, in: Zeitschrift für Bankrecht und Bankwirtschaft, 5 Jg. (1993), S. 57-68.

Sharpe, William F. (1964); Capital Asset Prices: A Theory of Market Equilibrium under Conditions of Risk, in: Journal of Finance, Vol. 19 (1964), S. 425-442.

Shleifer, Andrei/ Vishney, Robert W. (1997); A Survey of Corporate Governance, in: Journal of Finance, Vol. 52 (1997), S. 737-783.

Tamm, Sabrina (2002); Rankings von Aktiengesellschaften aus entscheidungstheoretischer Sicht, Frankfurt am Main 2002 (Peter Lang).

Templin, Hans-Ulrich (1998); Unternehmensrisiko und Bilanzkennzahlen, Wiesbaden 1998 (Deutscher Universitäts-Verlag).

Werner, Mathias (1999); Unerwartete Gewinn- und Dividendeninformationen am deutschen Aktienmarkt, Kiel 1999 (Vauk).

Florian Holzapfel

Zur Empirie des Gewinnmanagements deutscher Aktiengesellschaften

Gewinn- und Erwartungsmanagement an Gewinnschwellen

1 Grundlagen von Gewinnschwellen

Der vorliegende Artikel befasst sich mit der empirischen Untersuchung von Gewinnschwellen bei börsennotierten Aktiengesellschaften in Deutschland. Gewinnschwellen sind dabei deshalb von großem Interesse, da sie als eine Art Motivation für Gewinn- und Erwartungsmanagement erkannt wurden.[1] Kann man empirisch nachweisen, dass Unternehmen bei der Beeinflussung von Investorenerwartungen – „die Börse ist ein Erwartungsmarkt"[2] – oder bei der Aufstellung von Bilanz- und GuV-Zahlen Gewinnschwellen beachten, so ist indirekt bewiesen, dass Gewinn- und Erwartungsmanagement betrieben wird.

Das Ziel der dem Artikel zugrunde liegenden Untersuchung ist es deshalb, Gewinnschwellen deutscher Unternehmen festzustellen und mit Hilfe dieser Gewinnschwellen das Ausmaß von Gewinn- und Erwartungsmanagement in Deutschland besser zu verstehen.

Während im alltäglichen Sprachgebrauch der Begriff Gewinnschwelle häufig die Grenze zwischen Verlusten und Gewinnen bezeichnet,[3] soll im Folgenden Gewinnschwelle allgemeiner als ein Gewinn-Bezugspunkt, der von Gewinnen übertroffen werden sollte, verstanden werden.

Im Englischen wird der Begriff „earnings-threshold" verwendet, der keine direkte Übersetzung ins Deutsche gefunden hat. „Threshold", also Schwelle, bedeutet dabei:

> *„The point at which a physiological or psychological effect begins to be produced."*[4]

> *„A level, point, or value above which something is true or will take place and below which it is not or will not."*[5]

Dies kann neben dem Erreichen der Gewinnzone auch das Übertreffen von Performancemaßen sein. Im Folgenden werden drei Gewinnschwellen Break-Even (Gewinnschwelle I), Gewinn der letzten Periode (Gewinnschwelle II) und Konsensanalystenprognosen (Gewinnschwelle III) definiert und beschrieben, die in Abbildung 1 verdeutlicht werden.

---

1 Vgl. *Healy, P./ Wahlen, J.* (1998), S. 10 ff.
2 Vgl. *Seifert, W. et al.* (2002), S. 166.
3 Englische Übersetzung: „Break-Even-Point".
4 www.m-w.com (Meriam-Webster Online).
5 www.m-w.com (Meriam-Webster Online).

Abbildung 1: *Drei Gewinnschwellen*
Quelle: Eigene Darstellung

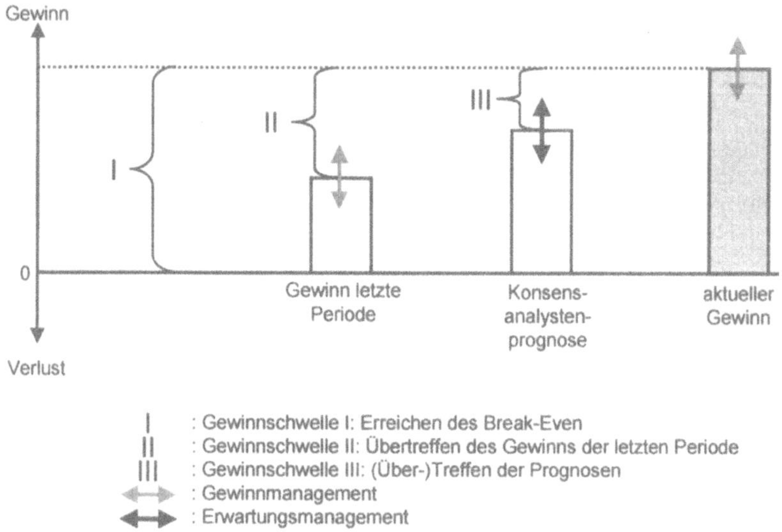

Die erste der drei Gewinnschwellen, der Break-Even, stellt das Erreichen eines buchhalterischen Gewinns, d. h. eines „positiven Erfolges", dar.[6] Diese beinhaltet den psychologisch wichtigen Unterschied zwischen positiven und negativen Zahlen. Gewinne werden auch als Faustregeln für bestimmte Entscheidungsprozesse verwendet. Ein Beispiel dafür könnte sein, dass Banken Kredite nur an Unternehmen vergeben, die keine Verluste erwirtschaften. Diese Gewinnschwelle ist sehr intuitiv, da keine Vergleichsdaten zu anderen Zeitpunkten gebraucht werden und existiert im amerikanischen Markt deutlich.[7] Die unstetige Verteilung der Gewinne um diesen Punkt ist ein starkes Indiz für Gewinnmanagement.[8]

Der Gewinn der letzten Periode ist eine relative Gewinnschwelle bezüglich des Erfolges der letzten vergleichbaren Periode. Die Gewinnschwelle ist erreicht, wenn der Gewinn der vorherigen Periode übertroffen wird. Es existiert eine psychologisch wichtige Grenze zwischen dem Übertreffen und dem Unterbieten dieses Bezugswertes. Erklärung für diese Gewinnschwelle ist z. B. die Prospect-Theorie,[9] die u. a. unter-

6 Vgl. *Degeorge, F./ Patel, J./ Zeckhauser, R.* (1999), S. 3 ff.
7 Vgl. *Degeorge, F./ Patel, J./ Zeckhauser, R.* (1999), S. 21-22.
8 Vgl. *Degeorge, F./ Patel, J./ Zeckhauser, R.* (1999), S. 22 ff.
9 Zur Prospect Theory: „*Its central feature is that the carriers of value are changes in wealth rather than absolute levels or final outcomes. It also emphasizes loss aversion, which stimulates that indi-*

schiedliche Nutzenkurven rechts und links eines Referenzpunktes vorschlägt (z. B. konvexe Kurven für Verluste und konkave für Gewinne).

Die Gewinnschwelle kann mit Hilfe von Gewinnmanagement erreicht werden.[10] Dabei werden nicht nur die aktuellen Gewinnausweise beeinflusst. Eine langjährige Strategie weist vorbeugend im vorausgegangenen Jahr Gewinne aus, die im darauf folgenden übertroffen werden.

Unter einer Konsensanalystenprognose wird der Durchschnitt der Prognosen verschiedener Analysten zu einem Zeitpunkt t für den Gewinn eines bestimmten Zeitraumes (z. B. ein Geschäftsjahr T-1 bis T) verstanden. Dabei ist zu beachten, dass es sich um Analystenprognosen handelt, die zu unterschiedlichen Zeitpunkten veröffentlicht wurden, jedoch zum Zeitpunkt t die aktuell gültigen Prognosen der einzelnen Analysten sind. Der empirischen Untersuchung liegen I/B/E/S-Analystenprognosen zugrunde.[11]

Eine Konsensanalystenprognose ist eine relative Gewinnschwelle, da nicht der Ausweis des absoluten Gewinns von Bedeutung ist, sondern nur der Gewinn relativ zu den Erwartungen, für deren Approximation die Konsensanalystenprognose verwendet wird. So kann man in Abbildung 1 erkennen, dass sowohl Gewinn- als auch Erwartungsmanagement beim Erreichen dieser Gewinnschwelle zur Verfügung stehen. Neben wissenschaftlichen Untersuchungen wurde in den vergangenen Jahren diese Gewinnschwelle auch in der Praxis immer bedeutender:

> *„[...] meeting analysts' expectations of smooth, steady rise in earnings has become, at many corporations, an imperative that overrides even the imperative to deliver the highest possible return to shareholder."*[12]

Um den Hintergrund dieser Gewinnschwelle zu verstehen, ist es wichtig, sowohl die Entstehung von Erwartungen als auch allgemeine Bewertungsmechanismen am Aktienmarkt zu analysieren. Zusammen mit Erkenntnissen aus der Behavioral Finance können die Relevanz und Popularität der Gewinnschwelle der Konsensanalystenprognosen geklärt werden.

Gewinnmanagement umfasst in der Literatur einen breiten Bereich und wird im Zusammenhang mit krimineller Manipulation[13] genauso verwendet wie bei der notwen-

---

viduals are much more sensitive to reductions in wealth than to increases.", Barberis, N./ Huang, M./ Santos, T. (1999), S. 3.

10 Vgl. *Degeorge, F./ Patel, J./ Zeckhauser, R.* (1999), S. 22 ff.

11 I/B/E/S ist das 'Institutional Brokers Estimate System' von Thomson Financial.

12 *Collingwood, H.* (2001), S. 67.

13 Vgl. z. B. „SEC wirft Xerox Bilanztricks vor", in: *FAZ* vom 13.04.02, S. 21; in diesem Artikel wird Xerox *„Betrug an Investoren und jahrelange Manipulation von Bilanzen"* vorgeworfen. So auch: *„...beschuldigte die SEC Spitzenmanager von Xerox, mit Bilanzierungstricks die Gewinne des Unternehmens in den Jahren 1997 bis 2000 um rund 1,5 Milliarden Dollar zu hoch ausgewiesen zu haben."*

digen Interpretation von Vorschriften zur Bilanzierung.[14] In der englischsprachigen Literatur wird Gewinnmanagement folgendermaßen definiert:

> *„[...] a purposeful intervention in the external financial reporting process, with the intent of obtaining some private gain (as opposed to, say, merely facilitating the neutral operation of the process)."*[15]

Es ist schwierig, bei einzelnen Unternehmen mit Sicherheit Gewinnmanagement nachzuweisen. Andererseits ist es möglich, generelle statistische Aussagen über ganze Märkte und Gewinnmanagement zu treffen, worauf die vorliegende Untersuchung ebenso wie andere akademische Studien zielt.[16]

Aufgrund von Gewinnschwellen erläutern *Abarbanell/ Lehavy* drei Arten des Gewinnmanagements in Abhängigkeit von der Gewinnsituation:

- 1. Situation: Gewinn liegt weit über Gewinnschwelle: In diesem Fall sollte der veröffentlichte Gewinn so weit verringert werden, dass die Gewinnschwelle knapp übertroffen wird. Dabei können „Gewinnreserven" für die kommenden Perioden angelegt werden. Dieses Vorgehen wird auch mit „cookie jar reserving", „sugarbowling" oder „reigning in" bezeichnet.[17]
- 2. Situation: Gewinn liegt unter Gewinnschwelle, diese kann mit Hilfe von Gewinnmanagement erreicht werden: In dieser klassischen Situation hilft Gewinnmanagement, die Gewinnschwelle zu erreichen. Es sollte daher mit Hilfe der Auflösung von „Gewinnreserven" oder „borrowing from the future" durchgeführt werden.[18]
- 3. Situation: Gewinn liegt unter Gewinnschwelle, diese kann mit Hilfe von Gewinnmanagement nicht (kaum) erreicht werden: In diesem Fall wird ein so genanntes „earnings bath" empfohlen, bei dem der Gewinnausweis bis zur potenziellen[19] nächstniedrigeren Gewinnschwelle verringert wird und dabei „Gewinnreserven" gebildet werden können.[20]

---

14 Hierzu schreibt *Heintges, S.* (1997), S. 175: *„Es gibt gewisse Regeln, innerhalb derer der Bilanzierende sich bewegen muss, aber selbst wenn diese Regeln keine Wahlrechte enthalten und eine genau beschriebene Form der Bilanzierung vorgeben, bringt es die Natur der Rechnungslegung mit sich, dass dem Bilanzierenden Ermessungsspielräume bleiben."*

15 *Schipper, K.* (1989), S. 92.

16 Vgl. *Dechow, P./ Skinner, D.* (2000), S. 1 ff.

17 Vgl. *Abarbanell, J./ Lehavy, R.* (2000), S. 6. Die Begriffe können nur schwer direkt ins Deutsche übersetzt werden: „cookie jar reserving": Kekse im Glas aufbewahren; „sugarbowling": Zuckerbowling; „reigning in": darin regieren.

18 Übersetzung ins Deutsche von „borrowing from the future": von der Zukunft leihen.

19 Vgl. *Degeorge, F./ Patel, J./ Zeckhauser, R.* (1999), S. 23-25. Danach existiert eine Hierarchie bei den drei beschriebenen Gewinnschwellen. Am wichtigsten ist es, Gewinnschwelle I zu übertreffen, dann Gewinnschwelle II und zuletzt Gewinnschwelle III.

20 Vgl. *Abarbanell, J./ Lehavy, R.* (2000), S. 5; Übersetzung in das Deutsche von „earnings bath": Gewinnbad.

Erwartungsmanagement ist ein Teil der viel diskutierten Investor Relations.[21] Deren Ziel ist es, durch geeignete Informationspolitik einen angemessenen Aktienkurs zu erreichen, um einerseits Kapitalbeschaffungskosten und laufende Kapitalkosten zu senken und andererseits einen Schutz vor feindlichen Übernahmen zu bieten. Zusätzlich kann sich ein hoher Aktienkurs positiv auf das operative Geschäft eines Unternehmens auswirken.[22]

Prognosen seitens des Managements sind ein Teil des Erwartungsmanagements, jedoch wird der Begriff hier darüber hinaus definiert. Sämtliche Aktivitäten seitens des Managements, die mit der Absicht unternommen werden, die Erwartungsbildung bei Interessengruppen zu beeinflussen, gehören zum Erwartungsmanagement. Ein Artikel „The guidance game" beschreibt das „Spiel" Erwartungsmanagement folgendermaßen:[23]

1) Analysten schätzen den Gewinn der folgenden Jahre bzw. Quartale.
2) Unternehmen leiten mit Hinweisen über die Ertragslage die Analysten und deren Schätzungen.
3) Die Konsensanalystenschätzung spiegelt im Endeffekt die Einschätzung des Unternehmens über die Ertragslage wider.

Diese Art von „guidance-game" ist laut *Schonfeld* einfach durchführbar, verlange in der Realität jedoch ein hohes Maß an Kooperation zwischen Analysten und Unternehmen. Diese sei grundsätzlich vorhanden, da einerseits Unternehmen dem enormen Marktdruck, Gewinnprognosen zu erfüllen, ausgesetzt sind, andererseits Analysten auf genau diese Unternehmen angewiesen sind, um ihre Erwartungen zu bilden.

2 Ökonomische Begründung von Gewinnschwellen

Die Konzepte der klassischen Finanzmarkttheorie begründen, warum Unternehmen Gewinn- und Erwartungsmanagement anwenden. Hohe Bewertungen und niedrige Kapitalkosten stehen dabei im Vordergrund. Die Existenz von Gewinnschwellen kann mit Hilfe dieses idealtypischen Modells nicht geklärt werden. Dagegen klärt die Theorie der Erwartungsbildung zusätzlich zum Gewinn- und Erwartungsmanagement, warum Bezugspunkte beim Ausweis von Gewinnen existieren.

---

21 Zum Thema Investor Relations vgl. insbes. *Achleitner, A.-K./ Bassen, A./ Pietzsch, L.* (2001), S. 5 ff., 89 ff.; *Achleitner, A.-K./ Bassen, A.* (2001), S. 3 ff., 23 ff.

22 Vgl. *Achleitner, A.-K./ Thoma, G.* (2001), Abschnitt 1.6.1, S. 4.

23 Vgl. *Schonfeld, E.* (1998), S. 256-257.

Wenn die klassischen Theorien die Existenz von Gewinnschwellen nicht begründen, stellt sich die Frage, warum sie trotzdem in den USA zu erkennen sind.

Als länger bestehende Theorie begründet das Principal-Agent-Problem Gewinnschwellen, da regelmäßig in Vergütungsvereinbarungen Bezugspunkte festgelegt sind. Vor allem Erkenntnisse aus der modernen Behavioral Finance, primär die so genannte Prospect-Theorie, begründen einleuchtend, warum Gewinnschwellen existieren und Bezugspunkte beim Gewinnausweis von großer Relevanz sind.[24] Dabei werden die klassischen Annahmen der Rationalität und Risikoaversion bei Investoren relativiert und durch verhaltenswissenschaftlich basierte Erkenntnisse ergänzt.[25]

Die ökonomische Begründung der Gewinnschwelle I basiert auf folgenden Erkenntnissen:

- Insbesondere bei der variablen Vergütung des Managements aufgrund des Principal-Agent-Problems können die Auswirkungen des Bezugspunktes der ersten Gewinnschwelle gezeigt werden.
- Rules of Thumbs, so genannte Faustregeln, werden regelmäßig (z. B. bei der Kreditvergabe) am Break-Even festgemacht und kreieren damit die erste Gewinnschwelle.
- Erkenntnisse aus der Behavioral Finance, insbesondere die Anschaulichkeit dieses Bezugspunktes, Vereinfachung von Sachverhalten und die Verlustaversion der Prospect-Theorie sprechen dafür, dass die Gewinnschwelle existiert. Die unterschiedliche Wahrnehmung von positiven und negativen Zahlen im Allgemeinen unterstützt, z. B. aufgrund des Kontrollbedürfnisses, diese Erkenntnis.

Die zweite Gewinnschwelle, das Übertreffen des Gewinns der letzten Periode, kann aufgrund folgender Punkte ökonomisch erklärt werden:

- Grundsätzlich sprechen Portfoliomodelle aus Bewertungsgründen für den Ausweis konstanter Gewinne.
- Erwartungsbildungsmodelle (z. B. statische Erwartungen) weisen den Gewinn der letzten Periode als Bezugspunkt aus.
- Neben den Vorteilen, die Manager mit Hilfe von Gewinnmanagement beim Übertreffen des Vorjahresgewinns aufgrund von Vergütungsvereinbarungen erreichen, werden Unternehmen mit steigenden Gewinnen höher bewertet als Mitbewerber.
- Wie bei der ersten Gewinnschwelle basieren Faustregeln auf dem Bezugspunkt der zweiten Gewinnschwelle.
- Die vereinfachte Verfügbarkeit, Wahrnehmung und Verarbeitung der Information, dass Gewinne gestiegen sind, produziert den Bezugspunkt der zweiten Ge-

---

24 Vgl. *Goldberg, J./ Von Nitzsch, R.* (1999), S. 26; *Von Nitzsch, R.* (2002), S. 1 ff.

25 Vgl. *Von Nitzsch, R.* (2002), S.14; *Tversky, A./ Kahneman, D.* (1973), S. 163-178.

winnschwelle. Vor allem Verankerungsheuristiken, aber auch Repräsentationsheuristiken wie Scheinkorrelationen beeinflussen die Wahrnehmung von Gewinnausweisen, die den Bezugspunkt knapp übertreffen, positiv. Letztendlich spricht auch bei der zweiten Gewinnschwelle vor allem die Prospect-Theorie mit der unterschiedlichen Bewertung von relativen Gewinnen und Verlusten für das Rational dieser Gewinnschwelle.

Dass auch das Übertreffen von Erwartungen bzw. Konsensanalystenschätzungen, also die dritte Gewinnschwelle, sinnvoll ist, wird durch folgende Aspekte ökonomisch erklärt:

- Da Aktienpreise auf Basis von Erwartungen gebildet werden, bestätigt das Erreichen des Bezugspunktes der dritten Gewinnschwelle die aktuelle Bewertung.
- Konsensanalystenprognosen werden als beste Schätzer der Zukunft verwendet und drücken somit Erwartungen im Sinne der ökonomisch rationalen Erwartungsbildung aus.
- Da auch Analystenprognosen bei der Vergütung von Vorständen eine Rolle spielen, bilden diese für Manager einen Bezugspunkt beim Gewinnausweis. Konsequenterweise entstehen aufgrund von Gewinnmanagement Gewinnschwellen der dritten Art.
- Das Übertreffen von Analystenprognosen ist eine anschauliche Information im Sinne der Behavioral Finance. Aufgrund der selektiven Wahrnehmung und des Confirmation Bias wird das Erreichen des Bezugspunktes der dritten Gewinnschwelle exponiert bewertet. Zusätzlich unterstützt das Schema-Denken und die Verwendung von Verankerungsheuristiken die positive Wirkung, wenn Erwartungen erfüllt oder leicht übertroffen werden. Da Analystenprognosen in Folge der Prospect-Theorie zu Bezugspunkten werden können, erklärt diese auch die dritte Gewinnschwelle ökonomisch rational. Geringe Gewinnenttäuschungen werden infolge der Verlustaversion überproportional negativ bewertet. Sinnvoll sind entweder geringe Gewinnüberraschungen oder hohe Gewinnenttäuschungen verbunden mit Gewinnmanagement, so dass das Erreichen der Bezugspunkte in den Folgeperioden erleichtert wird. Beide Verhaltensweisen führen zur Existenz einer ausgeprägten Gewinnschwelle.

3 Bisherige Forschungsergebnisse

Die beiden Arbeiten, die Gewinnschwellen als Phänomen am ausgiebigsten untersuchen und auch theoretische Hintergründe diskutieren, sind die Studien von *Burgstahler/ Dichev* und *Degeorge/ Patel/ Zeckhauser*.[26] Die Untersuchungen von *Beatty/ Ke/ Petroni, Beaver/ McNichols/ Nelson, Dechow/ Richardson/ Tuna, Gore/ Pope/ Singh* und *Phillips/ Pincus/ Rego* bauen grundsätzlich auf deren Erkenntnissen auf.[27] Die weniger wissenschaftlichen Artikel von *Fox* und *Collingwood* bestechen durch ihre lebhafte Darstellung des Themas Gewinnschwellen, während die Studie von *Dechow/ Skinner* Gewinnmanagement allgemein im Hinblick auf Gewinnschwellen zusammenfasst.[28]

Degeorge/ Patel/ Zeckhauser zeigen eindeutig, dass die Gewinnschwelle I bei amerikanischen Unternehmen existiert.[29] Ebenso weisen Untersuchungen für den amerikanischen Markt eindeutig[30] Unstetigkeit an der Gewinnschwelle wachsender Gewinne auf, aber auch theoretische Modelle[31] verdeutlichen, dass diese Gewinnschwelle für leistungsabhängig bezahlte Unternehmensführer von großer Relevanz sein kann. *Degeorge/ Patel/ Zeckhauser* zeigen, dass für amerikanische Unternehmen die Gewinnschwelle besteht, aktuelle Analystenprognosen zu erfüllen oder zu übertreffen. Dies beweisen sie anhand eines unsymmetrischen Verlaufes der Gewinnabweichungen rechts und links vom Scheitelwert, welcher beim Erreichen der Analystenprognosen liegt.[32]

Gewinnmanagement kann aufgrund von statistischen Überlegungen nachgewiesen werden:

> „*Rather, they point to attributes of the distribution of earnings for large samples (or even populations) of companies and then assert these properties are consistent with earnings management. To the extent we find these assertions compelling [...]*"[33].

Degeorge/ Patel/ Zeckhauser weisen Gewinnmanagement an der ersten und zweiten Gewinnnschwelle nach.[34]

---

26 Vgl. *Burgstahler, D./ Dichev, I.* (1997); *Degeorge, F./ Patel, J./ Zeckhauser, R.* (1999).

27 Vgl. *Beatty, A./ Ke, B./ Petroni, K.* (1999); *Beaver, W./ McNichols, M./ Nelson, K.* (2000), *Dechow, P./ Richardson, S./ Tuna, I.* (2000); *Gore, P./ Pope, P./ Singh, A.* (2002); *Phillips, J./ Pincus, M./ Rego, S.* (2002).

28 Vgl. *Fox, J.* (1997); *Collingwood, H.* (2001); *Dechow, P./ Skinner, D.* (2000).

29 Vgl. *Degeorge, F./ Patel, J./ Zeckhauser, R.* (1999), S. 21 f.

30 Vgl. *Burgstahler, D./ Dichev, I.* (1997), S. 103 ff.

31 Vgl. *Degeorge, F./ Patel, J./ Zeckhauser, R.* (1999), S. 8 ff.

32 Vgl. *Degeorge, F./ Patel, J./ Zeckhauser, R.* (1999), S. 20.

33 *Dechow, P./ Skinner, D.* (2000), S. 11.

34 Vgl. *Degeorge, F./ Patel, J./ Zeckhauser, R.* (1999), S. 27-29.

Die Untersuchungen von *Matsumoto, Bartov/ Givoly/ Hayn* und *Richardson/ Teoh/ Wysocki* zeigen, dass Analystenprognosen zu Anfang einer Berichtsperiode optimistisch sind, dieser Optimismus jedoch in den vergangenen Jahren abgenommen hat.[35]

Optimistische Prognosen zu einem Zeitpunkt, der noch weit von der eigentlichen Gewinnveröffentlichung entfernt liegt, bedeuten einen positiven Ausblick für das analysierte Unternehmen. Genau dies liegt häufig im Interesse des Managements. Einige Autoren haben jedoch entdeckt, dass in den letzten Jahren Unternehmen ein geringeres Interesse an sehr optimistischen Erwartungen auf Seiten der Analysten haben, da es schwierig ist, diese Erwartungen später zu erreichen.[36]

Untersuchungen des amerikanischen Marktes belegen, dass die optimistische Einstellung von Analysten sich im Verlauf der Berichtsperiode durch nach unten gerichtete Korrekturen der Gewinnprognosen wandelt.[37] Diese Erkenntnis ist ökonomisch mit dem Unternehmenswunsch erklärbar, anfangs mit hohen und positiven Prognosen bedacht zu werden, später jedoch die Analystenprognosen gleichzeitig zu übertreffen.[38] Dies ist ceteris paribus dann möglich, wenn Analysten anfangs optimistisch prognostizieren, im Verlauf der Berichtsperiode jedoch ihre Prognosen absenken.

Die Idee, die Streuung von Analystenprognosen als Indiz für Erwartungsmanagement anzuführen, zeigen *Myers/ Skinner*:

> *„[...] we find that analysts' earnings forecasts [...] are less dispersed [...], and that they report (proportionally) about half as many negative earnings surprises as other firms."*[39]

4 Empirische Untersuchung

Konsensanalystenprognosen sind eine wichtige Informationsquelle für die Untersuchung. Sie werden als Stellvertreter für Markterwartungen zukünftiger Gewinne genutzt. Für die Untersuchung werden Analystenprognosen von I/B/E/S verwendet, die für deutsche Unternehmen ab 1987 grundsätzlich verfügbar sind. Damit alle Geschäftsjahre abgeschlossen sind, wird ein Zeitraum bis zum Jahr 2000 (einschließlich) betrachtet. Der Zeitraum stellt damit den größtmöglich zu untersuchenden Zeitraum dar und hat den Vorteil, dass sowohl die Boomzeit der 90er Jahre als auch das Einbre-

---

35 Vgl. *Matsumoto, D.* (1999), S. 8; *Bartov, E./ Givoly, D./ Hayn, C.* (2002), S. 192 f.; *Richardson, S./ Teoh, S./ Wysocki, P.* (1999), S. 9, 34 f.

36 Vgl. *Richardson, S./ Teoh, S./ Wysocki, P.* (1999), S. 34 ff.; *Bartov, E./ Givoly, D./ Hayn, C.* (2002), S. 192 f.

37 Vgl. *Bartov, E./ Givoly, D./ Hayn, C.* (2002), S. 192 f.; *Matsumoto, D.* (1999), S. 3 ff.

38 Vgl. *Richardson, S./ Teoh, S./ Wysocki, P.* (1999), S. 1 ff.

39 *Myers, L./ Skinner, D.* (1999), S. 4.

chen des Marktes im Jahre 2000 abgedeckt werden. Für einen direkten Vergleich werden außerdem die US-Aktiengesellschaften aus dem S&P100-Index herangezogen.

Aufgrund dieses Zeitraumes ergeben sich 701 deutsche und 100 amerikanische Aktiengesellschaften, die von I/B/E/S geführt werden. Diese werden zur Analyse der oben beschriebenen Fragestellung über einen Zeitraum von 1987 bis 2000 untersucht.[40]

4.1 Gewinnschwellen

Die Untersuchungsmethodik basiert auf der Überlegung, dass die Verteilung von Gewinnen, Veränderung von Gewinnen und Gewinnabweichungen über alle Unternehmen und den Betrachtungszeitraum ohne Gewinnschwellen kontinuierlich sein sollten. Es werden daher die Beobachtungen aller Unternehmen über den Betrachtungszeitraum kumuliert in einer diskreten Dichtefunktion dargestellt. Die Wahrscheinlichkeitsdichtefunktionen werden auf Diskontinuität in einer eindimensionalen Verteilung untersucht. Hierbei wird sowohl der grafische „Beweis" in Form von Histogrammen als auch ein formal statistischer Beweis durchgeführt (Test auf Unstetigkeit in einer eindimensionalen Verteilung).[41]

In Abbildung 2 sind die Berechnungen der drei untersuchten Gewinnschwellen dargestellt. Bei der Normierung wird entweder der Aktienpreis des Unternehmens oder bei Delta-Betrachtungen das absolute Gewinnniveau verwendet. Da der Preis einer Aktie eine stark variable Größe darstellt, wird die Verwendung des Gewinnniveaus grundsätzlich bevorzugt, wobei dies im Fall der Gewinnschwelle des Break-Even nicht möglich ist.

---

40 Von 684 deutschen Unternehmen liegen Gewinninformationen vor, welche in die Analysen eingehen.

41 Vgl. *Degeorge, F./ Patel, J./ Zeckhauser, R.* (1999), S.30-32; siehe auch Anhang.

Abbildung 2: *Absolute und relative Betrachtungsweise von Gewinnschwellen*[42]
Quelle: Eigene Analyse

Betrachtungsweise	Berechnung der Gewinnschwellen: ❶ Erreichen des Break-Even	❷ Übertreffen des Gewinns der letzten Periode	❸ (Über-)Treffen der Prognosen
absolut	$EPS_T \geq 0$	$EPS_T - EPS_{T-1} > 0$	$EPS_T - KAP_T \geq 0$
relativ	$\frac{EPS_T}{Price_T} \geq 0$	$\frac{EPS_T - EPS_{T-1}}{\lvert EPS_{T-1} \rvert} > 0$	$\frac{EPS_T - KAP_T}{\lvert EPS_T \rvert} \geq 0$

Betrachtet man Abbildung 3, so kann man grundsätzlich den Effekt erkennen, dass normalerweise Gewinne und keine Verluste ausgewiesen werden, da der Mittelwert der Verteilung eindeutig über null liegt.

Abbildung 3: *Absolute EPS der in deutschen Indizes*[43] *enthaltenen Unternehmen*
Quelle: Datastream; eigene Analyse

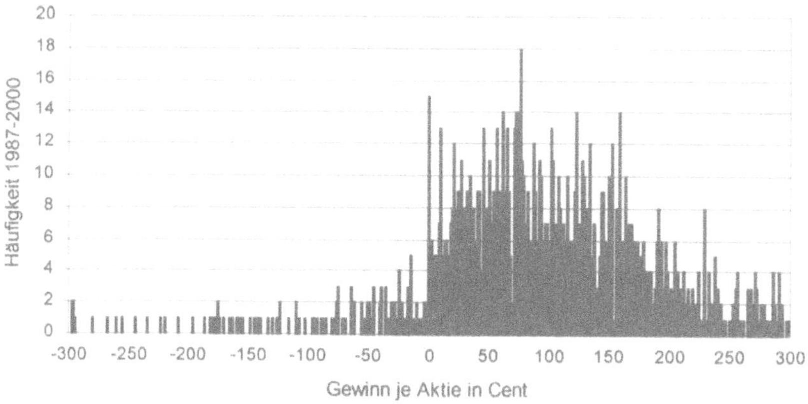

Während bei dieser Darstellung die Existenz einer Gewinnschwelle nicht zu dokumentieren ist, wird sie in Abbildung 4 deutlich. Hier ist bei den deutschen Indizes und

42 EPS: Earnings per share (Gewinn je Aktie), KAP: Konsensanalystenprognose.
43 DAX30, MDAX, SDAX, NEMAX50.

den deutschen Aktien die Gewinnschwelle sowohl grafisch als auch aufgrund der t-Werte von 9,02 und 14,23 erkennbar. Die Deutlichkeit der Gewinnschwelle bei den Indexaktien (Abbildung 4) und deutschen Aktien ist auffallend. Dadurch wird deutlich, dass die beim Break-Even beobachtete hohe Dichte dadurch entsteht, dass Gewinne der umliegenden Werte hierhin verschoben werden.

Abbildung 4: *Absolute EPS der in deutschen Indizes*[44] *enthaltenen Unternehmen in 5-Cent Schritten*
Quelle: Datastream; eigene Analyse

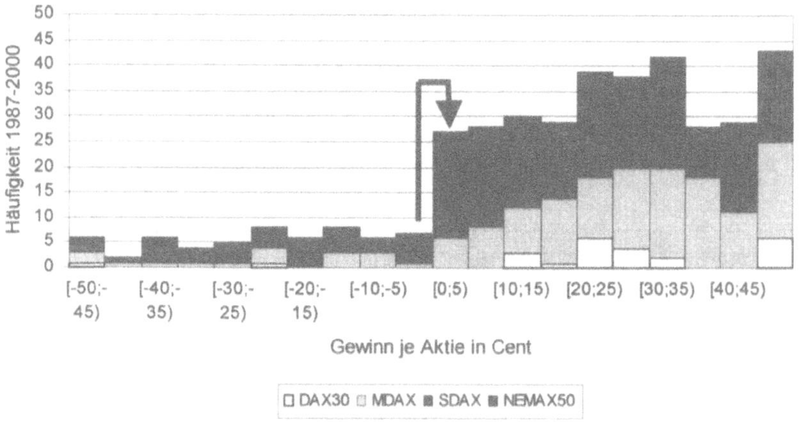

Auch bei der relativen Betrachtungsweise kann man bei den deutschen Indizes (ohne Abbildung) bereits visuell eindeutig eine unstetige Verteilung am Break-Even erkennen, was durch einen t-Wert von 9,19 unterstützt wird. Während beim DAX100 und S&P100 zwar die Verteilungen für Gewinnschwellen sprechen, kann dies aufgrund der geringen Datenbasis nicht mit Sicherheit gefolgert werden.

Zusammenfassend kann gesagt werden, dass die absolute Gewinnschwelle des Break-Even bei deutschen Aktien signifikant vorhanden ist, wobei dies bei den Leitindizes nicht so ausgeprägt ist wie bei kleineren deutschen Aktiengesellschaften. Diese Erkenntnisse stehen im Einklang mit den Ergebnissen von Untersuchungen über den amerikanischen Markt.[45] Außerdem ist die Gewinnschwelle bei Aktien, die aufmerksam verfolgt werden, deutlicher ausgeprägt als bei den restlichen Unternehmen. Beim Gewinn der letzten Periode (Gewinnschwelle II) ist der t-Wert der Verteilung für das

44 DAX30, MDAX, SDAX, NEMAX50.

45 Vgl. *Degeorge, F./ Patel, J./ Zeckhauser, R.* (1999), S. 22.

untersuchte Intervall mit 10,89 in Abbildung 5 äußerst signifikant.[46] Die Verteilung ist also eindeutig nicht stetig, und Unternehmen praktizieren Gewinnmanagement, wenn geringe Verluste drohen (so auch beim DAX100, S&P100 und allen deutschen Aktien zu erkennen).

Abbildung 5: *Absolute Veränderung der EPS der in deutschen Indizes[47] enthaltenen Unternehmen in 5-Cent-Schritten*
Quelle: Datastream; eigene Analyse

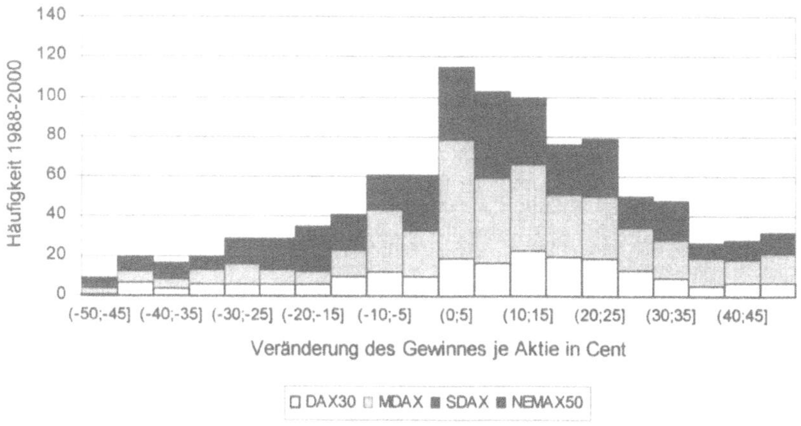

Zusätzlich wurde gezeigt (ohne Abbildung), dass eine relative Gewinnschwelle beim Bezugspunkt Gewinn der letzten Periode existiert. Die Erkenntnisse stehen grundsätzlich im Einklang mit den Untersuchungen von *Gore/ Pope/ Singh, Beatty/ Ke/ Petroni, Beaver/ McNichols/ Nelson, Burgstahler/ Dichev* und *Phillips/ Pincus/ Rego*, die jeweils den gesamten amerikanischen Markt betrachten. Jedoch ist die Gewinnschwelle für größere deutsche Unternehmen im Gegensatz zu amerikanischen Firmen nicht so ausgeprägt. Insgesamt ist die absolute Gewinnschwelle deutlicher ausgeprägt als die relative, was für den deskriptiven Teil der Entscheidungstheorie spricht.

Bei der dritten Gewinnschwelle ist der Vergleich von DAX100 und S&P100 sehr interessant, da hier ganz klar ein Unterschied in der Prognosequalität zu erkennen ist: Während beim DAX100 im Bereich von -100 bis +100 Prozent Abweichungen eine Standardabweichung von 23,2% berechnet wird, ist diese beim S&P100 mit 14,1% um

46 Da hier die Gewinnschwelle bei (0;5] mit dem Maximum der Verteilung übereinstimmt, muss der Test auf Stetigkeit abgeändert werden, siehe hierzu Anhang.

47 DAX30, MDAX, SDAX, NEMAX50.

einiges geringer. Diese höhere Prognosequalität in den USA lässt auf ein wesentlich ausgeprägteres Erwartungsmanagement seitens der Unternehmen schließen.

Dies ist dadurch zu beweisen, dass die Säule rechts vom Scheitelpunkt größer ist als jene links davon. Ein t-Wert von 6,46 unterstützt dies bei den deutschen Indizes. Auch bei den deutschen Aktien und dem DAX100 kann mit Hilfe dieser Betrachtungsweise bei t-Werten von 4,91 und 8,87 auf eine Gewinnschwelle geschlossen werden. Somit ist für sämtliche deutsche Untersuchungsbereiche die Gewinnschwelle nachgewiesen, während sie für den S&P100 durch einen t-Wert von 6,01 bestätigt wird.

Abbildung 6: *Relative Gewinnabweichungen bei in deutschen Indizes[48] enthaltenen Unternehmen in 5-Prozent-Schritten*
Quelle: Datastream; eigene Analyse

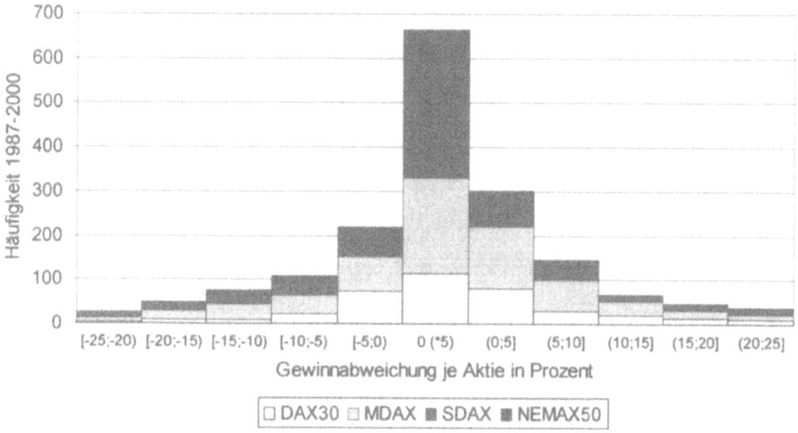

Die erste Gewinnschwelle, der Break-Even, existiert bei absoluter und relativer Betrachtung sehr signifikant vor allem bei deutschen Indizes und deutschen Aktien. Bei den Leitindizes in den USA und Deutschland ist die Gewinnschwelle nicht so ausgeprägt, was jedoch auch am geringen statistischen Umfang liegt. Die stärkere Ausprägung der Gewinnschwelle bei absoluter Betrachtung unterstützt die theoretische Fundierung des Bezugspunktes, welche sich auf Faustregeln, die unterschiedliche Wahrnehmung positiver und negativer Zahlen, die Verlustaversion und Vereinfachung von Sachverhalten stützt.

Auch die zweite Gewinnschwelle, das Übertreffen des Gewinns der letzten Periode, besteht in Deutschland signifikant. Die absolute Betrachtungsweise ist dabei wesent-

48 DAX30, MDAX, SDAX, NEMAX50.

lich eindeutiger als die relative, bei der Schwellenwerte nur bei allen deutschen Aktien und dem S&P100 nachgewiesen werden konnten. Damit werden die Erkenntnisse aus der Principal-Agent-Theorie und vor allem verhaltenswissenschaftliche Annahmen wie Scheinkorrelationen und die Prospect-Theorie fundiert.

Konsensanalystenprognosen, also die dritte Gewinnschwelle, stellen einen klaren Bezugspunkt beim Ausweis von Gewinnen, sowohl bei absoluter als auch bei relativer Betrachtungsweise, dar. Die Unterschiede zwischen den beiden Betrachtungsweisen sind nicht von größerer Bedeutung, was auch dadurch verdeutlicht wird, dass die Gewinnschwelle besonders bei der Betrachtung größerer Bereiche zu erkennen ist. In den USA ist die Gewinnschwelle nicht nur wesentlich signifikanter als in Deutschland, die Prognosequalität insgesamt befindet sich auf einem höheren Niveau. Doch auch in Deutschland unterstützen die empirischen Befunde die theoretischen Erkenntnisse, dass Konsensanalystenprognosen aufgrund von Bewertung, Vergütung und Aspekten der Behavioral Finance, wie Confirmation Bias, selektiver Wahrnehmung, Schema-Denken und der Prospect-Theorie, als Schwellenwerte angesehen werden.

Im anschließenden Abschnitt wird untersucht, inwieweit Gewinn- und Erwartungsmanagement zu den Gewinnschwellen, welche als signifikant existierend nachgewiesen wurden, aufgezeigt werden kann.

4.2 Gewinn- und Erwartungsmanagement

Bei der Untersuchung von Gewinnmanagement werden Veränderungen der EPS im Folgejahr in Abhängigkeit vom Erreichen einer Gewinnschwelle untersucht. Dazu werden Bereiche um die Gewinnschwelle gebildet, um signifikante Unterschiede bei der Gewinnentwicklung aufgrund des Erreichens der Gewinnschwelle mit Hilfe eines zweiseitigen t-Tests zu erkennen.

Die Ergebnisse sollen in diesem Artikel nur kurz zusammengefasst werden. Das Ausmaß von Gewinnmanagement in den USA beim S&P100 zieht sich über einen breiten Bereich und wird in diesem konsequent angewendet. Dagegen tritt in Deutschland dieses Phänomen nur vereinzelt direkt an der Gewinnschwelle auf. Das Ergebnis, dass Gewinnmanagement bei der Betrachtung deutscher Indizes und Aktien (schwach) signifikant zu erkennen ist, weist Parallelen zu den Aussagen von *Degeorge/ Patel/ Zeckhauser* auf.

Um Erwartungsmanagement nachzuweisen, können langfristige Analystenprognosen untersucht und ihre Veränderungen über die Zeit analysiert werden. In diesem Artikel dagegen werden die Ergebnisse von Unterschieden einzelner Analystenerwartungen zu einem Unternehmen analysiert. Werden Analysten aktiv geleitet, so sollte die Varianz ihrer Schätzungen geringer sein als von Analysten, die keine Informationen vom

Management bekommen. Aus diesem Grund werden die Varianzen der Analystenerwartungen in Abhängigkeit vom Erreichen der relativen Gewinnschwelle III analysiert. Somit ist ein Nachweis von Erwartungsmanagement möglich.

Dabei kann man beim S&P100 eindeutig erkennen, dass der durchschnittliche Variationskoeffizient am Scheitelpunkt der Verteilung (Bereich C) am geringsten ist (vgl. Tabelle 1). Mit zunehmendem Abstand vom Scheitelpunkt steigt der Variationskoeffizient signifikant an. Vor allem der Vergleich der Bereiche B und C ist von großem Interesse. Die Mittel (arithmetisches und mediales) halbieren sich fast beim Übergang von B nach C signifikant. Dadurch kommt zum Ausdruck, dass sich Konsensprognosen, die den Gewinn exakt vorhersagen, wesentlich homogener zusammensetzen als Konsensprognosen, die den Gewinn leicht überschätzen (oder auch unterschätzen). Beim DAX100 kann man die geringsten Werte des arithmetischen Mittels im Bereich D feststellen, der sich signifikant von den umliegenden Werten unterscheidet:

Tabelle 1: *Streuung von Analystenprognosen in Abhängigkeit von Gewinnabweichungen*[49]

Variationskoeffizient der EPS Prognosen in %		MIN: (...;-10)	A: [-10;-5)	B: [-5;0)	C: 0	D: (0;5]	E: (5;10]	MAX: (10;...)
DAX100	Anzahl	232	64	151	66	221	100	154
	Median	4,0%	5,8%	4,5%	4,8%	3,7%	4,0%	9,3%
	Arithmetisches Mittel	10,0%	8,8%	5,8%	6,8%	5,1%	6,5%	12,7%
	Signifikanz (t-Test mit jeweilig rechter Spalte)	19,82%	0,47%	13,68%	2,89%	1,97%	0,00%	
S&P100	Anzahl	91	53	222	310	455	83	74
	Median	10,9%	7,2%	5,0%	2,8%	3,6%	6,3%	15,0%
	Arithmetisches Mittel	16,9%	13,9%	7,8%	4,8%	6,2%	9,5%	19,9%
	Signifikanz (t-Test mit jeweilig rechter Spalte)	13,70%	0,29%	0,00%	0,11%	0,02%	0,01%	

Der bisher gezeigte Zusammenhang weist nur indirekt auf Erwartungsmanagement hin, da dieser auch grundlegender Natur sein kann. Das würde bedeuten, dass Firmen oder ökonomische Situationen existieren, bei bzw. in denen exakte Prognosen schwierig zu stellen sind. Dies hätte dann Auswirkung auf die Zusammensetzung der Konsensanalystenprognose und deren Vorhersagequalität, d. h. der oben gezeigte Zusammenhang wäre logischer Natur.

Erfolgreiches Erwartungsmanagement führt zu exakten oder pessimistischen Prognosen. Kann man nun erkennen, dass diese Prognosen im Vergleich zu optimistischen Prognosen eine geringere Streuung innerhalb einer Konsensanalystenprognose aufweisen, obwohl die Gewinnabweichungen betragsmäßig vergleichbar sind, so weist dies eindeutig Erwartungsmanagement nach, und obige Zweifel sind dadurch widerlegt.

49 EPS-KAP.

In Tabelle 2 werden die Bereiche rechts und links vom Scheitelpunkt C zusammengefasst. Vergleicht man nun die Mittelwerte der Variationskoeffizienten von A+B und D+E, so sind jeweils Erstere beim DAX100 und S&P100 größer. In der letzten Spalte sind die t-Tests dieser beiden Gruppen aufgeführt, die beim DAX100 mit 1,7% signifikant und beim S&P100 mit 0,1% sehr signifikant verschieden sind.

Tabelle 2: *Streuung von Analystenprognosen an der Gewinnschwelle*[50]
Quelle: Datastream; eigene Analyse

Variationskoeffizient der EPS Prognosen in %		A+B: [-10;0)	C: 0	D+E: [0;10]
DAX100	Anzahl	215	66	321
	Median	4,3%	4,8%	3,7%
	Arithmetisches Mittel	6,7%	6,8%	5,5%
	Signifikanz (t-Test mit jeweilig rechter Spalte)	43,83%	7,45%	1,73%
S&P100	Anzahl	275	310	538
	Median	3,9%	2,6%	3,9%
	Arithmetisches Mittel	9,0%	4,6%	6,7%
	Signifikanz (t-Test mit jeweilig rechter Spalte)	0,00%	0,00%	0,07%

Zusammenfassend bedeutet dies, dass anhand der Streuung von Analystenprognosen nachgewiesen wurde, dass Erwartungsmanagement zum Erreichen und Übertreffen von Gewinnprognosen in Deutschland und den USA existiert, wodurch die Aussagen von *Myers/ Skinner* unterstützt werden.

5 Fazit

Um die Bezugspunkte der nachgewiesenen Gewinnschwellen zu erreichen bzw. zu übertreffen, managen Unternehmen den Ausweis von Gewinnen und die Erwartungen im Markt.

Bei der Gewinnschwelle des Break-Even kann im deutschen Raum, im Gegensatz zu den USA, kein Gewinnmanagement festgestellt werden. Zwar konnte gezeigt werden, dass allgemein Gewinnmanagement betrieben wird, jedoch nicht speziell zum Übertreffen der Gewinnschwelle des Break-Even.

50 EPS-KAP.

Dagegen werden bei der zweiten Gewinnschwelle in Deutschland Gewinne aktiv gemanagt, um deren Bezugspunkt zu übertreffen. Dies ist bei relativer wie absoluter Betrachtungsweise deutlich geworden. In den USA konnte dieses Gewinnmanagement direkt an der Gewinnschwelle nicht nachgewiesen werden. Dies relativiert die Erkenntnis, dass der Grund dafür Gewinnmanagement in einem breiteren Bereich ist. In Deutschland wird Gewinnmanagement vereinzelt direkt an der Gewinnschwelle angewendet, in den USA dagegen in einem breiteren Bereich über die Gewinnschwelle hinweg.

Unternehmen in Deutschland wie in den USA wissen sehr gut, wie das „Earnings Game" zu spielen ist. Extrem optimistische Prognosen zu Anfang einer Periode, klares Vermeiden von pessimistischen Prognosen, eindeutig mindernde Korrekturen der Prognosen im Verlauf der Periode und das Vermeiden jeglicher Erhöhungen von Prognosen bei allen untersuchten Bereichen (DAX100, deutsche Indizes, deutsche Aktien und S&P100) machen deutlich, wie wichtig es für Unternehmen ist, zwar mit hohen, jedoch im Endeffekt zu übertreffenden Prognosen bedacht zu werden. Dies ist im Einklang mit den theoretischen Überlegungen bezüglich der Bewertung von Wertpapieren und der Erwartungsbildung. Jeglichen Zweifel am Erwartungsmanagement räumt spätestens die letzte Erkenntnis bezüglich der Abweichung von Analystenschätzungen untereinander bei den Leitindizes aus. Konsensanalystenprognosen, welche den Bezugspunkt der dritten Gewinnschwelle knapp unterschreiten, bauen auf einer einheitlicheren Informationsbasis auf als jene, welche den Bezugspunkt knapp übertreffen.

Während also Erwartungsmanagement sehr signifikant nachgewiesen werden kann, deuten einige Untersuchungsergebnisse auf Gewinnmanagement hin, speziell bei der zweiten Gewinnschwelle.

Anhang: Test auf Unstetigkeit in einer eindimensionalen Verteilung

Um Unstetigkeit in einer eindimensionalen Verteilung zu testen,[51] wird untersucht, ob die Steigung der Verteilung sich an bestimmten Punkten unvorhergesehen ändert. Dafür wird das Delta der diskreten Beobachtungen von z. B. Gewinnen analysiert. Mathematisch bedeutet dies, dass die Wahrscheinlichkeitsdichtefunktion der zu untersuchenden Variablen $f(x)$ sei, und diese Verteilung am Punkt S auf Stetigkeit untersucht wird. Dafür wird die Dichte der diskreten Beobachtungen $x_0, x_1, \ldots, x_n$, deren Abstand voneinander ohne Beschränkung der Allgemeinheit von gleicher Größe der Länge 1 ist,[52] berechnet. Die Anzahl an Beobachtungen in den Bereichen $[x_0, x_1), [x_1, x_2), \ldots, [x_n, x_{n+1})$ wird als $p(x)$ definiert und liefert Schätzungen von $f(x)$ an $x_0, x_1, \ldots, x_n$. Die Erwartung der Deltas $\Delta p(x_i)$ ist $f'(x_i)$, wobei $\Delta p(x_i) \equiv p(x_i) - p(x_{i-1})$[53]. Definiert man einen symmetrischen Bereich R_i um i mit $2r+1$ Punkten,[54] so muss die *Verteilung* von $\Delta p(x_j)$ in diesem Bereich unter der Hypothese der Stetigkeit für $f(x)$ näherungsweise *homogen* sein.

Um diese Homogenität zu testen, wird untersucht, ob sich $\Delta p(x_i)$ am Schwellenwert S *signifikant vom Mittelwert* der $\Delta p(x_j)$ aus R_i unterscheidet. Da man von einer asymptotisch normalverteilten Grundgesamtheit R_i ausgehen kann,[55] wird ein Einstichproben-t-Test vorgenommen mit der Prüfgröße:

$$t_i = \frac{\Delta p(x_i) - \overline{\Delta p(x_j)}_{j \in R, j \neq i}}{\sigma_{j \in R, j \neq i}\left(\Delta p(x_j)\right) / \sqrt{2r}}$$

Dabei werden Beobachtungen mit $j = i$ ausgeschlossen, um die Stärke eventueller Diskontinuität von $f(x)$ in x_i zu erhöhen. Somit sagt die Nullhypothese H_0 aus,

---

51 Vgl. *Degeorge, F./ Patel, J./ Zeckhauser, R.* (1999), S. 30-32.

52 Auch Abstände der Länge 5 werden bei einigen Tests verwendet.

53 $i \in N$

54 $R_i = \{x_j ; j \in (i-r, i+r)\}$

55 Sämtliche Grundgesamtheiten R_i wurden mit Hilfe des *Kolmogorov-Smirnov*-Tests auf Normalverteilung getestet. Dabei liegen mit p > 0,15 nicht signifikante p-Werte vor, und die Verteilungen sind hinreichend normalverteilt. Man beachte, dass keine Annahme über die Verteilung $f(x)$, nur über die Deltas $f'(x_i)$ getroffen wird.

dass die Verteilung der $\Delta p(x_j)$ in R_i homogen ist. Die alternative Hypothese H1 dagegen lässt Diskontinuität von $f(x)$ am vorher identifizierten Schwellenwert S vermuten.

Solange die untersuchte Schwelle S eindeutig auf eine Seite der Verteilung fällt und der Scheitelpunkt P der Verteilung nicht in R_i fällt, kann der Test wie oben beschrieben vorgenommen werden. Da jedoch auf verschiedenen Seiten vom Scheitelpunkt P die Steigung der Dichtefunktion verschiedene Vorzeichen hat, würde eine symmetrische Umgebung um S, die P beinhaltet, nicht mehr ähnliche Steigungen aufweisen. Grundsätzlich können zwei Situationen entstehen: Einerseits kann der Scheitelpunkt P im Bereich R_i liegen, sich jedoch von S unterscheiden, andererseits können die beiden Punkte zusammenfallen.

Im ersten Fall wird eine asymmetrische Umgebung um S gebildet, so dass P nicht enthalten ist. Falls $S < P$ ($S > P$), wird R_S so gebildet, dass diese Umgebung einerseits möglichst symmetrisch um S ist, andererseits alle Punkte unterhalb (oberhalb) von P liegen. Damit hat man garantiert, dass die Steigung in der untersuchten Umgebung nicht von unterschiedlichen Vorzeichen gekennzeichnet ist.

Bei der zweiten Möglichkeit fallen der Schwellenwert und der Scheitelpunkt der Verteilung zusammen, d. h. $S = P$. Nun kann man einen Gewinn- oder Erwartungsmanagementeffekt daran erkennen, ob die Steigungen rechts und links von S (= P) signifikant unterschiedlich sind,[56] wobei eine lokale Schiefe berücksichtigt wird. Dafür wird Θp_k berechnet als $\Theta p_k \equiv \Delta p(x_{S+k}) + \Delta p(x_{S-k+1})$ und wie vorher ein t-Test mit Θp_k anstatt $\Delta p(x_i)$ in Formel 1 durchgeführt. Nur falls diese Auswertung signifikant ist, kann eindeutig von einem Managementeffekt gesprochen werden.

56 Nachdem die Vorzeichen adjustiert wurden.

Quellenverzeichnis

Abarbanell, Jeffrey/ Lehavy, Reuven (2000); Biased Forecasts or Biased Earnings? The Role of Earnings Management in Explaining Apparent Optimism and Inefficiency in Analysts' Earnings Forecasts, Working Paper, University of North Carolina at Chapel Hill and University of California at Berkeley, 2000.

Achleitner, Ann-Kristin/ Bassen, Alexander (2001); Investor Relations am Neuen Markt: Zielgruppen, Instrumente, rechtliche Rahmenbedingungen und Kommunikationsinhalte, Stuttgart 2001 (Schäffer-Poeschel).

Achleitner, Ann-Kristin/ Bassen, Alexander/ Pietzsch, Luisa (2001); Kapitalmarktkommunikation von Wachstumsunternehmen: Kriterien zur effizienten Ansprache von Finanzanalysten, Stuttgart 2001 (Schäffer-Poeschel).

Achleitner, Ann-Kristin/ Thoma, Georg (2001); Handbuch Corporate Finance: Konzepte, Strategien und Praxiswissen, 2. Aufl., Köln 2001 (Deutscher Wirtschaftsdienst).

Barberis, Nicholas/ Huang, Ming/ Santos, Tano (1999); Prospect Theory and Asset Prices, Working Paper, University of Chicago 1999.

Bartov, Eli/ Givoly, Dan/ Hayn, Carla (2002); The Rewards to Meeting or Beating Earnings Expectations, in: Journal of Accounting and Economics, Vol. 33 (2002), S. 173-204.

Beatty, Anne/ Ke, Bin/ Petroni, Kathy (1999); Differential earnings management to avoid earnings declines and losses across publicly- and privately-held banks, Working Paper, Pennsylvania University und Michigan State University 1999.

Beaver, William/ McNichols, Maureen/ Nelson, Karen (2000); Management of the Loss reserve Accrual and the Distribution of Earnings in the Property-Casualty Insurance Industry, Working Paper, Stanford University 2000.

Burgstahler, David/ Dichev, Ilia (1997); Earnings Management to Avoid Earnings Decreases and Losses, in: Journal of Accounting and Economics, Vol. 4 (1997), S. 99-126.

Collingwood, Harris (2001); The Earnings Game, in: Harvard Business Review, Juni 2001, S. 65-73.

Dechow, Patricia/ Skinner, Douglas (2000); Earnings Management: Reconciling the Views of Accounting Academics, Practitioners and Regulators, Working Paper, University of Michigan Business School 2000.

Dechow, Patricia/ Richardson, Scott/ Tuna, A. Irem (2000); Are Benchmark Beaters Doing Anything Wrong, Working Paper, University of Michigan Business School 2000.

Degeorge, Francois/ Patel, Jayendu/ Zeckhauser, Richard (1999); Earnings Management to Exceed Thresholds, in: Journal of Business, Vol. 72 (1999), S. 1-34.

Fox, Justin (1997); Learn to play the Earnings Game (and Wall Street will love you), in: The Fortune, March 1997, S. 49-52.

Goldberg, Joachim/ Von Nitzsch, Rüdiger (1999); Behavioral Finance – Gewinnen mit Kompetenz, München 1999 (John Wiley & Sons).

Gore, Pelham/ Pope, Peter/ Singh, Ashni (2002); Earnings Management and the Distribution of Earnings Relative to Targets, Working Paper, Lancaster University 2002.

Healy, Paul/ Wahlen, James (1998); A Review of Earnings Management Literature and its Implications for Standard Setting, Working Paper, Harvard Business School and Kelley School of Business, Indiana University 1998.

Heintges, Sebastian (1997); Bilanzkultur und Bilanzpolitik in den USA und in Deutschland: Einflüsse auf die Bilanzpolitik börsennotierter Unternehmen, 2. Aufl., Berlin 1997 (Wissenschaft & Praxis).

Kahneman, Daniel/ Slovic, Paul/ Tversky, Amos (1982); Judgement under uncertainty: Heuristics and biases, Cambridge 1982 (Cambridge University Press).

Kahneman, Daniel/ Tversky, Amos (1979); Prospect Theory: An Analysis of Decision under Risk, in: Econometria, Vol. 47 (1979), S. 263-292.

Matsumoto, Dawn (1999); Management's Incentive to Guide Analysts' Forecasts, Working Paper, Harvard University 1999.

Myers, Linda/ Skinner, Douglas (1999); Earnings Momentum and Earnings Management, Working Paper, University of Michigan 1999.

Phillips, John/ Pincus, Morton/ Rego, Sonja (2002); Earnings Management: New Evidence Based on Deferred Tax Expense, Working Paper, University of Connecticut and University of Iowa 2002.

Richardson, Scott/ Teoh, Siew/ Wysocki, Peter (1999); Tracking Analysts' Forecasts over the Annual Earnings Horizon: Are Analysts' Forecasts Optimistic or Pessimistic?, Working Paper, University of Michigan Business School 1999.

Schipper, Katherine (1989); Commentary on Earnings Management, in: Accounting Horizons, December 1989, S. 92-102.

Schonfeld, Erick (1998); The guidance game, in: Fortune, December 21st, 1998, S. 256-257.

Seifert, Werner/ Habbel, Markus/ Mattern, Frank/ Streit, Clara/ Voth, Hans-Joachim (2002); Performance ist kein Schicksal – Ideale Investoren gewinnen – den Kapitalmarkt erfolgreich managen, Frankfurt 2002 (Campus).

Tversky, Amos/ Kahneman, Daniel (1973); Availability: A heuristic for judging frequency and probability, 1973, reprinted in: *Kahneman, Daniel/ Slovic, Paul/ Tversky, Amos* (1982); Judgement under uncertainty: Heuristics and biases, Cambridge 1982 (Cambridge University Press), S. 163-178.

Von Nitzsch, Rüdiger (2002); Entscheidungslehre – Wie Menschen entscheiden und wie sie entscheiden sollten, Stuttgart 2002 (Schäffer-Poeschel).

Matthias Ecke

Empirische Untersuchungen zu Kursaussetzungen am deutschen Aktienmarkt

1 Einleitung

Am deutschen Aktienmarkt erfolgen u. a. Handelsunterbrechungen aufgrund von Ermessensentscheidungen der Börsengeschäftsführungen.[1] So kann die Börsengeschäftsführung gemäß § 38 Abs. 1 Börsengesetz (BörsG)[2] die Kurse bei zeitweiliger Gefährdung des ordnungsgemäßen Börsenhandels oder, wenn dies zum Schutz der Anleger erforderlich ist, den Börsenhandel aussetzen. Diese Maßnahmen werden als Kursaussetzungen bezeichnet.

Im Einzelnen regelt § 38 Abs. 1 Nr. 1 BörsG dies wie folgt:

> „Die Geschäftsführung kann die Notierung im amtlichen Markt zugelassener Wertpapiere
> 1. aussetzen, wenn ein ordnungsgemäßer Börsenhandel zeitweilig gefährdet oder wenn dies zum Schutz des Publikums geboten scheint;..."[3].

Eine Kursaussetzung bewirkt die Unterbrechung des Handels des betreffenden Wertes in einem bestimmten Zeitintervall und führt zur Löschung sämtlicher offener Aufträge an der Börse und im Kommissionsgeschäft der Kreditinstitute.[4]

Handelsunterbrechungen durch diskretionäre Entscheidungen zählen bereits seit mehr als zwei Jahrzehnten zum Forschungsgebiet der empirischen Kapitalmarktforschung.[5] Für die New York Stock Exchange (NYSE) und andere nordamerikanische Aktienmärkte liegen mittlerweile eine Reihe von empirischen Arbeiten vor. Auch für bestimmte europäische und asiatische Aktienmärkte existieren hierzu einige Studien. Erste Ergebnisse der umfassenden Studie des Autors werden mit dieser Veröffentlichung vorgestellt.

Der vorliegende Beitrag ist ein Teil der Ende 2004 zu veröffentlichenden Dissertation. Die Erstveröffentlichung einer ausführlicheren Version dieses Beitrages erfolgte im August 2003, vgl. *Ecke, M.* (2003).

1 Vgl. *Schwark, E.* (1994), S. 317.

2 Börsengesetz (BörsG) vom 21.06.2002.

3 § 38 Abs. 1 Nr. 1 BörsG. Gleichzeitig gilt die Befugnis der Börsengeschäftsführung für den Geregelten Markt. Vgl. § 53 Abs. 2 BörsG. Beim Neuen Markt erfolgt die Entscheidung durch die Geschäftsführung der Frankfurter Wertpapierbörse (FWB) und der Deutsche Börse AG. Vgl. § 90 Abs. 1 BörsO der FWB vom 01.07.2003; Nr. 1 Handelsbedingungen für den Neuen Markt vom 01.07.2002.

4 Vgl. § 6 Abs. 4 Bedingungen für Geschäfte an der FWB vom 01.07.2003; Nr. 6.2 Sonderbedingungen für Wertpapiergeschäfte vom 01.08.2003.

5 So datieren die ersten Arbeiten auf 1976 und 1978 zurück. Vgl. *Hopewell, M. H./ Schwartz, A. L. Jr.* (1978), S. 1355 ff.; die Erstveröffentlichung war bereits 1976 als Working Paper. Vgl. *Hopewell, M. H./ Schwartz, A. L. Jr.* (1976a), S. 577; *Hopewell, M. H./ Schwartz, A. L. Jr.* (1976b), S. 1 ff.

2 Abgrenzung und Ursachen von Kursaussetzungen

Die Aussetzung der Kursnotierung ist von der Einstellung der Notierung gemäß § 38 Abs. 1 Nr. 2 BörsG abzugrenzen. Während die Kursaussetzung zeitlich auf einige Tage, Stunden oder nur wenige Minuten begrenzt ist, stellt die Einstellung der Kursnotiz eine längerfristige Maßnahme ohne zeitliche Begrenzung dar.[6] Die Notierungseinstellung ist keine zeitweilige Unterbrechung des Börsenhandels in dem betreffenden Wert.[7] Die für die Abgrenzung wichtige Tabelle 1 beschreibt Fälle, in denen während der Börsenhandelszeiten kein Handel zu beobachten ist.

Tabelle 1: *Unterbrechungen des Börsenhandels während der Börsenhandelszeiten*[8]

Entscheider	Unterbrechungsart	Bemerkungen
Börsengeschäftsführung	• **Kursaussetzung** § 38 Abs. 1 Nr. 1 BörsG § 25 Abs.1 Nr. 1 BörsO FWB	• Zeitweilige Gefährdung der Ordnungsmäßigkeit • Schutz des Anlegerpublikums
	• Unterbrechung § 25 Abs. 2 BörsO FWB	• Technische Gründe • Vermeidung sonstiger Gefährdungen der Funktionsfähigkeit
	• Einstellung § 38 Abs. 1 Nr. 2 BörsG § 25 Abs. 1 Nr. 2 BörsO FWB	• Ordnungsgemäßer Börsenhandel nicht mehr gewährleistet
Skontroführer	• Notierungsaufschiebung bzw. Volatilitätsunterbrechung § 8 Bed.f.Gesch. FWB	• Bei bestimmten Kursschwankungen
	• Streichung § 33 Abs. 2 II BörsO FWB	• Unzureichende Auftragslage
Börsenaufsichts-behörde	• Handelsunterbrechung § 2 Abs. 2 BörsG § 4 Abs. 5 BörsG	• Gewährleistung ordnungsgemäßen Börsenhandels
Bundesministerium für Finanzen	• Devisenkursaussetzungen § 8 BörsG	• Erhebliche Marktstörung • Schwerwiegende Gefahren für Gesamtwirtschaft und Publikum
Kein Entscheider	• „Technische" Aussetzung § 33 II Nr. 33 BörsO FWB	• Im Wertpapier begründet, z.B. Auslosung von Schuldverschreibungen

Die Entscheidung der Börsengeschäftsführung über eine Kursaussetzung ist an zwei Voraussetzungen gebunden, die alternativ vorliegen müssen:

---

6 Vgl. *Schwark, E.* (1994), S. 317; bspw. beträgt die Dauer einer Reihe von Handelsunterbrechungen in der vorliegenden Datenbasis nur 60 Minuten.

7 Dies würde eine erfolgende Eröffnung einschließen.

8 Die Abbildung umfasst den Parketthandel an der Frankfurter Wertpapierbörse (FWB) und nicht das elektronische Handelssystem Xetra.

1.) eine zeitweilige Gefährdung des ordnungsgemäßen Börsenhandels oder

2.) ein erforderlicher Schutz des Publikums.[9]

In der Regel treten beide Tatbestandsmerkmale gleichzeitig auf.[10] Der besonderen Bedeutung der Ordnungsmäßigkeit des Börsenhandels, d. h. der ordnungsgemäßen Preisbildung, hat der Gesetzgeber im § 24 Abs. 2 BörsG Nachdruck verliehen. Chancengleichheit der Marktteilnehmer und Transparenz der Preisfeststellung sind dabei wesentliche Merkmale eines ordnungsgemäß zustande gekommenen Börsenpreises.[11]

Einigkeit herrscht, dass eine Kursaussetzung geboten ist, wenn der Kurs formal nicht ordnungsgemäß zustande gekommen ist.[12] Danach kommt eine Aussetzung dann in Frage, wenn die börsengesetzlichen Anforderungen an die Kursfeststellung, also eine reguläre Preisbildung im Sinne des richtigen Marktkurses, gefährdet scheint.[13] Dabei hat der Börsenpreis das Marktgeschehen an der Börse wiederzugeben und frei von Verzerrungen zu sein.[14] Ausgangspunkt solcher Verzerrungen können Ereignisse sein, die bis zum Beginn des Börsenhandels nicht allen interessierten Kreisen bekannt sind, die aber zur erheblichen Kursbeeinflussung geeignet sind.[15] Dabei handelt es sich in der Regel um Ad-hoc- oder WpÜG-publizitätspflichtige[16] Sachverhalte, die bei Bekanntwerden zu einer erheblichen Kursbeeinflussung geeignet sind.[17] Die Börsengeschäftsführung wird entsprechend den gesetzlichen Regelungen vorab oder gleichzeitig über zu veröffentlichende Ad-hoc- oder WpÜG-Meldungen informiert.

Eine Aussetzung kann in diesem Fall geboten sein, um Insidergeschäften und den damit verbundenen Preisverzerrungen entgegenzutreten. Aufgrund des Ungleichgewichts der Informationsverteilung der Marktteilnehmer wird eine faire und transparente Preisbildung beeinträchtigt, woraus ein nicht ordnungsgemäßer Handel resultiert.[18] Börsenkurse, die infolge von Insiderhandel verzerrt sind, erfüllen nicht die formale Kurswahrheit im Sinne der Preisbildung entsprechend der wirklichen Marktlage.[19] Kursaussetzungen stellen damit ein wesentliches Mittel zur Gewährleistung

---

9 Vgl. § 38 Abs. 1 Nr. 1 BörsG; *Schwark, E.* (1994), S. 317; *Gross, W.* (2002), S. 137. Beide zur Ermessensentscheidung.

10 Vgl. *Schwark, E.* (1994), S. 317 f.; *Kümpel, S.* (2000), S. 2038 ff.; *Jaskulla, E. M.* (2002), S. 1098.

11 Vgl. Gesetzesbegründung der Bundesregierung zum Gesetzentwurf des Zweiten Finanzmarktförderungsgesetzes, BT 12/6679 (1994), S. 70.

12 Vgl. *Hamann, U.* (1999), S. 660.

13 Vgl. *Walter, J.* (1989), S. 729 f.; *Schwark, E.* (1994), S. 209 f.; *Meyer, O./ Bremer, H.* (1957), S. 67 ff.; *Göppert, H.* (1932), S. 195.

14 Vgl. *Walter, J.* (1989), S. 729; *Schwark, E.* (1988), S. 11.

15 Vgl. *Von Rosen, R.* (1997), S. 85.

16 Wertpapiererwerbs- und Übernahmegesetz (WpÜG).

17 Interview des Autors mit Herrn *Zipper, U.*, Deutsche Börse AG, Head of Publicity Market Supervision Floor.

18 Vgl. *Jaskulla, E. M.* (2002), S. 1096.

19 Vgl. *Meyer, O./ Bremer, H.* (1957), S. 72; Stellungnahme des Bundesrates zum Gesetzentwurf des Zweiten Finanzmarktförderungsgesetzes, BT-Drucksache 12/6679 (1994), S. 94; Beschluss-

von Chancengleichheit und Fairness auf dem deutschen Aktienmarkt dar. Auf eine umfangreiche Diskussion der Gesetzesauslegung soll an dieser Stelle zugunsten der weiterführenden Arbeit verzichtet werden. Folgende Ursachen kommen für Kursaussetzungen in Frage:[20]

- Ad-hoc-Meldung gemäß § 15 Abs. 1 WpHG,[21]
- Wunsch des Emittenten auf Kursaussetzung aufgrund einer Befreiung von der Ad-hoc-Publizität gemäß § 15 Abs. 2 Satz 1 WpHG, und in der Folge vom Emittenten festgestellter Insiderhandel oder Marktgerüchte,[22]
- Meldungen gemäß Übernahmerecht nach § 10 Abs. 1, § 29 Abs. 1, § 35 Abs. 1 WpÜG,[23]
- sonstige Gründe (bspw. vermuteter Insiderhandel oder Heimatbörsenentscheidungen)[24].

Für die Ermessensentscheidung zur Anordnung und der Bestimmung der Dauer einer Kursaussetzung sind bestimmte Grundsätze, wie der Verhältnismäßigkeitsgrundsatz oder der Anstaltszweck der Börse, zu beachten.[25] Unter Berücksichtigung des Anstaltszwecks der Börse, der in der Organisation und Aufrechterhaltung des Handels liegt, sind daher unangemessene oder nicht erforderliche Kursaussetzungen zu vermeiden.[26]

3 Bisheriger Forschungsstand

In der Folge des Crashs von 1987 und der sich anschließenden Situations- und Ursachenanalyse bildete die Auseinandersetzung um die Einführung von Handelsunterbrechungen und anderen Circuit Breakern einen Schwerpunkt der wissenschaftlichen Diskussion. Circuit Breaker sind Regeln oder Strukturen, die den Handel an der Börse in bestimmten Situationen durch Außerkraftsetzung der „normalen" Regularien be-

---

empfehlung und Bericht des Finanzausschusses zum Zweiten Finanzmarktförderungsgesetz, BT-Drucksache 12/7918 (1994), S. 101.

20 Für die folgenden Ausführungen Wertpapierhandelsgesetz (WpHG) in der Fassung vom 09.09.1998 und Wertpapiererwerbs- und Übernahmegesetz (WpÜG) vom 20.12.2001.

21 Vgl. bspw. *Kümpel, S./ Assmann, H.-D.* (2003), S. 471.

22 Vgl. bspw. *Wittich, G.* (1997), S. 4 f.; *Fürhoff, J./ Wölk, A.* (1997), S. 457 ff.

23 Vgl. § 10 Abs. 2 WpÜG; Begründung der Bundesregierung zum WpÜG, BT-Drucksache 14/7034 (2001), S. 39 f.

24 Vgl. bspw. *Jaskulla, E. M.* (2002), S. 1096.

25 Vgl. *Kümpel, S./ Assmann, H.-D.* (2003), S. 472 ff.; *Hammen, H.* (2003), S. 248 ff.

26 Vgl. *Kümpel, S./ Assmann, H.-D.* (2003), S. 476; *Thielemann, A.* (1995), S. 21.

schränken.[27] Die hier zunächst vorzustellenden Vor- und Nachteile von Handelsunterbrechungen sind auf theoretische Analysen gestützt.

Wesentlich bei den Vorschlägen der *Brady*-Kommission[28] ist, dass den Marktteilnehmern durch eine Handelsunterbrechung mittels Einräumung einer „Cooling Off-Periode" Zeit gegeben wird, sich zu beruhigen.[29] Als ein wichtiger Vorteil gilt, dass in derartigen Krisensituationen eine kontrollierte Handelsunterbrechung einem unkontrollierten Marktzusammenbruch vorzuziehen ist.[30]

Ferner wird angeführt, dass durch Handelsunterbrechungen Marktteilnehmer vor Kreditrisiken bewahrt werden, da ihnen zusätzliche Zeit zur Liquiditätsbeschaffung zur Verfügung steht.[31] Als Vorteil von Handelsunterbrechungen wird angeführt, dass diese die Renditevolatilität reduzieren.[32] Es ist jedoch fraglich, ob die Reduktion der Volatilität ein wünschenswertes Ziel darstellt. Wird durch die Handelsunterbrechung eine notwendige fundamentale Preisbewegung lediglich verzögert, so verstößt eine Handelsunterbrechung hier gegen die Bewertungs- und Informationseffizienz.[33]

Basierend auf der Analyse des Crashs von 1987 stellt nach *Greenwald/ Stein* die Information der Marktteilnehmer das stärkste Argument für eine Unterbrechung des Handels dar.[34] Ein weiteres bedeutendes Argument ist, dass Handelsunterbrechungen der Fairness im Marktprozess dienen.[35] So stellt Fairness eine wesentliche Determinante zur Beurteilung der Attraktivität von Börsenplätzen dar, die sich insbesondere am Insiderschutz festmacht.[36] Eine Handelsunterbrechung, die die Marktteilnehmer informiert und so zur Fairness beiträgt, ist damit gleichzeitig eine Maßnahme zum Schutz der Funktionsfähigkeit des Marktprozesses.[37]

---

27 Vgl. *McMillan, H.* (1991), S. 249; *Nabben, S.* (1996), S. 10.

28 Nach dem Crash von 1987 wurde vom Präsidenten der USA, *Ronald W. Reagan*, eine Task Force eingesetzt, um die Ereignisse des Crashs zu untersuchen und Handlungsempfehlungen abzuleiten. Vgl. Report of the Presidential Task Force on Market Mechanisms (1988), S. 1 ff. In Anlehnung an den Vorsitzenden dieser Kommission, *N. F. Brady*, wird der Report auch als *Brady*-Report bezeichnet. Vgl. bspw. *McMillan, H.* (1991), S. 249.

29 Vgl. Report of the Presidential Task Force on Market Mechanisms (1988), S. 66 f.

30 Vgl. Report of the Presidential Task Force on Market Mechanisms (1988), S. 66; *Wiebke, H.* (1991), S. 189; *Greenwald, B./ Stein, J.* (1988), S. 3.

31 Vgl. *Kyle, A. S.* (1988), S. 430 ff.; *Nabben, S.* (1996), S. 126; *Neubauer, A.* (1993), S. 266.

32 Vgl. bspw. *Kyle, A. S.* (1988), S. 427 ff.

33 Vgl. *Fama, E. F.* (1989), S. 72.

34 Vgl. *Greenwald, B./ Stein, J.* (1988), S. 17 f.

35 Vgl. *Smith, V. L.* (1994), S. 124 ff.; *King, M./ Röell, A.* (1988), S. 166; zur Fairness.

36 Vgl. *Schiereck, D.* (1995), S. 33. Informationsbasierter Handel durch Insider kann gemäß *Akerlof* dazu führen, dass der Marktprozess zusammenbricht. Vgl. *Akerlof, G. A.* (1970), S. 488 ff.

37 Weitere Argumentationen für Handelsunterbrechungen beziehen sich auf die Reduktion von Transaktionsrisiken durch diese Maßnahme. Vgl. *Greenwald, B./ Stein, J.* (1991), S. 443 ff.

Ein Großteil der angeführten Gründe gegen Handelsunterbrechungen lassen sich dem Free-Market-Argument zuordnen, welches vom Ideal eines in keiner Art beschränkten Börsenhandels ausgeht.[38] Gemäß dieser Position sollte der Handel nicht unterbrochen werden und 24 Stunden geöffnet sein.[39]

Gegen Handelsunterbrechungen wird angeführt, dass durch den Handel mehr Informationen offenbart werden als durch das Instrument der Handelsunterbrechung.[40] So präsentieren eine Reihe von Autoren Modelle, in denen der Handel zur Aufdeckung heterogener Informationen erforderlich ist.[41] Ein weiteres Argument gegen Handelsunterbrechungen stellen Erhöhungen von Kreditrisiken dar.[42] Ferner wird dargelegt, dass mit Handelsunterbrechungen häufig weitere nachteilige Effekte verbunden sind.[43]

Da die theoretischen Erkenntnisse kein einheitliches Bild liefern, sind für gesicherte Aussagen empirische Ergebnisse erforderlich. Zu den diskretionären Handelsunterbrechungen zählen an der NYSE die Unterbrechungen aufgrund von Ungleichgewichts-Situationen im Auftragsaufkommen und Unterbrechungen bei Eintreffen neuer Informationen.

---

38 Vgl. *Nabben, S.* (1996), S. 87.

39 Vgl. *Kyle, A. S.* (1988), S. 427; *Ferguson, R.* (1988), S. 14 ff., weiterführend.

40 Vgl. *Greenwald, B./ Stein, J.* (1988), S. 18.

41 Vgl. *Grundy, B. D./ McNichols, M.* (1989), S. 495 ff.; *Brown, D. P./ Jennings, R., H.* (1989), S. 527 ff.; *Dow, J./ Gorton, G.* (1990), S. 1 ff. *Lee/ Ready/ Seguin* prägen den Begriff „learning-trough-trading-model" und beschreiben die Annahmen und Ergebnisse der Modelle vereinfacht. Vgl. *Lee, C. M. C./ Ready, M. J./ Seguin, P. J.* (1994), S. 183 ff.

42 Vgl. Report of the Presidential Task Force on Market Mechanisms (1988), S. 66; *Ferguson, R.* (1988), S. 14 f.

43 Hierzu zählen antizipatorischer Handel vor der Unterbrechung (Magneteffekte) und die Verlagerung des Handels auf andere Märkte (Spill-Over-Effekt). Vgl. bspw. *Greenwald, B./ Stein, J.* (1991), S. 459; *Ma, C. K./ Rao, R. P./ Sears, S. R.* (1989), S. 170; *Fortune, P.* (1993), S. 19; *Nabben, S.* (1996), S. 148 ff.

Tabelle 2: *Ergebnisse ausgewählter Studien diskretionärer Handelsunterbrechungen der NYSE*[44]

Autor /Jahr	N	Renditen	Zeitraum	Anti-zipation	Ereignis-effekt	Folgeeffekt (nach HU)	Volumina (nach HU)	Volatilität (nach HU)
Hopewell/Schwartz (1978)	948	Marktmodell täglich	02.1974-06.1975	ja	ja	(ja)	-	-
Schwartz (1982)	863	Marktmodell Intraday	02.1974-06.1975	-	ja	(ja)	-	-
Fabozzi/Ma (1988)	119	Intraday	06.1985-12.1985	-	ja	n	-	-
Tanner/Pritchett (1992)	121	Marktmodell Intraday	10.1987-10.1987	-	ja	ja	-	-
Lee/Ready/Seguin (1994)	852	Marktadj. tägl. u. Intraday	01.1988-12.1988	-	ja	ja	Erhöhung	Erhöhung
Corwin/Lipson (2000)	295	Intraday	01.1995-12.1996	-	ja	-	Erhöhung	Erhöhung

- Ausprägung nicht untersucht, ( ): abgeschwächte Aussage

Wie in Tabelle 2 ersichtlich, können alle Studien den Informationsgehalt der Handelsunterbrechungen bestätigen. So werden hohe abnormale Ereignisrenditen berichtet. Bei vier der fünf Untersuchungen findet eine Nachverarbeitung des Ereignisses statt. Eine effiziente Informationsverarbeitung muss hier abgelehnt werden. Ferner werden erhöhtes Volumen und Volatilität nach der Handelsunterbrechung nachgewiesen.

4 Methodisches Vorgehen

4.1 Wirkungshypothesen

Neben der bereits erfolgten Definition des Untersuchungsobjektes Kursaussetzungen sind im Rahmen einer Ereignisstudie Hypothesen über die erwartete Preis- und Volumenreaktion aufzustellen.[45] Die folgende Tabelle 3 gibt einen Überblick der aufgestellten Hypothesen.

44 *Fabozzi/ Ma* untersuchen den Handel an der NASDAQ während Handelsunterbrechungen der NYSE. Vgl. *Fabozzi, F. J./ Ma, C. K.* (1988), S. 427 ff.

45 Die inhaltliche Definition erfolgte bereits in den vorherigen Abschnitten.

Tabelle 3: Hypothesengerüst der Analyse

Nr.	Wirkungshypothese
H_1	Werden am Ereignistag abnormale Renditen (Umsätze) festgestellt, so ist von einem Informationsgehalt des Ereignisses auszugehen.
H_2	Werden vor dem Ereignistag abnormale Renditen (Umsätze) festgestellt, die in die gleiche Richtung gehen wie die Reaktion am Ereignistag, so ist von einer Antizipation des Ereignisses auszugehen.
H_3	Werden nach dem Ereignistag abnormale Renditen (Umsätze) festgestellt, so ist von einer unvollständigen (individuellen) Informationsverarbeitung am Ereignistag auszugehen.
H_4	Werden nach dem Ereignistag positive (negative) abnormale Renditen festgestellt, wenn die abnormale Reaktion am Ereignistag negativ (positiv) war, so ist davon auszugehen, dass eine Überreaktion am Ereignistag vorliegt.
H_5	Werden nach dem Ereignistag positive (negative) abnormale Renditen festgestellt, wenn die abnormale Reaktion am Ereignistag ebenfalls positiv (negativ) war, so ist davon auszugehen, dass eine fortlaufende Reaktion vorliegt.
H_6	Bei Kursaussetzungen ist im Vergleich zur Reaktion auf Ad-hoc-Meldungen ohne Kursaussetzung mit einer stärkeren Reaktion zu rechnen.

Wie in allen Ereignisstudien steht die Frage nach dem Informationsgehalt des Ereignisses (H_1, H_2) und nach einer effizienten Reaktion (H_3, H_4, H_5) im Vordergrund. Neben der Effizienz der Verarbeitung der Informationen ist von besonderem Interesse, ob Kursaussetzungen tatsächlich mehr Informationsgehalt aufweisen als Ad-hoc-Meldungen, die während der Börsenhandelszeiten ohne Kursaussetzungen veröffentlicht werden. Wird das Instrumentarium Kursaussetzung effizient gehandhabt, dann sollte eine Kursaussetzung eine heftigere Reaktion zur Folge haben als ein Informationsereignis ohne Aussetzung (Hypothese H_6).[46]

Neben der Analyse der abnormalen Renditen sollen auch Umsatzgrößen Verwendung finden. Während in der abnormalen Rendite die aggregierte Erwartungsänderung der Marktteilnehmer zum Ausdruck kommt, zeigt die gemessene Handelsaktivität die Veränderungen der individuellen Erwartungen der Anleger auf.[47]

4.2 Auswahl der Ereignisse und Daten

Für die Untersuchung wurden von der Deutsche Börse AG Kursaussetzungen des Amtlichen Marktes, des Geregelten und Neuen Marktes der Jahre 1993 bis 2001 zur Verfügung gestellt. Während dieser Zeit waren insgesamt 510 Kursaussetzungen zu verzeichnen.

46 Da die Wahrscheinlichkeit einer Kursaussetzung hauptsächlich während der Handelszeit besteht, sollen die zum Vergleich herangezogenen Ad-hoc-Meldungen auf solche beschränkt werden, die während der Handelszeiten veröffentlicht werden.

47 Vgl. *Beaver, W. H.* (1968), S. 69 f.

Gemäß der Wirkungshypothese H_6 sollen in die Analyse der Kursaussetzungen auch Ad-hoc-Meldungen einbezogen werden. Basierend auf den von der DGAP[48] und der BaFin bereitgestellten gesamten Ad-hoc-Meldungen des Zeitraums 07.1996 bis 12.2001 wurde aus den während der Börsenhandelszeiten veröffentlichten Ad-hoc-Meldungen eine Stichprobe von 650 Meldungen gezogen. Vor Anforderung der Kursdaten erfolgten Bereinigungsschritte, um unvollständige oder unplausible Kurszeitreihen von einer kostenpflichtigen Datenanforderung auszuschließen. Ferner sollten nur Werte des Amtlichen, des Geregelten und Neuen Marktes einbezogen werden. Von den als Stichprobe gezogenen 650 Ad-hoc-Meldungen verblieben so 349 für eine weitere Datenanforderung.

Kurs- und Umsatzdaten wurden von der Deutschen Finanzdatenbank Karlsruhe zur Verfügung gestellt. Von 1993 bis 2000 wurden Kassakurse bereitgestellt. Ab 01.01.2001 wurde die mittägliche Kassakursfeststellung an der FWB eingestellt, daher wurden ab 2001 Schlusskurse verwendet. Basierend auf den vorliegenden Daten zu Kursaussetzungen an der FWB wurde der Parketthandel in Frankfurt als Börsenplatz ausgewählt. Die verfügbaren Daten wurden um technisch bedingte Aktienkursveränderungen bereinigt.[49]

Der deutsche Kapitalmarkt weist insbesondere bei Nebenwerten eine z. T. hohe Illiquidität auf, die bei empirischen Untersuchungen zu systematischen Verzerrungen der Untersuchungsergebnisse führen kann.[50] Bei diesen Werten vollzieht sich die Preisbildung nicht nach den Annahmen der Kapitalmarkttheorie. Daher werden extreme Fälle dünnen Handels ausgeschlossen. Da in die Umsatzdaten z. T. auch außerbörsliche Geschäfte einfließen, scheidet der Umsatz als Kriterium für eine Bereinigung von Aktien geringer Liquidität aus.[51] Erfahrungsgemäß wird bei Aktien mit dünnem Handel häufig eine Rendite gleich null gemessen. Unter Nutzung dieser Erkenntnis wurden alle Ereignisse eliminiert, bei denen sich in den 110 Tagen vor dem Ereignis an mehr als 50 Tagen im Untersuchungszeitraum keine Kursveränderungen messen ließen.[52] Die Kursaussetzungen und Ad-hoc-Meldungen inländischer Emittenten bilden die Untersuchungsstichprobe dieser Studie. Dies erfolgt, um die Ermessensentscheidung der Geschäftsführung von Aussetzungen ausländischer Emittenten, die in der Regel nach dem Heimatbörsenprinzip erfolgen, zu isolieren.

---

48 Deutsche Gesellschaft für Ad-hoc-Publizität.

49 Vgl. *Sauer, A.* (1991), S. 4. Ferner wurden auch Datenbrüche, wie die Euroumstellung, berücksichtigt. Es wurden Werte von der Untersuchung ausgeschlossen, wenn deren Kurse nicht bereitgestellt werden konnten oder außerhalb der im folgenden Abschnitt definierten Ereignis- und Schätzperiode lagen. In wenigen Einzelfällen fehlten die Kursdaten eines Tages. In diesem Fall wurden die Kurse vom Vortag übernommen.

50 *Röder* verweist in seinen Untersuchungen mehrfach auf die mit dünnem Handel verbundenen Probleme bei empirischen Untersuchungen. Vgl. *Röder, K.* (1998), S. 5 ff.; *Röder, K.* (2000), S. 568 ff.

51 Vgl. *Seeger, H.* (1998), S. 172.

52 Eine stärkere Filterwahl führt zu keinen anderen Ergebnissen der empirischen Analyse.

Tabelle 4: *Herleitung der Untersuchungsstichproben*

Ermittlung Untersuchungsstichprobe	**Kursaussetzungen** (01.1993 - 12.2001)	**Ad-hoc-Meldungen** (Stichprobe 07.1996 - 12.2001)
Ereignisse	510	349
Keine oder unvollständige Daten	-100	-37
Aktien mit dünnem Handel	-56	-33
Auslandswerte	-64	-13
Untersuchungsstichprobe Inland	**290**	**266**

4.3 Festlegung von Ereigniszeitpunkt, Ereignis- und Schätzperiode sowie Modellen zur Messung abnormaler Renditen und Umsätze

Bei dieser Arbeit gilt als Ereigniszeitpunkt für die Untersuchungsobjekte Kursaussetzungen und Ad-hoc-Meldungen der Tag des ersten Kassakurses bzw. ab dem Jahr 2001 der Tag mit dem ersten Schlusskurs nach der Kursaussetzung bzw. Ad-hoc-Meldung.

Abbildung 1: *Ereignis- und Schätzperiode der Untersuchung*

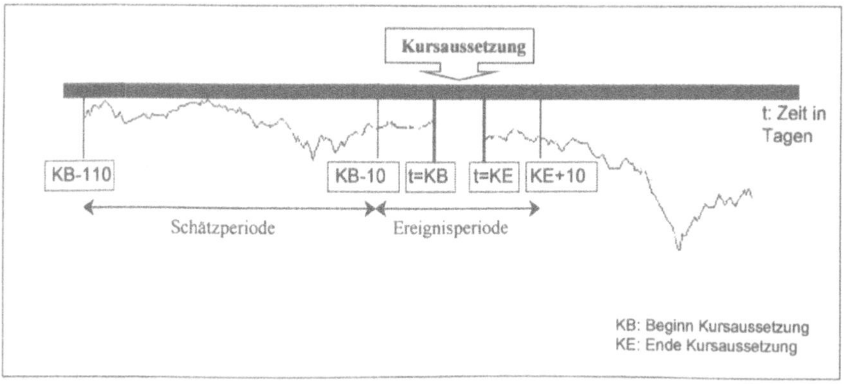

Die Ereignisperiode ist jener Zeitraum, in der mit der Verarbeitung der Ereignisinformation gerechnet werden kann. Das Ereignisfenster beträgt in dieser Untersuchung insgesamt zehn Börsenhandelstage vor dem Ereignis und zehn Handelstage danach. Die Signifikanz der Größen wird innerhalb der Testperiode jedoch nur für sieben Tage, d. h. für den Ereignistag und drei Tage davor und danach, berechnet.[53] Als Schätzpe-

53 Dies erfolgt, um Schlüsse aufgrund möglicher Scheinsignifikanzen auszuschließen.

riode dienen die 100 Tage vor der Ereignisperiode. Die Rendite ergibt sich aus den retrograd bereinigten Kursen nach Formel 1.

(1) $R_{it} = ln\left(\frac{K_{it}}{K_{i,t-1}}\right)$ mit

R_{it}: Rendite der Aktie i im Zeitraum von t-1 bis t,

K_{it}: Bereinigter Kurs der Aktie i zum Zeitpunkt t,

$K_{i,t-1}$: Bereinigter Kurs der Aktie i zum Zeitpunkt t-1.

(2) $AR_{it} = R_{it} - E(R_{it})$ mit

AR_{it}: Abnormale Rendite der Aktie i im Zeitraum t-1 bis t,

$E(R_{it})$: Erwartungswert der Rendite der Aktie i im Zeitraum t-1 bis t.

(3) $R_{it} = \alpha_i + \beta_i \cdot R_{mt} + \varepsilon_{it}$ mit

α_i: Von der Marktrendite unabhängige Renditekomponente der Aktie i,

β_i: Von der Marktrendite abhängige Renditekomponente der Aktie i,

R_{mt}: Rendite des Marktportfolios Zeitraum von t-1 bis t,

ε_{it}: Störgröße mit $E(\varepsilon_{it}) = 0$; $Var(\varepsilon_{it}) = \sigma^2$[54].

(4) $AR_{it} = R_{it} - (\alpha_i + \beta_i \cdot R_{mt})$.

Die abnormale Rendite wird mittels Marktmodell gemäß Formel 3 und 4 bestimmt. Während in der Dissertationsarbeit auch die Sensitivität der Ergebnisse zur Indexauswahl vorgestellt wird, soll hier der Deutsche Aktienindex für Forschungszwecke (DAFOX) in der wertgewichteten Form zum Einsatz kommen.[55] Um testbare Aussagen treffen zu können, werden die abnormalen Ereignisrenditen im Querschnitt nach Formel 5 aggregiert. Ferner werden über die Ereignisperiode kumulierte durchschnittliche abnormale Renditen gemäß Formel 6 gebildet.

(5) $\overline{AR}_{Nt} = \frac{1}{N}\sum_{i=1}^{N} AR_{it}$.

54 Vgl. *MacKinlay, A. C.* (1997), S. 3.

55 Der Vorteil des DAFOX liegt in der auf die empirische Arbeit abgestimmten Konzeption, der breiten Akzeptanz und der parallel zu den Kursdaten der Untersuchungsereignisse verlaufenden Datenstruktur. Vgl. *Göppl, H./ Schütz, H.* (1995), S. 1 ff., weiterführend zum DAFOX.

(6) $$\overline{CAR}_{Nn} = \sum_{t=T_1}^{T_2} \overline{AR}_{Nt} \text{ mit } n = T_2 - T_1 \text{ sowie}$$

$\overline{AR}_{Nt}$: Durchschnittliche abnormale Rendite[56] der Ereignisse im Zeitraum t-1 bis t,

N: Anzahl Ereignisse,

$\overline{CAR}_{Nn}$: Durchschnittliche kumulierte abnormale Rendite[57] der Ereignisse N über n Perioden.

In dieser Arbeit kommen mehrere Volumina- bzw. Umsatzgrößen, d. h. Kursstückumsatz, Kurswertumsatz und Transaktionsanzahl, zum Einsatz. Wie in der Renditeanalyse, so wird auch bei der Umsatzanalyse überprüft, ob durch das Ereignis eine signifikante Veränderung gegenüber dem Erwartungswert gemessen werden kann. Als Methode zur Ermittlung abnormaler Umsätze soll das mittelwertbereinigte Modell eingesetzt werden.[58] Es erfolgt die Bildung eines abnormalen Umsatzfaktors mit dem Erwartungswert von eins. Die formelmäßige Darstellung erfolgt exemplarisch für den Stückumsatz.

(7) $$AUF_{Stück_{it}} = \frac{U_{Stück_{it}}}{\overline{U}_{Stück_i}} \text{ mit } \overline{U}_{Stück_i} = \frac{1}{T}\sum_{t=1}^{T} U_{Stück_{it}} .$$

(8) $$\overline{AUF}_{Stück_{Nt}} = \frac{1}{N}\sum_{i=1}^{N} AUF_{Stück_{it}} \text{ mit}$$

$U_{Stück_{it}}$: Stückumsatz der Aktie i t im Zeitraum t-1 bis t,

$\overline{U}_{Stück_i}$: Durchschnittlicher Stückumsatz der Aktie i in der Schätzperiode T,

$AUF_{Stück_{it}}$: Abnormaler Stückumsatzfaktor der Aktie i im Zeitraum t-1 bis t,

$\overline{AUF}_{Stück_{Nt}}$: Durchschnittlicher abnormaler Stückumsatzfaktor der Ereignisse N im Zeitraum t-1 bis t.

Da abnormale Umsätze nicht normalverteilt sind, kommen nur nichtparametrische Testverfahren in Frage.[59]

---

56 In der empirischen Analyse wird aus Vereinfachungsgründen die durchschnittliche abnormale Rendite der jeweiligen Ereignisse als abnormale Rendite bezeichnet.

57 In der empirischen Analyse wird aus Vereinfachungsgründen die durchschnittliche kumulierte abnormale Rendite der jeweiligen Ereignisse als kumulierte abnormale Rendite bezeichnet.

58 Vgl. Anwendung am deutschen Aktienmarkt z. B. *Schmidt, R./ Wulff, S.* (1993), 59 ff.; *Pieper, U./ Schiereck, D./ Weber, M.* (1993), S. 487 ff.; *Röckemann, C.* (1995), S. 122; *Oerke, M.* (1999), S. 78 ff.

59 Vgl. *Röckemann, C.* (1995), S. 152; *Oerke, M.* (1999), S. 95.

4.4 Signifikanztests

Statistisch gesicherte Aussagen können nur durch Anwendung statistischer Testverfahren getroffen werden. Diese Testverfahren überprüfen die Hypothesen auf ihre Richtigkeit. Für die Renditeanalyse kann z. B. folgende Nullhypothese aufgestellt werden:

H_0: Die durchschnittliche abnormale Rendite ist gleich null.

H_1: Die durchschnittliche abnormale Rendite ist ungleich null.

Bei Verwerfung der Nullhypothese liegt eine statistisch signifikante durchschnittliche abnormale Rendite vor.[60] Die angewandte ungerichtete Nullhypothese entspricht einer konservativen Vorgehensweise, da die Nullhypothese gegenüber einer einseitigen oder gerichteten Fragestellung erst bei stärkerer Abweichung des zu testenden Wertes von null abgelehnt wird.[61] Als Testverfahren für abnormale Renditen kommen vier parametrische und ein nichtparametrisches Testverfahren zum Einsatz:

- Portfolio-t-Test (t_p),
- Standardisierter t-Test (t_{sta}),
- Querschnitts-t-Test (t_q),
- Standardisierter Querschnitts-t-Test (t_{qsta}),
- *Corrado*-Rangtest (z_c).

Die Nutzung einer Reihe von Verfahren erhöht die Vergleichbarkeit mit bisherigen Ereignisstudien.[62] Die Wirkungshypothesen werden angenommen, wenn vier der fünf Verfahren Signifikanz der durchschnittlichen abnormalen Renditen messen. Die durchschnittlichen abnormalen Umsatzfaktoren werden mittels des *Corrado*-Rangtests auf Signifikanz geprüft.

---

60 Signifikanz kennzeichnet eine Aussage mit dem Hinweis „signum", d. h. einer „auf mehr als auf Zufälligkeit" beruhenden Aussage. Vgl. *Bohley, P.* (2000), S. 672.

61 Vgl. *Bleymüller, J./ Gehlert, G./ Gülicher, H.* (2002), S. 101 ff.; *Meyer, F.* (1994), S. 254; *Padberg, M.* (1995), S. 219.

62 Vgl. *Brown, S. J./ Warner, J. B.* (1985), S. 3 ff., zum Portfolio-t-Test und standardisierten t-Test. *Armitage, S.* (1995), S. 36 f., zum Querschnitts-t-Test. *Boehmer, E./ Musemeci, J./ Poulson, A.* (1991), S. 257 ff., zum standardisierten Querschnitts-t-Test. *Corrado, C. J.* (1989), S. 387 ff., zum *Corrado*-Rangtest. *Oerke, Marc* (1999), S. 81 ff., zur Anwendung am deutschen Aktienmarkt.

5 Empirische Ergebnisse

5.1 Kursaussetzungen

In der Gesamtanalyse soll zunächst die Stichprobe aller 290 Kursaussetzungen inländischer Emittenten untersucht werden.[63]

Tabelle 5: *Abnormale Renditen und Umsatzfaktoren, Kursaussetzungen Gesamtanalyse*

Abnormale Renditen und Umsatzfaktoren Kursaussetzungen, N=290													
Tage	Renditeanalyse							Umsatzanalyse					
	AR						CAR	AUF $_{Stück}$		AUF $_{Wert}$		AUF $_{Tk}$	
	Wert	Signifikanz					Wert	Wert	Sign.	Wert	Sign.	Wert	Sign.
	%	t_p	t_{sta}	t_q	t_{qsta}	z_c	%	Zahl	z_c	Zahl	z_c	Zahl	z_c
-10	-0,08						-0,08	1,18		1,06		1,16	
-9	0,03						-0,05	1,28		1,07		1,16	
-8	-0,22						-0,28	1,21		1,03		1,07	
-7	0,14						-0,14	1,27		1,12		1,08	
-6	-0,17						-0,31	1,23		1,15		1,12	
-5	0,26						-0,05	1,31		1,16		1,16	
-4	-1,25						-1,30	1,52		1,19		1,23	
-3	-0,29						-1,59	1,50		1,16		1,22	
-2	-0,52	*					-2,11	1,68		1,33		1,31	
-1	-0,53	*				*	-2,64	2,14		1,53		1,44	
0	-6,50	****	****	****	**		-9,14	6,57	****	3,85	****	3,41	****
1	-1,42	****	***	**		**	-10,57	4,95	****	3,31	****	3,10	****
2	-0,11						-10,68	4,39	****	2,84	****	2,68	****
3	-0,19						-10,87	3,34	****	2,55	***	2,06	****
4	-0,27						-11,13	3,23		2,22		1,98	
5	0,19						-10,95	3,30		2,31		1,90	
6	0,51						-10,44	2,90		2,04		1,88	
7	0,29						-10,15	2,52		1,86		1,73	
8	-0,52						-10,67	2,33		1,66		1,64	
9	-0,28						-10,96	2,29		1,56		1,56	
10	-0,06						-11,02	2,67		1,76		1,65	

Signifikanzen für t=-3 bis t=3

* Ablehnung der Nullhypothese H_0: E(AR)=0 bzw. E(AUF)=1 zu $\alpha=0{,}10$

** Ablehnung der Nullhypothese H_0: E(AR)=0 bzw. E(AUF)=1 zu $\alpha=0{,}05$

*** Ablehnung der Nullhypothese H_0: E(AR)=0 bzw. E(AUF)=1 zu $\alpha=0{,}02$

**** Ablehnung der Nullhypothese H_0: E(AR)=0 bzw. E(AUF)=1 zu $\alpha=0{,}01$

63 Auf eine separate Kennzeichnung der Messwerte als Durchschnittswerte wird verzichtet.

Wie der Tabelle 5 zu entnehmen ist, werden am Tag null signifikante abnormale Renditen von -6,50 Prozent gemessen. Bis auf den *Corrado*-Rangtest wird die Nullhypothese (abnormale Renditen=0) auf Basis eines Konfidenzniveaus von mindestens 95 Prozent verworfen. Als Ergebnis kann festgehalten werden, dass Kursaussetzungen im Durchschnitt zu negativen Reaktionen führen. Ein Investor hätte für das Portfolio aller einbezogenen Kursaussetzungen über die Ereignisperiode eine abnormale Rendite von -11,02 Prozent erzielt. Somit handelt es sich für den Aktionär um einen bedeutenden Einschnitt in die Vermögenslage. Alle abnormalen Umsatzfaktoren sind am Tag null signifikant (Konfidenzniveau 99 Prozent). Die Investoren haben Probleme, auf das Ereignis angemessen zu reagieren, was ebenfalls an den großen abnormalen Umsatzfaktoren, die zwischen 6,57 und 3,41 betragen, deutlich wird.[64]

Interessant ist, dass sich die kumulierten abnormalen Renditen (CAR) in den Tagen vor der Kursaussetzung bereits in die Richtung der folgenden Reaktion bewegen. Bei Betrachtung der Signifikanz der Größen muss ein Antizipationseffekt hingegen abgelehnt werden.

Am Tag t=1 der Periode nach dem Ereignis kann eine abnormale Rendite von –1,42 Prozent nachgewiesen werden (Tabelle 5). Dabei lassen vier der fünf Verfahren Signifikanz des Effektes erkennen. Dieses Verhalten dokumentiert eine Nachverarbeitung der Kursaussetzungen (H_5). Die hohen und signifikanten abnormalen Umsatzfaktoren in den Tagen nach dem Ereignistag zeigen zudem, dass die mit Kursaussetzungen verbundenen Informationen auch danach zu einer unterschiedlichen individuellen Informationsinterpretation bei den Anlegern führen. Die bisherige Untersuchung betrifft nur den Gesamteffekt. Es kann jedoch erwartet werden, dass die undifferenzierte Portfolio-/ Querschnittsbildung eine Vermischung gegenläufiger positiver und negativer Effekte darstellt. Die negativen Effekte in Bezug auf die abnormalen Renditen von Kursaussetzungen dominieren dabei. Daher erfolgt analog bisheriger Studien eine Portfoliobildung auf Basis des Vorzeichens der abnormalen Rendite am Ereignistag.[65] Die Vermutung z. T. gegenläufiger Effekte in der Gesamtanalyse der Kursaussetzungen wird nach den Abbildungen 2 und 3 (Folgeseite) bestätigt. Die Datentabellen zu den Abbildungen sind im Anhang A und B ersichtlich. Die in Abbildung 2 dargestellten positiven Ereignisse weisen am Ereignistag eine signifikante abnormale Rendite von 10,76 Prozent auf (Anhang A). Die abnormale Umsatztätigkeit ist am Ereignistag signifikant und erreicht dort das Maximum.

Vor den positiven Kursaussetzungs-Ereignissen lässt der Verlauf der CAR keine Antizipation der am Ereignistag zu verzeichnenden Kursbewegung vermuten, obwohl am Tag t=-1 die abnormale Rendite bei drei Signifikanzmethoden im Konfidenzintervall von mindestens 90 Prozent signifikant ist (Anhang A). Zumindest ist nicht ausge-

---

64 Vgl. *Harris, M./ Raviv, A.* (1993), S. 474 ff.; *Karpoff, J. M.* (1986), S. 1089 ff. Beide Veröffentlichungen liefern einen Überblick über Ansätze zur Erklärung von Handelsaktivität.

65 Vgl. bspw. *Lee, C. M. C./ Ready, M. J./ Seguin, P. J.* (1994), S. 200. Dieses Vorgehen basiert auf der Annahme, dass ein Investor vollständig die Reaktion am Ereignistag, basierend auf der dann veröffentlichten Information, vorhersehen kann.

schlossen, dass einzelne Ereignisse antizipiert werden. Dies unterstreicht der signifikante Anstieg der abnormalen Umsätze bereits zwei Tage vor dem Ereignis.

Abbildung 2: *Kumulierte abnormale Renditen (CAR) und abnormale Stückumsatzfaktoren ($AUF_{Stück}$), Kursaussetzungen positive Ereignisse*

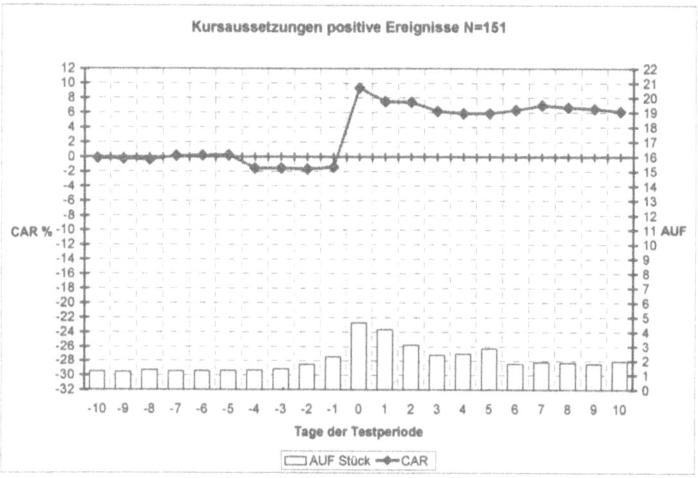

Abbildung 3: *Kumulierte abnormale Renditen (CAR) und abnormale Stückumsatzfaktoren ($AUF_{Stück}$), Kursaussetzungen negative Ereignisse*

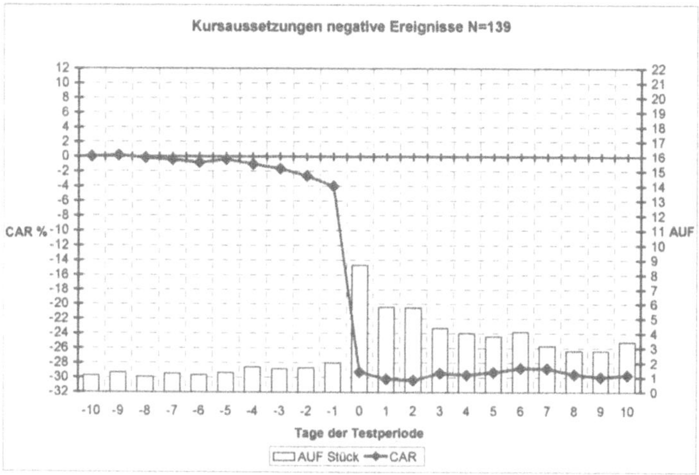

Nach dem Ereignistag ist gemäß Abbildung 2 ein Rückgang der CAR zu verzeichnen. Die ursprüngliche Kursreaktion am Ereignistag wird in den folgenden Tagen in die Gegenrichtung korrigiert, was kennzeichnend für einen Overreaction-Effekt (H_4) ist.[66] Auch die Signifikanz der abnormalen Renditen bestätigt einen derartigen Effekt. Die abnormale Renditereaktion ist an den Tagen t=1 und t=3 nach der Kursaussetzung bei vier Verfahren statistisch signifikant und beläuft sich auf -1,87 und -1,23 Prozent (Anhang A).

Auch negative Ereignisse weisen erwartungsgemäß Informationsgehalt auf. Daraus ergibt sich, dass der Hypothese H_1 auch hier zugestimmt wird. Nahezu spektakulär ist jedoch das Ausmaß der abnormalen Rendite am Ereignistag, die hier signifikante -25,26 Prozent beträgt (Anhang B). Ein Investor, der ein Portfolio der einbezogenen Aktien hält, verliert am Ereignistag einen beträchtlichen Teil seines Depotvermögens. Bei den negativen Ereignissen müssen die zur Kursaussetzung führenden Informationen einen dramatischen Sachverhalt aufdecken. Die sehr großen abnormalen Umsatzfaktoren unterstreichen zudem, dass relevante Informationen am Ereignistag zu enorm unterschiedlichen individuellen Bewertungen der Investoren führen. Im Vergleich zu den positiven Ereignissen weist der Effekt eine starke Asymmetrie am Ereignistag auf. So haben negative Ereignisse im Vergleich zu positiven ein weitaus größeres Ausmaß auf die abnormalen Renditen. Auch bei den abnormalen Umsatzfaktoren kann ein derartiges Verhalten berichtet werden. So sind am Tag t=0 zwei der drei abnormalen Umsatzfaktoren für negative Ereignisse ausgeprägter als für positive Ereignisse (Anhang A und B).

Die kumulierten abnormalen Renditen (CAR) bewegen sich bereits in der Periode vor den negativen Ereignissen in die Richtung der folgenden Kursreaktion (Abbildung 3). Ab t=-4 sind in diesem Zeitraum alle abnormalen Renditen negativ (Anhang B). Am Tag direkt vor der Kursaussetzung (t=-1) kann ein Antizipationseffekt (H_2) gemessen werden. Bis auf den *Corrado*-Rangtest weisen hier alle Testverfahren Signifikanz der abnormalen Rendite von -1,40 Prozent nach (Anhang B). Für diese Antizipation kommen zwei Ursachen in Frage, zum einen die Antizipation der Information durch die Marktteilnehmer, zum anderen Insiderhandel.[67] Es kann davon ausgegangen werden, dass es sich bei mit Kursaussetzungen verbundenen Informationen um außerplanmäßige Informationen handelt. Diese weisen eine ex ante geringe Eintrittswahrscheinlichkeit auf. Daher legt der gefundene Antizipationseffekt den Verdacht auf Insiderhandel vor dem Ereignistag nahe. Erst eine weiterführende Analyse kann jedoch hier zu mehr Klarheit führen. Die abnormale Umsatztätigkeit, die als Indikator unterschiedlicher individueller Bewertungen angesehen werden kann, steigt ebenfalls in der Vorereignisperiode systematisch an. Der Anstieg ist jedoch nicht signifikant.

---

66 Vgl. *De Bondt, W. F. M./ Thaler, R. H.* (1985), S. 793 ff.; *Meyer, B.* (1994), S. 18 ff.; *Meyer* für einen Überblick der Arbeiten zur Overreaction.

67 Vgl. *Petitt, R. R.* (1972), S. 1001 ff.; *Werner, M.* (1999), S. 29 f.; *Malatesta, P. H./ Thompson, R.* (1985), S. 239 ff.

Nach dem Ereignistag finden sich im Gegensatz zu den positiven Ereignissen keine Anzeichen einer unvollständigen Informationsverarbeitung. Die CAR verharren in der Zehntagesperiode nach den negativen Kursaussetzungs-Ereignissen nahezu auf dem Niveau des Ereignistages. Die aggregierte Marktreaktion auf negative Ereignisse ist trotz der enormen Reaktion am Ereignistag informationseffizient. Die abnormalen Umsatzfaktoren sind analog den bisherigen Ergebnissen auch nach negativen Kursaussetzungen signifikant.

5.2 Vergleich Kursaussetzungen mit nicht ausgesetzten Ad-hoc-Meldungen

Während Kursaussetzungen im Durchschnitt von negativen abnormalen Ereignisrenditen gekennzeichnet sind, führen die untersuchten Ad-hoc-Meldungen zu positiven abnormalen Ereignisrenditen (Abbildungen 4 und 5). Zudem weisen die abnormalen Ereignisrenditen hohe absolute Unterschiede auf. So beträgt die abnormale Rendite der Kursaussetzungen -6,50 Prozent, während die der Ad-hoc-Meldungen 1,73 Prozent ausmacht (Tabelle 5 und Anhang C). Ein ebenfalls beträchtlicher Unterschied besteht bei den abnormalen Umsatzfaktoren. So ist auch hier der Effekt bei den Kursaussetzungen weitaus stärker ausgeprägt als bei den Ad-hoc-Meldungen, denn am Tag null sind alle abnormalen Umsatzfaktoren der Kursaussetzungen größer als die der Ad-hoc-Meldungen (Tabelle 5 und Anhang C). Die Hypothese H_6, eine für Kursaussetzungen stärkere Reaktion, wird bestätigt.

Gemeinsamkeiten bestehen im Verhalten vor den Ereignissen, Kursaussetzungen und Ad-hoc-Meldungen. Für Ad-hoc-Meldungen kann ebenfalls, trotz des graphischen Verlaufs der CAR,[68] keine signifikante Bewegung der abnormalen Renditen in Richtung der Ereignisreaktion (Antizipationseffekt H_2) nachgewiesen werden.[69] Für das Portfolio der 266 Ad-hoc-Meldungen können im Gegensatz zu den Kursaussetzungen jedoch signifikante abnormale Umsatzfaktoren vor dem Ereignis ermittelt werden.

68 Die CAR sind für Ad-hoc-Meldungen in den Tagen vor dem Ereignis positiv.

69 Dies würde Signifikanz mit zumindest vier Verfahren erfordern.

Abbildung 4: *Kumulierte abnormale Renditen (CAR) und abnormale Stückumsatzfaktoren ($AUF_{Stück}$), Kursaussetzungen Gesamtanalyse*

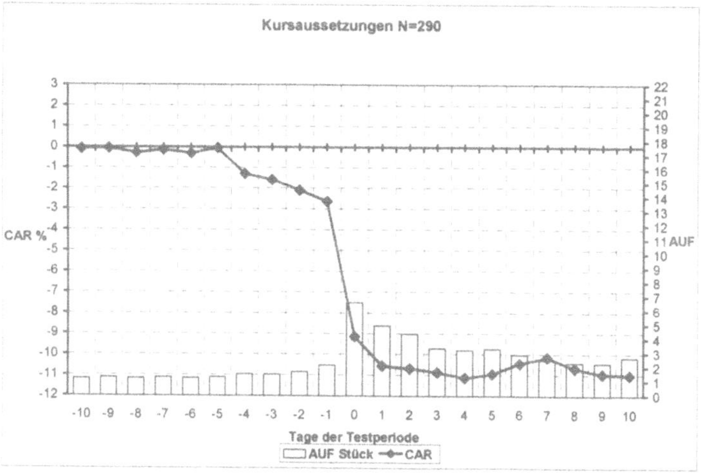

Abbildung 5: *Kumulierte abnormale Renditen (CAR) und abnormale Stückumsatzfaktoren ($AUF_{Stück}$), Ad-hoc-Meldungen Gesamtanalyse*

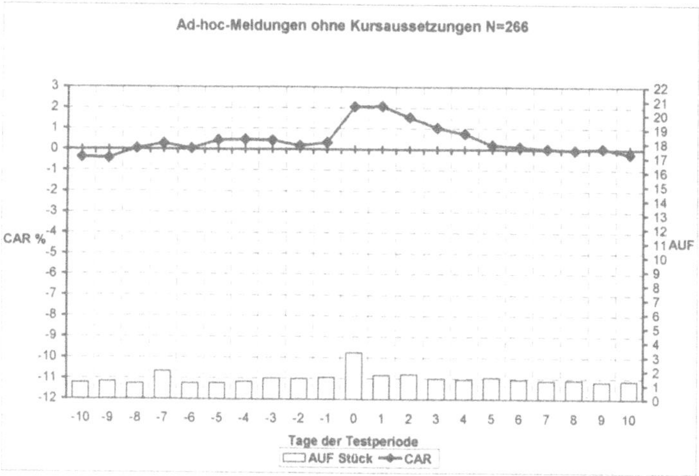

Für das Gesamtportfolio der 290 Kursaussetzungen war eine unvollständige Informationsverarbeitung am Tage der Kursaussetzung abzuleiten. Für Ad-hoc-Meldungen erfolgt die Reaktion trotz des Verlaufs der CAR effizient. Das Verhalten der CAR an den Tagen nach dem Ereignis (Abbildung 5) ist ein Indikator für eine bestehende Überreaktion am Tag der Ad-hoc-Meldung. So sinken die CAR vom Tag t=2 bis zum Tag t=8. Am Tag t=2 beträgt die abnormale Rendite -0,54 Prozent und ist mit drei Verfahren signifikant. Für die Annahme einer Überreaktion reichen die Signifikanzbefunde jedoch nicht aus.[70]

Die Gültigkeit der Hypothese H_6 soll nun auch für die nach positiven und negativen Ereignissen differenzierten Portfolios untersucht werden.

Tabelle 6: *Abnormale Renditen und Umsatzfaktoren für Kursaussetzungen und Ad-hoc-Meldungen am Ereignistag*

Abnormale Renditen und Umsatzfaktoren am Tag t=0*							
Portfolio		N	AR %	CAR %	$AUF_{Stück}$ Wert	AUF_{Wert} Wert	AUF_{Tk} Wert
Positive Ereignisse	Kursaussetzungen	151	10,76	9,37	4,64	4,81	2,76
	Ad-hoc-Meldungen	154	5,61	6,72	4,33	4,44	2,15
Negative Ereignisse	Kursaussetzungen	139	-25,26	-29,25	8,67	2,80	4,12
	Ad-hoc-Meldungen	112	-3,61	-4,36	1,84	1,61	1,54

* Die Signifikanz der Werte ist im Anhang ersichtlich.

Entsprechend den aus Tabelle 6 zu entnehmenden Ergebnissen sind Kursaussetzungen am Ereignistag von absolut großen abnormalen Renditereaktionen gekennzeichnet, während die Reaktion auf Ad-hoc-Meldungen dagegen vergleichsweise geringer ausfällt. So ist die Reaktion im Durchschnitt nach positiven Kursaussetzungen fast doppelt so groß wie nach positiven Ad-hoc-Meldungen. Bei negativen Ereignissen ist dieser Unterschied mit einer für Kursaussetzungen ca. siebenfachen Reaktionsstärke im Vergleich zu Ad-hoc-Meldungen noch drastischer. Die bedeutend größeren Renditeeffekte nach Kursaussetzungen dokumentieren, dass diese einen erheblich größeren Informationsgehalt als die Vergleichsgruppe der Ad-hoc-Meldungen aufweisen, die nicht ausgesetzt wurden. Die Schlussfolgerung, dass Kursaussetzungen mit heftigeren Reaktionen verbunden sind als nicht ausgesetzte Ad-hoc-Meldungen, kann auch hier bestätigt werden (H_6). Dies legt den Schluss einer effizienten Handhabung von Kursaussetzungen durch die Börsengeschäftsführung nahe.

Es bestehen jedoch nicht nur Differenzen bei Betrachtung der abnormalen Renditen, sondern die für Kursaussetzungen größeren abnormalen Umsatzfaktoren dokumentieren, dass die mit Kursaussetzungen verbundenen Informationen für die einzelnen Investoren schwieriger interpretierbar sind. Ursächlich dafür kann der gegenüber Ad-hoc-Meldungen größere Informationsgehalt der Kursaussetzungen sein. Während die bisherigen Betrachtungen der nicht ausgesetzten Ad-hoc-Meldungen nur den Ereignis-

70 Hierfür sollten zumindest vier der fünf Verfahren statistische Signifikanz messen.

tag betreffen, soll im Folgenden das Verhalten der negativen und positiven Ereignisportfolios der Ad-hoc-Meldungen mit dem Verhalten der Kursaussetzungen vor und nach dem Ereignis verglichen werden.

Abbildung 6: *Kumulierte abnormale Renditen (CAR) und abnormale Stückumsatzfaktoren (AUF $_{Stück}$), Ad-hoc-Meldungen positive Ereignisse*

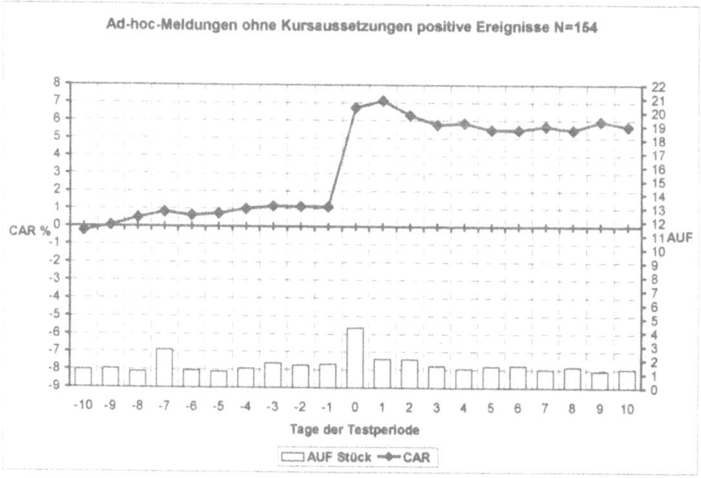

Abbildung 7: *Kumulierte abnormale Renditen (CAR) und abnormale Stückumsatzfaktoren (AUF $_{Stück}$), Ad-hoc-Meldungen negative Ereignisse*

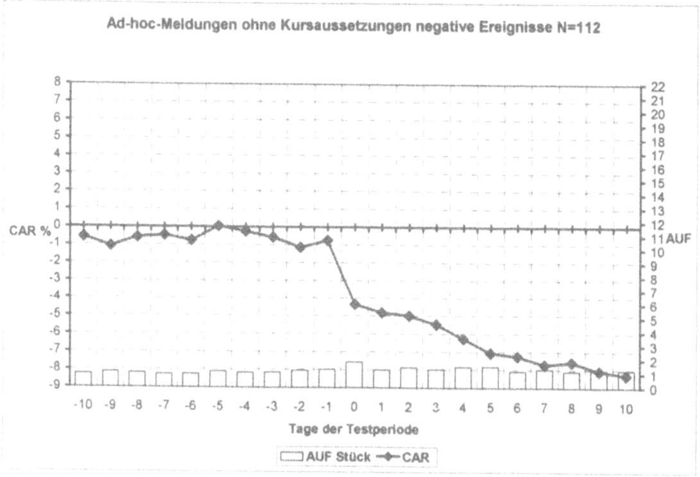

Beim Vergleich der CAR positiver Ad-hoc-Meldungen und positiver Kursaussetzungen (Abbildungen 6 und 2) fällt die Antizipation vor dem Ereignis für Ad-hoc-Meldungen auf. Die Signifikanz der abnormalen Renditen reicht jedoch wie für die korrespondierenden Kursaussetzungen nicht für die Annahme einer Antizipation aus (Anhang A und D). Ferner steigen wie bei den positiven Kursaussetzungen auch die abnormalen Umsatzfaktoren am Tag vor dem Ereignis bereits signifikant an. Wie bei Kursaussetzungen können auch hier durch die signifikante Umsatzreaktion Anzeichen einer Antizipation berichtet werden.

Der Verlauf der CAR deutet bei positiven Ad-hoc-Meldungen auf eine Überreaktion am Ereignistag hin. Dies würde sich mit den Ergebnissen für positive Kursaussetzungen decken. Der gemessene Effekt ist jedoch für Ad-hoc-Meldungen nicht signifikant.[71]

Der sich bei negativen Kursaussetzungen (Abbildung 3, Anhang B) abzeichnende große Antizipationseffekt (H_2) kann für die korrespondierenden Ad-hoc-Meldungen (Abbildung 7 und Anhang E) nicht nachgewiesen werden.

Die Verarbeitung negativer Ereignisse erfolgt bei Kursaussetzungen trotz der enormen abnormalen Rendite am Ereignistag vollständig. Nach dem Ereignistag ist kein weiterer Trend in den abnormalen Renditen zu erkennen (Abbildung 3). Obwohl der Effekt für negative Ad-hoc-Meldungen, wie bereits beschrieben, am Ereignistag bedeutend geringer ausfällt, scheint die Verarbeitung der Information gemäß Verlauf der CAR am Ereignistag noch nicht abgeschlossen zu sein. So fallen die CAR in der Periode nach dem Ereignis weiter, was auf eine fortlaufende Reaktion hindeutet. Da die Signifikanz der abnormalen Renditen dies nicht bestätigt (Anhang E), muss allerdings von einer vollständigen Informationsverarbeitung ausgegangen werden.

Die Umsatzreaktion ist bei den entsprechenden Kursaussetzungen in Höhe und Signifikanz auch nach dem Ereignis größer als bei den zu vergleichenden Ad-hoc-Meldungen.

---

71 Für die Annahme einer unvollständigen Informationsverarbeitung müssen mindestens vier Verfahren Signifikanz der abnormalen Renditen messen.

5.3 Schluss

In dieser Arbeit erfolgte eine empirische Analyse von Kursaussetzungen auf dem deutschen Aktienmarkt. Dabei ergaben sich folgende Ergebnisse:

- Die Kursaussetzungen am deutschen Aktienmarkt weisen einen hohen Informationsgehalt auf. Für die Stichprobe aller Kursaussetzungen war die Reaktion dabei negativ.
- Die Ereignisreaktion verläuft zwischen positiven und negativen Kursaussetzungen jedoch asymmetrisch. Der Effekt ist für die negativen Ereignisse bedeutend stärker ausgeprägt. Aufgrund der Reaktionsstärke müssen diese mit äußerst dramatischen Informationen verbunden sein.
- Bei negativen Kursaussetzungen verläuft die Verarbeitung der neuen Informationen trotz der heftigen Ereignisreaktion effizient. Dagegen sind positive Kursaussetzungen mit Überreaktionen verbunden.
- Die abnormalen Umsatzfaktoren bleiben auch nach den Kursaussetzungen deutlich erhöht, was eine fortdauernde unterschiedliche Interpretation vorhandener Informationen auf individueller Investorenebene nahe legt.
- Für die negativen Kursaussetzungen kann ein Antizipationseffekt nachgewiesen werden.
- Im Vergleich mit nicht ausgesetzten Ad-hoc-Meldungen weisen Kursaussetzungen durch die Stärke der Ereignisreaktion einen weitaus größeren Informationsgehalt auf. Daraus lässt sich eine effiziente Handhabung von Kursaussetzungen durch die Geschäftsführung der FWB ableiten. Die Anleger können somit darauf vertrauen, dass Kursaussetzungen in der Regel nur dann erfolgen, wenn diese mit hochsensitiven Informationen verbunden sind.

Der Einfluss des Meldungsinhalts, der Dauer und der Unternehmensgröße auf die Informationsverarbeitung im Zusammenhang mit Kursaussetzungen wird in der Dissertationsarbeit ausführlich behandelt.

Anhang

Anhang A: Kursaussetzungen positive Ereignisse

Abnormale Renditen und Umsatzfaktoren: Kursaussetzungen positive Ereignisse, N=151																						
Tage		-10	-9	-8	-7	-6	-5	-4	-3	-2	-1	0	1	2	3	4	5	6	7	8	9	10
Renditeanalyse:																						
AR_{DAFOX}	%	-0,15	-0,09	-0,12	0,52	0,04	0,06	-1,82	0,03	-0,12	0,27	10,76	-1,87	-0,07	-1,23	-0,30	0,02	0,45	0,62	-0,27	-0,20	-0,36
t_z												****	****		****							
t_{dm}											****	****	****		****							
t_s												****	***		****							
t_{gsa}											*	****	*		**							
z_t											**	****										
CAR_{DAFOX}	%	-0,15	-0,24	-0,37	0,15	0,19	0,25	-1,57	-1,54	-1,66	-1,39	9,37	7,50	7,43	6,20	5,89	5,91	6,37	6,98	6,72	6,51	6,15
Umsatzanalyse:																						
$AUF_{Stück}$		1,24	1,23	1,35	1,27	1,29	1,30	1,33	1,43	1,72	2,28	4,64	4,17	3,13	2,41	2,49	2,85	1,80	1,93	1,88	1,80	1,98
z_t										*	**	****	****	****	***							
AUF_{Wert}		1,18	1,13	1,24	1,21	1,29	1,32	1,22	1,25	1,44	1,78	4,81	4,24	3,24	2,63	2,55	2,65	1,81	2,00	1,85	1,76	1,94
z_t										*	*	****	****	****	***							
AUF_{Tk}		1,17	1,18	1,19	1,11	1,24	1,18	1,21	1,21	1,38	1,52	2,76	2,65	2,21	1,77	1,76	1,76	1,49	1,50	1,48	1,43	1,40
z_t										*	*	****	****	****	***							

Signifikanzen für t=-3 bis t=3
* Ablehnung der Nullhypothese H_0: E(AR)=0 bzw. E(AUF)=1 zu $\alpha=0,10$
** Ablehnung der Nullhypothese H_0: E(AR)=0 bzw. E(AUF)=1 zu $\alpha=0,05$
*** Ablehnung der Nullhypothese H_0: E(AR)=0 bzw. E(AUF)=1 zu $\alpha=0,02$
**** Ablehnung der Nullhypothese H_0: E(AR)=0 bzw. E(AUF)=1 zu $\alpha=0,01$

Anhang B: Kursaussetzungen negative Ereignisse

Abnormale Renditen und Umsatzfaktoren: Kursaussetzungen negative Ereignisse, N=139																						
Tage		-10	-9	-8	-7	-6	-5	-4	-3	-2	-1	0	1	2	3	4	5	6	7	8	9	10
Renditeanalyse:																						
AR_{DAFOX}	%	-0,01	0,16	-0,33	-0,27	-0,40	0,48	-0,64	-0,63	-0,95	-1,40	-25,26	-0,94	-0,15	0,95	-0,23	0,36	0,57	-0,07	-0,80	-0,37	0,27
t_z										**	****	****	**		**							
t_{dm}											****	****			****							
t_s											**	****										
t_{gsa}											**	****										
z_t												****										
CAR_{DAFOX}	%	-0,01	0,15	-0,18	-0,45	-0,85	-0,37	-1,01	-1,64	-2,59	-3,99	-29,25	-30,19	-30,35	-29,40	-29,63	-29,27	-28,69	-28,76	-29,56	-29,93	-29,67
Umsatzanalyse:																						
$AUF_{Stück}$		1,12	1.34	1,05	1,26	1,16	1,31	1,72	1,58	1,64	1,99	8,67	5,80	5,76	4,36	4,03	3,80	4,10	3,15	2,81	2,82	3,42
z_t												****	****	****	****							
AUF_{Wert}		0,93	1,01	0,81	1,02	0,99	0,99	1,15	1,07	1,20	1,26	2,80	2,30	2,41	2,47	1,87	1,94	2,29	1,71	1,45	1,34	1,56
z_t												****	****	****	*							
AUF_{Tk}		1,15	1,15	0,95	1,05	0,99	1,14	1,25	1,23	1,24	1,36	4,12	3,60	3,20	2,36	2,23	2,07	2,31	1,97	1,81	1,69	1,93
z_t												****	****	****	****							

Signifikanzen für t=-3 bis t=3
* Ablehnung der Nullhypothese H_0: E(AR)=0 bzw. E(AUF)=1 zu $\alpha=0,10$
** Ablehnung der Nullhypothese H_0: E(AR)=0 bzw. E(AUF)=1 zu $\alpha=0,05$
*** Ablehnung der Nullhypothese H_0: E(AR)=0 bzw. E(AUF)=1 zu $\alpha=0,02$
**** Ablehnung der Nullhypothese H_0: E(AR)=0 bzw. E(AUF)=1 zu $\alpha=0,01$

Anhang C: Ad-hoc-Meldungen alle Ereignisse

Abnormale Renditen und Umsatzfaktoren: Ad-hoc-Meldungen, N=266																						
Tage		-10	-9	-8	-7	-6	-5	-4	-3	-2	-1	0	1	2	3	4	5	6	7	8	9	10
Renditeanalyse:																						
AR_{DAFOX}	%	-0,38	-0,04	0,46	0,23	-0,23	0,40	0,03	-0,05	-0,25	0,16	1,73	0,03	-0,54	-0,51	-0,28	-0,55	-0,08	-0,09	-0,06	0,07	-0,27
t_z												****		**	*							
t_{dm}										*		****		**								
t_s												****		*	**							
t_{gsa}												****										
z_t												****										
CAR_{DAFOX}	%	-0,38	-0,42	0,04	0,27	0,04	0,44	0,47	0,42	0,17	0,33	2,06	2,08	1,54	1,03	0,75	0,20	0,12	0,03	-0,03	0,04	-0,22
Umsatzanalyse:																						
$AUF_{Stück}$		1,14	1,24	1,09	1,96	1,11	1,13	1,24	1,48	1,45	1,53	3,28	1,73	1,78	1,47	1,42	1,54	1,41	1,33	1,36	1,23	1,30
z_t											***	****	****	**	*							
AUF_{Wert}		1,00	1,12	1,07	1,71	1,07	1,07	1,15	1,34	1,34	1,47	3,25	1,75	1,84	1,51	1,36	1,48	1,49	1,24	1,37	1,16	1,25
z_t											**	****	****	*								
AUF_{Tk}		1,03	1,07	1,10	1,06	1,01	1,13	1,09	1,21	1,22	1,34	1,89	1,57	1,44	1,44	1,35	1,36	1,32	1,28	1,22	1,23	1,21
z_t											****	****	****	**	**							

Signifikanzen für t=-3 bis t=3
* Ablehnung der Nullhypothese H_0: E(AR)=0 bzw. E(AUF)=1 zu $\alpha=0,10$
** Ablehnung der Nullhypothese H_0: E(AR)=0 bzw. E(AUF)=1 zu $\alpha=0,05$
*** Ablehnung der Nullhypothese H_0: E(AR)=0 bzw. E(AUF)=1 zu $\alpha=0,02$
**** Ablehnung der Nullhypothese H_0: E(AR)=0 bzw. E(AUF)=1 zu $\alpha=0,01$

Anhang D: Ad-hoc-Meldungen positive Ereignisse

Abnormale Renditen und Umsatzfaktoren: Ad-hoc-Meldungen positive Ereignisse, N=154																						
Tage		-10	-9	-8	-7	-6	-5	-4	-3	-2	-1	0	1	2	3	4	5	6	7	8	9	10
Renditeanalyse:																						
AR DAFOX	%	-0,24	0,30	0,44	0,32	-0,19	0,10	0,26	0,15	-0,02	-0,01	5,61	0,38	-0,81	-0,53	0,09	-0,37	-0,01	0,20	-0,21	0,48	-0,29
t_s												****		**								
t_{sia}												****	*									
t_g												****		*								
t_{gsk}												****										
z_s												****										
CAR DAFOX	%	-0,24	0,06	0,49	0,81	0,62	0,73	0,99	1,14	1,11	1,11	6,72	7,10	6,29	5,76	5,85	5,48	5,47	5,67	5,46	5,94	5,65
Umsatzanalyse:																						
AUF Stück		1,27	1,34	1,15	2,71	1,22	1,12	1,37	1,76	1,61	1,70	4,33	2,05	2,02	1,57	1,37	1,55	1,57	1,33	1,48	1,20	1,33
z_s											****	****	****	**	*							
AUF Wert		1,06	1,19	1,14	2,27	1,16	1,00	1,20	1,48	1,36	1,54	4,44	2,16	2,09	1,67	1,50	1,74	1,82	1,43	1,67	1,25	1,38
z_s											***	****	****	*								
AUF Tk		1,07	1,15	1,17	1,14	1,05	1,15	1,13	1,29	1,28	1,40	2,15	1,79	1,61	1,51	1,39	1,45	1,37	1,33	1,26	1,15	1,17
z_s											****	****	****	***	**							

Signifikanzen für t=-3 bis t=3

* Ablehnung der Nullhypothese H_0: E(AR)=0 bzw. E(AUF)=1 zu α=0,10

** Ablehnung der Nullhypothese H_0: E(AR)=0 bzw. E(AUF)=1 zu α=0,05

*** Ablehnung der Nullhypothese H_0: E(AR)=0 bzw. E(AUF)=1 zu α=0,02

**** Ablehnung der Nullhypothese H_0: E(AR)=0 bzw. E(AUF)=1 zu α=0,01

Anhang E: Ad-hoc-Meldungen negative Ereignisse

Abnormale Renditen und Umsatzfaktoren: Ad-hoc-Meldungen negative Ereignisse, N=112																						
Tage		-10	-9	-8	-7	-6	-5	-4	-3	-2	-1	0	1	2	3	4	5	6	7	8	9	10
Renditeanalyse:																						
AR DAFOX	%	-0,57	-0,51	0,49	0,12	-0,30	0,80	-0,29	-0,31	-0,57	0,40	-3,61	-0,46	-0,17	-0,48	-0,79	-0,80	-0,19	-0,47	0,14	-0,49	-0,24
t_s												****										
t_{sia}									**	**		****	*									
t_g												****										
t_{gsk}												****										
z_s												****										
CAR DAFOX	%	-0,57	-1,08	-0,59	-0,47	-0,77	0,03	-0,26	-0,57	-1,14	-0,74	-4,36	-4,82	-4,99	-5,47	-6,26	-7,06	-7,25	-7,72	-7,58	-8,06	-8,30
Umsatzanalyse:																						
AUF Stück		0,97	1,10	1,02	0,93	0,96	1,14	1,06	1,09	1,23	1,29	1,84	1,28	1,46	1,32	1,49	1,52	1,19	1,33	1,20	1,26	1,26
z_s												****	*									
AUF Wert		0,93	1,02	0,98	0,94	0,96	1,15	1,07	1,14	1,30	1,38	1,61	1,17	1,50	1,30	1,18	1,12	1,03	0,98	0,96	1,04	1,07
z_s												****										
AUF Tk		0,99	0,96	0,99	0,94	0,95	1,09	1,03	1,11	1,13	1,24	1,54	1,25	1,20	1,35	1,30	1,24	1,24	1,20	1,16	1,34	1,26
z_s												****	**		*							

Signifikanzen für t=-3 bis t=3

* Ablehnung der Nullhypothese H_0: E(AR)=0 bzw. E(AUF)=1 zu α=0,10

** Ablehnung der Nullhypothese H_0: E(AR)=0 bzw. E(AUF)=1 zu α=0,05

*** Ablehnung der Nullhypothese H_0: E(AR)=0 bzw. E(AUF)=1 zu α=0,02

**** Ablehnung der Nullhypothese H_0: E(AR)=0 bzw. E(AUF)=1 zu α=0,01

Quellenverzeichnis

Akerlof, George A. (1970); The Market for Lemons: Qualitative Uncertainty and the Market Mechanism, in: Quarterly Journal of Economics, Vol. 84 (1970), S. 488-500.

Armitage, Seth (1995); Event Study Methods and Evidence on their Performance, in: Journal of Economic Surveys, Vol. 8 (1995), S. 25-53.

Beaver, William. H. (1968); The Information Content of Annual Earnings Announcements, in: Empirical Research in Accounting, Supplement – Journal of Accounting Research, Vol. 6 (1968), S. 67-92.

Boehmer, Ekkehart/ Musemeci, Jim/ Poulson, Annette (1991); Event Study Methodology under Conditions of Event-Induced Variance, in: Journal of Financial Economics, Vol. 23 (1991), S. 253-272.

Bohley, Peter (2000); Statistik, München 2000 (Oldenbourg).

Bleymüller, Josef/ Gehlert, Günter/ Gülicher, Herbert (2002); Statistik für Wirtschaftswissenschaftler, München 2002 (Vahlen).

Brown, David. P./ Jennings, Robert, H. (1989); On Technical Analysis, in: Review of Financial Studies, Vol. 2 (1989), S. 527-551.

Brown, Stephen,J./ Warner, Jerold B. (1985); Using Daily Stock Returns - The Case of Event Studies, in: Journal of Financial Economics, Vol.14 (1985), S. 3-31.

Corrado, Charles J. (1989); A Nonparametric Test of Abnormal Security-Price Performance in Event Studies, in: Journal of Financial Economics, Vol. 23 (1989), S. 385-395.

Corwin, Shane A./ Lipson, Marc L. (2000); Order Flow and Liquidity around NYSE Trading Halts, in: Journal of Finance, Vol. 55 (2000), S. 1771-1805.

De Bondt, Werner F.M./ Thaler, Richard H. (1985); Does the Stock Market Overreact? in: Journal of Finance, Vol. 40 (1985), S. 793-805.

Dow, James/ Gorton, Gary (1990); Self-generating Trade and Rational Fads, Weiss Center for International Financial Research, Working Paper 3/1990.

Ecke, Matthias (2003); Empirische Untersuchungen zu Kursaussetzungen am deutschen Aktienmarkt, Betriebswirtschaftliche Diskussionsbeiträge Martin-Luther-Universität Halle-Wittenberg, Nr. 50, Halle (Saale) 2003.

Fabozzi, Frank J./ Ma, Christopher K. (1988); The Over-The-Counter Market and New York Stock Exchange Trading Halts, in: The Financial Review, Vol. 23 (1988), S. 427-437.

Fama, Eugene F. (1989); Perspectives on October 1987 or What Did We learn from the Crash, in: *Kamphuis, Robert W./ Kormendi, Roger C./ Watson, J. W. Henry* (Ed.): Black Monday and the Future of Financial Markets, Homewood, Illinois 1989 (Irwin), S. 71-81.

Ferguson, Robert (1988); What to do, or not to do, about the Markets, in: The Journal of Portfolio Management, Vol. 14 (1988), S.14-19.

Fortune, Peter (1993); Stock market crashes: What we have learned from October 1987, in: New England Economic Review, 1993, S. 3-24.

Fürhoff, Jens/ Wölk, Armin (1997); Aktuelle Fragen zur Ad hoc-Publizität, in: Wertpapier-Mitteilungen Zeitschrift für Wirtschafts- und Bankrecht, 51. Jg. (1997), Nr. 10, S. 449-564.

Göppl, Hermann/ Schütz, Heinrich (1995); Die Konzeption eines Deutschen Aktienindex für Forschungszwecke, in: Diskussionspapier Nr. 162, Institut für Entscheidungstheorie und Unternehmensforschung Universität Karlsruhe (TH) 1995.

Göppert, Heinrich (1932); Das Recht der Börsen, Berlin 1932 (Julius Springer).

Greenwald, Bruce/ Stein, Jeremy (1988); The Task Force Report: The Reasoning Behind the Recommendations, in: Journal of Economic Perspectives, Vol. 2 (1988), S. 3-23.

Greenwald, Bruce/ Stein, Jeremy (1991); Transactional Risk, Market Crashes, and the Role of Circuit Breakers, in: Journal of Business, Vol. 64 (1991), S. 443-462.

Gross, Wolfgang (2002); Kapitalmarktrecht: Kommentar zum Börsengesetz, zur Börsenzulassungs-Verordnung, zum Verkaufsprospektgesetz und zur Verkaufsprospekt-Verordnung, München 2002 (Beck).

Grundy, Bruce D./ McNichols, Maureen (1989); Trade and Revelation of Information through Prices and Direct Disclosure, in: Review of Financial Studies, Vol. 2 (1989), S. 495-526.

Hamann, Uwe (1999); Kommentar § 43 BörsG (Aussetzung, Einstellung, Widerruf), in: *Schäfer, Frank A.* (Hrsg.): Wertpapierhandelsgesetz, Börsengesetz mit BörsZulV, Verkaufsprospektgesetz mit VerkProspV: Kommentar, Stuttgart 1999 (Kohlhammer), S. 656-667.

Hammen, Horst (2003); Marktorganisation, in: *Kümpel, Siegfried/ Hammen, Horst* (Hrsg.): Börsenrecht - Eine systematische Darstellung, Berlin 2003 (Erich Schmidt), S. 215-265.

Harris, Milton/ Raviv, Artur (1993); Difference in Opinion Make a Horse Race, in: Review of Financial Studies, Vol. 6 (1993), S. 473-506.

Hopewell, Michael H./ Schwartz, Arthur L. Jr. (1976a); Stock Price Movement associated with temporary Trading Suspensions: Bear Market versus Bull Market, in: Journal of Financial and Quantitative Analysis, Vol. 11 (1976), S. 577-590.

Hopewell, Michael H./ Schwartz, Arthur L. Jr. (1976b); Temporary Trading Suspensions in Individual NYSE Securities, unpublished working paper 1976.

Hopewell, Michael H./ Schwartz, Arthur L. Jr. (1978); Temporary Trading Suspensions in Individual NYSE Securities, in: Journal of Finance, Vol. 33 (1978), S. 1355-1373.

Jaskulla, Ekkehard M. (2002); Voraussetzungen und haftungsrechtliche Konsequenzen einer Aussetzung des Börsenhandels vor dem Hintergrund der Ereignisse des 11. September 2001, in: Wertpapier-Mitteilungen Zeitschrift für Wirtschafts- und Bankrecht, 56. Jg. (2002), S. 1093-1148.

Karpoff, Jonathan M. (1986); A Theory of Trading Volume, in: Journal of Finance, Vol. 41 (1986), S. 1069-1087.

King, Mervyn/ Röell, Ailisa (1988); Insider Trading, in: Economic Policy, Vol. 3 (1988), S. 164-193.

Kümpel, Siegfried/ Assmann, Heinz-Dieter (2003): Kommentar zu § 15 WpHG, Ad-hoc-Publizität, in: *Assmann, Heinz-Dieter/ Schneider Uwe H.* (Hrsg.): Wertpapierhandelsgesetz: Kommentar, Köln 2003 (O. Schmidt), S. 376- 500.

Kümpel, Siegfried (2000); Bank- und Kapitalmarktrecht, Köln 2000 (O. Schmidt).

Kyle, Albert S. (1988); Trading Halts and Price Limits, in: Review of Future Markets, Vol. 7 (1988), S. 426-434.

Lee, Charles M.C./ Ready, Mark J./ Seguin, Paul J. (1994); Volume, Volatility and New York Stock Exchange Trading Halts, in: Journal of Finance, Vol. 49 (1994), S. 183-214.

Ma, Christopher K./ Rao, Ramesh P./ Sears, Stephen R. (1989); Volatility, Price Resolution, and the Effectiveness of Price Limits, in: Journal of Financial Services Research, Vol. 3 (1989), S. 165-199.

MacKinley, A. Craig (1997); Event Studies in Economics and Finance, in: Journal of Economic Literature, Vol. 35 (1997), S. 13-39.

Malatesta, Paul H./ Thompson, Rex (1985); Partially Anticipated Announcements, in: Journal of Financial Economics, Vol. 14 (1985), S. 237-250.

McMillan, Henry (1991); Circuit Breakers in the S&P 500 Future Market: Their Effect on Volatility, in: Review of Future Markets, Vol. 10 (1991), S. 248-278.

Meyer, Bernd (1994); Der Overreaction-Effekt am deutschen Aktienmarkt, Frankfurt am Main 1994 (F. Knapp).

Meyer, Frieder (1994); Hedging mit Zins- und Aktienindex-Futures, Köln 1994 (Botermann & Botermann).

Meyer, Oscar/ Bremer, Heinz (1957); Börsengesetz nebst Ausführungsbestimmungen, Berlin 1957 (de Gruyter).

Nabben, Stefan (1996); Circuit Breaker: Funktionen und Auswirkungen bedingter Börsenregeln, Wiesbaden 1996 (Gabler).

Neubauer, Andreas (1993); Regulierungen auf Stock-Index-Futures Märkten, Frankfurt am Main 1993 (Peter Lang).

Oerke, Marc (1999); Ad-Hoc-Mitteilungen und deutscher Aktienmarkt, Wiesbaden 1999 (Gabler).

Petitt, R. Richardson (1972); Dividend Announcements, Security Performance and Capital Market Efficiency, in: Journal of Finance, Vol. 27 (1972), S. 993-1007.

Pieper, Ute/ Schiereck, Dirk/ Weber, Martin (1993); Die Kaufempfehlungen des "Effekten-Spiegel", in: Zeitschrift für betriebswirtschaftliche Forschung, 45. Jg. (1993), Nr. 6, S. 487-509.

Padberg, Max (1995); Der Einfluß von Kapitalerhöhungen auf den Marktwert deutscher Aktiengesellschaften, Köln 1995 (Botermann & Botermann).

Röckemann, Christian (1995); Börsendienste und Anlegerverhalten: ein empirischer Beitrag zum noise trading, Wiesbaden 1995 (Gabler).

Report of the Presidential Task Force on Market Mechanisms (1988), Superintendent of Documents, U.S. Government Printing Office, Washington, D.C. 1988.

Röder, Klaus (1998); Die Informationswirkung von Ad hoc-Meldungen, Heft 162, Institut für Statistik und Mathematische Wirtschaftstheorie Universität Augsburg 1998.

Röder, Klaus (2000); Die Informationswirkung von Ad hoc-Meldungen, in: Zeitschrift für Betriebswirtschaft, 70. Jg. (2000), Nr. 5, S. 567-593.

Von Rosen, Rüdiger (1997); Die Zulassung von Wertpapieren zum Börsenhandel, in: *Assmann, Heinz-Dieter/ Schütze, Rolf A.* (Hrsg.): Handbuch des Kapitalanlagerechts, München 1997 (Beck), S. 79-89.

Sauer, Andreas (1991); Die Bereinigung von Aktienkursen - Ein kurzer Überblick über Konzept und praktische Umsetzung, Institut für Entscheidungstheorie und Unternehmensforschung Universität Karlsruhe (TH) 1991.

Schiereck, Dirk (1995); Internationale Börsenplatzentscheidungen institutioneller Investoren, Wiesbaden 1995 (Gabler).

Schmidt, Reinhart/ Wulff, Sönke (1993); Zur Entdeckung von Insider-Aktivitäten am deutschen Aktienmarkt, in: Zeitschrift für Bankrecht und Bankwirtschaft, 47. Jg. (1993), Nr. 1, S. 57-68.

Schwark, Eberhard (1988); Die Stellung des Kursmaklers im deutschen Börsenwesen Gutachten, Ruhr-Universität Bochum 1988.

Schwark, Eberhard (1994); Börsengesetz: Kommentar zum Börsengesetz und zu den rechtlichen Nebenbestimmungen, München 1994 (Beck).

Schwartz, Arthur L. Jr. (1982); The Adjustment of Individual Stock Prices During Periods of Unusual Disequilibria, in: The Financial Review, Vol. 17 (1982), S. 229-239.

Seeger, Heiko (1998); Insiderhandel am deutschen Aktienmarkt: eine empirische Untersuchung von Existenz und Erkennbarkeit, Frankfurt am Main 1998 (Peter Lang).

Smith, Vernon L. (1994); Economics in the Laboratory, in: Journal of Economic Perspectives, Vol. 8 (1994), S. 113-131.

Tanner, J. Ernest/ Pritchett, Jonathan B. (1992); The Effect of Trading Halts on Excess Returns during Periods of System Overload, in: Review of Financial Economics, Vol. 1 (1992), S. 1-16.

Thielemann, Arno (1995); Kursaussetzungspraxis an der Börse Frankfurt, in: Börsen-Zeitung, 27.04.1995, S. 21.

Walter, Jörg (1989); Amtliche Notierung (§ 43 BörsG), in: WuB Entscheidungssammlung zum Wirtschafts- und Bankrecht, 5/1989.

Werner, Mathias (1999); Unerwartete Gewinn- und Dividendeninformationen am deutschen Aktienmarkt: eine empirische Analyse, Kiel 1999 (Vauk).

Wiebke, Harald (1991); Circuit-Breaker, Einschußpflichten und Arbitrage Verbote, in: WiSt-Wirtschaftswissenschaftliches Studium, 20. Jg. (1991), Nr. 4, S. 189-190.

Wittich, Georg (1997); Erfahrungen mit der Ad hoc-Publizität in Deutschland, in: Die Aktiengesellschaft, 42. Jg. (1997), Nr. 1, S. 1-5.

Annemarie Sapusek

Volatility clustering in German stock returns

Long-run evidence for blue chips of several industries

1 Introduction

Empirical evidence (*Akgiray* 1989 among others) shows, that the volatility of financial time series is not constant over time. We find volatility clustering in stock returns, exchange rates, futures returns, or interest rates. These time-varying volatility patterns can be described with GARCH-type models, i.e. ARCH (*Engle* 1982), GARCH (*Bollerslev* 1986, 1987), EGARCH (*Nelson* 1991) or TARCH (*Zakoian* 1994), and GARCH-in-the-mean (*Engle/ Lilien/ Robins* 1987). The German stock market was relatively volatile during the fifties and the early sixties, its activity, however, declined from the mid sixties until the early eighties (see *Bimberg* 1993 among others). Whereas average returns in the long-run have already been investigated (*Sarnat/ Engelhardt* 1978, *Stehle/ Bläßer* 1990 or *Bimberg* 1993), long-horizon volatility patterns have not been studied yet. In this paper we analyze the volatility clustering effect in German stock and index return series applying GARCH-type models.

2 Models of mean and volatility

The mean of the return series under consideration is modelled applying the classical autoregressive moving average (ARMA[m,n]) methodology, i.e. $y_t = \theta_0 + \sum_{i=1}^{m} \theta_i y_{t-i} + \sum_{j=1}^{n} \phi_j \varepsilon_{t-j}$ (see *Schlittgen/Streitberg* 1994 among others). The volatility of the return series is described by autoregressive conditional heteroskedasticity models (ARCH, GARCH, EGARCH and TARCH), which can be grouped into symmetric and asymmetric models. In this empirical study the mean and the volatility of the return series are modelled simultaneously as ARMA[m,n]-(E/T)GARCH[p,q] models, which were first in its original ARMA-ARCH specification presented by *Weiss* (1984). The parameters of the ARMA-(E/T)GARCH models are estimated simultaneously using the maximum likelihood method and assuming that the errors are conditionally normal, which is fully consistent with fat tailed data (*Bollerslev* 1987). The *Berndt/ Hall/ Hall/ Hausman* (1974) algorithm is used for maximizing the likelihood function.

Symmetric conditional volatility models are the Autoregressive Conditional Heteroskedasticity (ARCH)- model (*Engle* 1981), which relies on the assumption that the conditional variance of a stochastic process is a function of the past unconditional variance, and the Generalized Autoregressive Conditional Heteroskedasticity (GARCH)-model (*Bollerslev* 1986 and 1987), which is a generalization of the ARCH process. The conditional variance is a linear function of past unconditional and conditional variances. This specification allows for a more parsimonious parameterization than the ARCH-model.

Table 1: *Variance equations of different GARCH-models used in the study*

Model	Variance equation	Author
ARCH[p]-model	$h_t = \alpha_0 + \sum_{i=1}^{p} \alpha_i \varepsilon_{t-i}^2$	*Engle* (1981)
GARCH[p,q]-model	$h_t = \alpha_0 + \sum_{i=1}^{p} \alpha_i \varepsilon_{t-i}^2 + \sum_{j=1}^{q} \beta_j h_{t-j}$	*Bollerslev* (1986, 1987)
EGARCH[p,q]-model	$\log(h_t) = \alpha_0 + \sum_{i=1}^{p} \alpha_i \left(\left| \frac{\varepsilon_{t-1}}{\sqrt{h_{t-1}}} \right| - \sqrt{\frac{2}{\pi}} \right) + \sum_{i=1}^{p} \gamma_i \frac{\varepsilon_{t-i}}{\sqrt{h_{t-i}}} + \sum_{j=1}^{q} \beta_j \log(h_{t-j})$	*Nelson* (1991)
TARCH[p,q]-model	$h_t = \alpha_0 + \sum_{i=1}^{p} \alpha_i^+ \varepsilon_{t-i}^+ - \alpha_1^- \varepsilon_{t-1}^- + \sum_{j=1}^{q} \beta_j h_{t-j}$	*Zakoian* (1994)

The Exponential GARCH-model (EGARCH[p,q], Nelson 1991) and the Threshold ARCH-model (TARCH[p,q], *Glosten/ Jagannathan/ Runkle* 1993, *Zakoian* 1994) are asymmetric variance models. The asymmetric EGARCH as well as the TARCH-models can explain the different impact of good and bad news on volatilities, i.e. downward movements in the market are followed by higher volatilities than upward movements of the same magnitude. This phenomenon is called leverage effect in the finance literature (*Black* 1976, *Schwert* 1989 among others). *Engle/ Ng* (1993) describe an asymmetric news impact curve, which models an asymmetric impact of good and bad news on volatilities. Although EGARCH and TARCH are similar, some differences exist between these two types of models (*Zakoian* 1994, pp. 934 f.). In contrast to the EGARCH, the TARCH provides an additive modelling of volatility, which is a function of innovations ε_t. EGARCH assumes a constant structure of all lags, while the TARCH allows for opposite contributions to the asymmetry structure. Finally, the EGARCH implies an ARMA equation for the logarithm of the conditional variance ($\log(h_t)$), but does not provide any linear function in ε_t. The variance equations of the alternative GARCH models which are estimated in this study are presented in table 1. Besides the GARCH-models included in table 1, further models were developed in the literature, i.e. the non-linear ARCH[p]-model (*Engle/ Bollerslev* 1986), the multiplicative ARCH[p]-model (*Milhoj* 1987, *Geweke* 1986, *Pantula* 1986), the asymmetric GARCH[p,q]-model (*Engle* 1990), the non-linear asymmetric GARCH[p,q]-model (*Engle/ Ng* 1993), or the VGARCH[p,q]-model (*Engle/ Ng* 1993).

3 Relation between mean and variance

From a finance point of view, a model, which states a relationship between risk and return, is of extraordinary importance, since in this case the variance has an impact on the forecasting property of the mean. The time-varying risk premium, which acts as a compensation for additional risk, can be adequately modelled as well. The above mentioned GARCH-models include only dependencies in the variance, but do not model the relation between risk and return. The GARCH-in-the-mean-model (GARCH-M-model) (*Engle/ Lilien/ Robins* 1987), however, takes the risk return relationship into consideration relating the autoregressive dependencies in the conditional variance with the mean. Both the risk premium and the variance-covariance-matrix in case of GARCH (EGARCH, TARCH)-M-models are time dependent offering the possibility of estimating time-varying beta coefficients (see *Bollerslev/ Engle/ Woolridge* 1988). When we model the return series using time series techniques, the GARCH(EGARCH, TARCH)-in-the-mean model can be formulated on the one hand with the conditional standard deviation in the mean equation as

$$y_t = \theta_0 + \sum_{i=1}^{m} \theta_i y_{t-i} + \sum_{j=1}^{n} \phi_j \varepsilon_{t-j} + \lambda\sqrt{h_t} + \varepsilon_t$$

and on the other hand including the conditional variance as

$$y_t = \theta_0 + \sum_{i=1}^{m} \theta_i y_{t-i} + \sum_{j=1}^{n} \phi_j \varepsilon_{t-j} + \lambda h_t + \varepsilon_t$$ (*Engle/ Lilien/ Robins* 1987).

4 Data

For the empirical investigation we used daily data for 14 German common stocks, which originate from the data base at the University of Karlsruhe (Deutsche Finanzdatenbank, Karlsruhe). The stock series start in January 1960 and end in June 1995 consisting of about 8,900 observations for each stock. The data is adjusted for capital measures and dividends. The daily series for the DAX-30-Index (9,202 observations) was delivered by the Frankfurt Stock Exchange, starts in January 1959 and ends in June 1996.

5 Results

Different ARMA[m,n]-GARCH[p,q], ARMA[m,n]-EGARCH[p,q] and ARMA[m,n]-TARCH[p,q] models were estimated for the stock and the DAX-30-Index return series in the long-term analysis. For each type of model various specifications (56 for each type, i.e. GARCH, EGARCH and TARCH) have been estimated in order to identify the most adequate models using the *Akaike* and *Schwarz* criteria. Exact results are presented in tables 2, 3, and 4. We could detect GARCH-effects in all series under consideration. The structure of the volatility models, however, varies among the different groups of stocks and the DAX-30-Index. In case of the DAX-30 we could identify an AR[2] process for the mean and GARCH[1,1], EGARCH[1,1] and TARCH[1,1] models for the variance. The autocorrelation in the index return series contradicts the efficient market hypothesis (*Fama* 1970 among others). The DAX-Index series was also analyzed for GARCH(EGARCH,TARCH)-in-the-mean effects. A significant relation between the variance and the mean could be found for all specifications under consideration. The significant relation between the conditional variance and the mean implies inefficiency as well, because the mean forecasts can be improved through the dependencies in variances.

In this long-horizon analysis we could find different „best" mean and variance models for the stock return series under consideration. The volatility patterns of different stocks within one industry are quite similar, but differ among the industries. The three chemical companies (BASF, Bayer and Hoechst) can best be described with GARCH[1,1]-models, whereas the five banks (Deutsche Bank, Dresdner Bank, Commerzbank, Bayerische Vereinsbank and Bayerische Hypotheken- und Wechsel-Bank) are most adequately modelled with ARCH[1]. The volatility patterns for the two retail companies (Karstadt and Kaufhof) are also very similar. Both firms are best modelled with a GARCH[1,1]. The volatility structures of the two automobile companies (BMW and Daimler) can best be described with ARCH[1] models. The long-run volatility pattern of Siemens follows a GARCH[1,1] process. Most return series can be adequately modelled with EGARCH[1,0] or EGARCH[1,1] and TARCH[1,0] or TARCH[1,1], respectively (see table 4), which take asymmetries in variances into consideration. Asymmetries in variances of both types (EGARCH and TARCH) could be found in all return series with the exception of the insurance company Allianz, for which we could not find any significant TARCH[p,q] model.

Table 2: *ARMA-GARCH estimates for the DAX-30-Index returns (1959-1996)*

Type of model	Parameter Estimates[a]							
	θ_0	θ_1	θ_2	α_0	α_1 (α_1^+)	γ_1 (α_1^-)	β_1	λ
AR[2]-	0.00026	0.14669	-0.06990	$3.97 \cdot 10^{-6}$	0.15069	-	0.81853	-
GARCH[1,1]	(2.9144)	(14.364)	(7.3603)	(12.673)	(34.458)		(117.99)	
AR[2]-	$3.66 \cdot 10^{-5}$	0.15024	-0.06934	-0.65082	0.26023	0.04736	0.95191	-
EGARCH[1,1]	(0.1502)	(14.620)	(7.3708)	(0.1502)	(33.463)	(10.0913)	(268.09)	
AR[2]-	$9.95 \cdot 10^{-5}$	0.14738	-0.0648	$4.26 \cdot 10^{-6}$	0.10038	0.08520	0.82206	-
TARCH[1,1]	(1.0520)	(13.945)	(6.5657)	(14.090)	(13.290)	(11.2893)	(113.28)	
AR[2]-	$-8.92 \cdot 10^{-5}$	0.14436	-0.0698	$4.05 \cdot 10^{-5}$	0.15254		0.81599	4.89137
GARCH[1,1]- Mean-Variance	(0.6422)	(13.684)	(7.2733)	(12.729)	(34.794)	-	(117.28)	(3.0044)
AR[2]-	-0.00101	0.14381	0.06994	$4.03 \cdot 10^{-6}$	0.15288		0.81603	0.15552
GARCH[1,1]- Mean-StdDev.	(3.2255)	(13.524)	(7.2747)	(12.655)	(35.079)	-	(118.06)	(4.0562)
AR[2]-	-0.00037	0.15024	-0.06934	-0.86426	0.28925	-0.05056	0.93162	5.73016
EGARCH[1,1] Mean-Variance	(2.5474)	(13.971)	(7.2465)	(18.435)	(33.767)	(9.81981)	(202.46)	(3.3978)
AR[2]-	-0.0013	0.14904	-0.07104	-0.83557	0.28698	-0.04881	0.93447	0.15949
EGARCH[1,1] Mean-StdDev.	(4.1066)	(13.864)	(7.5015)	(18.296)	(33.816)	(9.50303)	(207.94)	(4.2643)
AR[2]-	-0.00014	0.14721	-0.0639	$4.46 \cdot 10^{-6}$	0.10378	0.08169	0.81775	3.49489
TARCH[1,1] Mean-Variance	(0.9894)	(13.526)	(6.3996)	(14.168)	(13.168)	(10.582)	(111.01)	(2.1492)
AR[2]-	-0.00083	0.14719	-0.06349	$4.43 \cdot 10^{-6}$	0.10449	0.07969	0.81811	0.11487
TARCH[1,1] Mean-StdDev.	(2.5316)	(13.469)	(6.3552)	(14.111)	(13.452)	(10.2965)	(112.23)	(2.9047)

[a] t-values are in parenthesis

Table 3: *ARMA-GARCH estimates for German stock returns (1960-1995)*

Stock	Type of model	Parameter Estimates[a]						
		θ_0	θ_1 (ϕ_1)	θ_2 (ϕ_2)	α_0	α_1	β_1 (α_2)	α_3 (θ_3[b])
BASF	AR[2]-	0.000275	0.085303	-0.06976	$8.86 \cdot 10^{-6}$	0.148016	0.797069	-
	GARCH[1,1]	(2.75781)	(7.63948)	(6.87864)	(19.6981	(0.79707)	(105.729)	
Bayer	MA[2]-	0.000280	0.096212	-0.04886	$6.96 \cdot 10^{-6}$	0.150650	0.809803	-
	GARCH[1,1]	(2.57199)	(8.71955)	(4.68356)	(13.3168	(26.8169)	(118.753)	
Hoechst	AR[2]-	0.000297	0.112577	-0.06109	$6.78 \cdot 10^{-6}$	0.146586	0.81489	-
	GARCH[1,1]	(2.82401)	(9.84928)	(5.83279)	(0.14659	(26.8271)	(138.742)	
Deutsche	MA[1]-	0.000212	0.109077	-	$5.92 \cdot 10^{-5}$	0.225833	0.150958	0.342698
Bank	ARCH[3]	(1.98621)	(16.5877)		(60.2417	(18.0537)	(15.5075)	(41.0656)
Dresdner	AR[2]-	0.000210	0.154692	-0.04131	0.000119	0.280402	-	-
Bank	ARCH[1]	(1.46546)	(15.1988)	(5.72779)	(102.154	(23.2336)		
Commerz-bank	MA[2]-	0.000195	0.133661	-0.01745	0.000110	0.35974	-	-
	ARCH[1]	(1.48586)	(17.7883)	(3.15767)	(108.799	(26.1028)		
Bayerische	MA[1]-	$8.11 \cdot 10^{-5}$	0.113744	-	0.000106	0.380180	-	-
Vereinsbank	ARCH[1]	(0.68409)	(13.8687)		(89.7059	(36.1547)		
Bayerische	MA[1]-	0.000326	0.106136	-	$9.85 \cdot 10^{-5}$	0.388529	-	-
HypoBank	ARCH[1]	(2.86416)	(18.6531)		(122.167	(39.1031)		
Allianz	MA[1]-	0.000350	0.018453	-	0.000123	0.184204	0.202750	0.177178
	ARCH[3]	(2.45261)	(3.19532)		(87.5832	(20.7294)	(24.7379)	(25.768)
BMW	AR[3]-	0.000269	0.133675	-0.03393	0.000196	0.356532	-	-0.01923
	ARCH[1]	(1.64789)	(25.2213)	(6.46323)	(194.605	(34.6676)		(3.77434)
Daimler	AR[2]-	0.000295	0.11657	-0.04974	0.000160	0.356861	-	-
	ARCH[1]	(1.97268)	(27.7713)	(9.44524)	(143.592	(31.4863)		
Karstadt	MA[1]-	0.000165	0.07206	-	$5.90 \cdot 10^{-6}$	0.131682	0.848193	-
	GARCH[1,1]	(1.39559)	(6.31661)		(24.6815	(33.3766)	(191.136)	
Kaufhof	MA[1]-	0.000264	0.087474	-	$6.69 \cdot 10^{-6}$	0.101671	0.872196	-
	GARCH[1,1]	(1.88617)	(7.90204)		(14.2201	(32.6480)	(204.416)	
Siemens	MA[1]-	0.000466	0.102206	-	$2.15 \cdot 10^{-6}$	0.172230	-0.06841	0.886263
	GARCH[2,1]	(4.50223)	(9.40616)		(10.7925	(18.4171)	(6.36027)	(167.873)

a t-values are in parenthesis

b θ_3 in case of BMW

Table 4: *EGARCH and TARCH estimates for German stock returns (1960-1995)*

Stock	Type of	Parameter Estimates[a]					
		α_0	$\alpha_1(\alpha_1^+)$	$\gamma_1(\alpha_1^-)$	α_2	γ_2	β_1
BASF	EGARCH[1,0]	-9.1966**	0.38168**	-0.0425**	-	-	
	TARCH[1,1]	$8.82 \cdot 10^{-6}$**	0.11251**	0.00676**	-	-	0.80035**
Bayer	EGARCH[1,1]	-0.7098**	0.28558**	-0.0312**	-	-	0.94499**
	TARCH[1,1]	$6.77 \cdot 10^{-6}$**	0.12056**	0.05809**	-	-	0.81327**
Hoechst	EGARCH[1,0]	-9.1741**	0.35619**	-0.0438**	-	-	-
	TARCH[1,1]	$6.35 \cdot 10^{-6}$**	0.10687**	0.06868**	-	-	0.82398**
Deutsche Bank	EGARCH[2,0]	-9.3341**	0.36618**	-0.0269**	0.23865**	-0.0997**	-
	TARCH[1,0]	0.00011**	0.26226**	0.07109**	-	-	-
Dresdner Bank	EGARCH[1,1]	-0.3743**	0.19273**	-0.0179**	-	-	0.97402**
	TARCH[1,1]	$2.16 \cdot 10^{-6}$**	0.07669**	0.03096**	-	-	0.89716**
Commerz-bank	EGARCH[1,0]	-9.1293**	0.45867**	0.01967*	-	-	-
	TARCH[1,0]	0.00011**	0.31527**	0.10028**	-	-	-
Bayerische Vereinsbank	EGARCH[1,1]	-0.4397**	0.25264**	-0.0119**	-	-	0.97166**
	TARCH[1,1]	$1.77 \cdot 10^{-6}$**	0.10638**	0.02759**	-	-	0.88056**
Bayerische HypoBank	EGARCH[1,1]	-0.4916**	0.24396**	-0.0098**	-	-	0.96498**
	TARCH[1,0]	$9.85 \cdot 10^{-5}$**	0.29243**	0.19824**	-	-	-
Allianz	EGARCH[2,1]	-0.3602**	0.27376**	0.02719**	-0.0684**	-0.0292**	0.97424**
BMW	EGARCH[1,1]	-15.767**	0.05036**	0.01705**	-	-	-0.9280**
	TARCH[1,1]	$9.19 \cdot 10^{-6}$**	0.12144**	0.04292**	-	-	0.83947**
Daimler	EGARCH[2,0]	-8.9979**	0.39499**	-0.0517**	0.3404**	-0.0545**	-
	TARCH[1,0]	0.00016**	0.30316**	0.10777**			-
Karstadt	EGARCH[1,1]	-0.6421**	0.27498**	-0.0171**	-	-	0.94917**
	TARCH[1,1]	$6.00 \cdot 10^{-6}$**	0.10863**	0.04012**	-	-	0.85048**
Kaufhof	EGARCH[1,1]	-0.6137**	0.24562**	-0.0293**	-	-	0.94935**
	TARCH[1,1]	$5.85 \cdot 10^{-6}$**	0.07383**	0.04001**	-	-	0.8839**
Siemens	EGARCH[1,1]	-0.3387**	0.17915**	-0.0349**	-	-	0.97732**
	TARCH[1,1]	$3.21 \cdot 10^{-6}$**	0.06616**	0.06027**	-	-	0.88583**

* significant at the 5% level

** significant at the 1% level

[a] The estimates for the mean process are not included in the table, because the orders of the best models for the mean are identical to those of the ARMA-GARCH models with very similar parameter estimates.

6 Implications for financial management

The results of our empirical study imply, that industries are different as far as risk is concerned. This is leading to important implications for portfolio management, because due to the results of this empirical study, portfolio managers should diversify over industries in order to reduce the overall risk in their portfolios. In addition, we could find a significant relation between mean and variance (standard deviation) with implications for portfolio management. The existence of volatility structures in stock returns also implies that standard option pricing models as the model of *Black/ Scholes* (1973) must be modified for conditional volatility, as was for instance done by *Duan* (1995) who developed the GARCH option pricing model.

7 Conclusion

In this empirical study on the long-horizon volatility patterns of German stock returns we found, that German stock returns can be described adequately in the long-run with GARCH-type models, which allow for dependencies in variances. We analyzed stock and index return series for a long horizon, i.e. the years 1960-1995 and 1959-1996, respectively, and could find different volatility patterns dependent on the industry considered. We could detect GARCH effects for the group of chemical companies, whereas bank shares show only ARCH patterns. Asymmetric volatility effects (EGARCH and TARCH) could be found in most series with the exception of the insurance company Allianz, for which we could not find any significant TARCH model. GARCH(EGARCH, TARCH)-in-the-mean relationships were estimated for the DAX-30-Index return series. From the findings of our empirical investigation, we can conclude that German stock return series show in the long-run volatility patterns, which can be adequately described with GARCH-type models. The characteristics of these volatility effects, however, depend on the specific series and among the stock return series on the industry considered.

References

Akgiray, Vedat (1989); Conditional Heteroscedasticity in Time Series of Stock Returns: Evidence and Forecasts, in: Journal of Business, Vol. 62 (1989), pp. 55-78.

Berndt, Ernst K. / Hall, Bronwyn H. / Hall, Robert E. / Hausman, Jerry A. (1974); Estimation and Inference in Nonlinear Structural Models, in: Annuals of Economic and Social Measurement, Vol. 4 (1974), pp. 307-327.

Bimberg, Lothar H. (1993); Langfristige Renditeberechnung zur Ermittlung von Risikoprämien. Europäische Hochschulschriften, Frankfurt et al. 1993 (Peter Lang).

Black, Fisher (1976); Studies of Stock Price Volatility Changes, in: Proceedings of the 1976 Meeting of the Business and Economics Statistics Section, American Statistical Association, pp. 177-181.

Black, Fisher/ Scholes, Myron (1973); The Pricing of Options and Corporate Liabilities, in: Journal of Political Economy, Vol. 81 (1973), pp. 637-753.

Bollerslev, Tim (1986); Generalized Autoregressive Conditional Heteroskedasticity, in: Journal of Econometrics, Vol. 31 (1986), pp. 307-327.

Bollerslev, Tim (1987); A Conditional Heteroskedastic Time Series Model for Speculative Prices, in: Review of Economics and Statistics, Vol. 69 (1987), pp. 542-547.

Bollerslev, Tim/ Engle, Robert F./ Woolridge Jefferey M. (1988); A Capital Asset Pricing Model with Time-Varying Covariances, in: Journal of Political Economy, Vol. 96 (1988), pp. 116-131.

Duan, Jian C. (1995); The GARCH-Option Pricing Model, in: Mathematical Finance, Vol. 5 (1995), pp. 13-32.

Engle, Robert F. (1982); Autoregressive Conditional Heteroscedasticity with Estimates of the Variance of U.K. Inflation, in: Econometrica, Vol. 50 (1982), pp. 987-1007.

Engle, Robert F. (1990); Discussion: Stock Market Volatility and the Crash of '87, in: Review of Financial Studies, Vol. 3 (1990), pp. 103-106.

Engle, Robert F./ Bollerslev, Tim (1986); Modelling the Persistence of Conditional Variances, in: Econometric Reviews, Vol. 5 (1986), pp. 1-50.

Engle, Robert F./ Lilien, David M./ Robins, Russell P. (1987); Estimating Time Varying Risk Premia in the Term Structure: The ARCH-M Model, in: Econometrica, Vol. 55 (1987), pp. 391-407.

Engle, Robert F./ Ng, Victor (1993); Measuring and Testing the Impact of News on Volatility, in: Journal of Finance, Vol. 45 (1993), pp. 1749-1777.

Fama, Eugene F. (1970); Efficient Capital Markets: A Review of Theory and Empirical Work, in: Journal of Finance, Vol. 25 (1970), pp. 383-417.

Geweke, John (1989); Exact Predictive Densities for Linear Models with ARCH Disturbances, in: Journal of Econometrics, Vol. 40 (1989), pp. 63-86.

Glosten, L./ Jagannathan, R./ Runkle, D. (1993); On the Relation between the Expected Value and the Volatility on the Nominal Excess Returns on Stocks, in: Journal of Finance, Vol. 48 (1993), pp. 1779-1801.

Milhoj, Anders (1987); A Multiplicative Parametrization of ARCH Models, Working Paper, Copenhagen 1987 (Institute of Statistics, University of Copenhagen).

Nelson, Daniel B. (1991); Conditional Heteroskedasticity in Asset Returns: A New Approach, in: Econometrica, Vol. 59 (1991), pp. 347-370.

Pantula, Shastri G. (1986); Modelling the Persistence of Conditional Variances: A Comment, in: Econometric Reviews, Vol. 5 (1986), pp. 57-61.

Sarnat, Marshall/ Engelhardt, Annerose (1978); The Rate of Return on Investments in Common Stock in Germany, 1871-1976. Discussion Paper, International Institute of Management, WZB, Berlin 1978.

Schlittgen, Rainer/ Streitberg, Bernd H.J. (1994); Zeitreihenanalyse. 5th ed., Munich 1994 (Oldenbourg).

Schwert, William G. (1989); Why does the stock market volatility change over time?, in: Journal of Finance, Vol. 44 (1989), pp. 1115-1153.

Stehle, Richard/ Bläßer, Anette (1990); Durchschnittsrenditen deutscher Aktien 1954-1988, Working Paper, University of Augsburg 1990.

Weiss, Andrew (1984); ARMA Models with ARCH Errors, in: Journal of Time Series Analysis, Vol. 5 (1984), pp. 129-143.

Zakoian, Jean-Michel (1994); Threshold Heteroskedastic Models, in: Journal of Economic Dynamics and Control, Vol. 18 (1994), pp. 931-955.

Norman Ehrentreich

Agentenbasierte Simulation von Aktienmärkten

1 Komplexität und Modellierung

Die zunehmende Verfügbarkeit immer leistungsfähigerer Computer in den letzten Jahren verhalf einem neuen Zweig innerhalb der Wirtschaftswissenschaften zu vormals ungeahnter Popularität: Computerbasierte Wirtschaftswissenschaften (computational economics). Die agentenbasierte Modellierung komplexer sozialer bzw. ökonomischer Systeme stellt innerhalb dieser neuen Richtung den zur Zeit vielleicht dynamischsten Teilbereich dar.[1] Als Vorläufer dieses als Komplexitätstheorie[2] bezeichneten Ansatzes können die Kybernetik[3], die Katastrophentheorie[4] und die Chaosforschung[5] angesehen werden.[6] Trotz unterschiedlicher Schwerpunkte ist allen Ansätzen gemeinsam, dass sie dynamische nichtlineare Systeme untersuchen, die trotz einfacher Strukturen von Diskontinuitäten gekennzeichnet sind. Im Falle von Aktienmärkten sind spekulative Übertreibungen oder Zusammenbrüche typische Beispiele solcher Diskontinuitäten.

Obwohl die agentenbasierte Modellierung erst in den 90er Jahren einen weiten Aufschwung erfuhr, begründete *Schelling* mit seinen vielbeachteten Arbeiten über endogene Nachbarschaftssegregation schon Ende der sechziger Jahre, Anfang der siebziger Jahre diesen Forschungsansatz in den Wirtschaftswissenschaften. *Schellings* Modelle[7] sind bevölkert von zwei Agententypen, z. B. schwarz und weiß, von denen jeder eine Präferenz bezüglich der Zusammensetzung seiner eigenen Nachbarschaft besitzt. Insbesondere dulden z. B. weiße Agenten nur bis zu einem bestimmten Anteil Agenten des anderen Typs in ihrer Nachbarschaft und umgekehrt. Agenten eines Typs können sich durchaus in Bezug auf diesen Toleranzparameter unterscheiden. Ist ein Agent mit

---

1 Eine einheitliche Definition, welche ökonomischen Teilgebiete darunter zu zählen sind, gibt es laut *Riechmann, T.* (2001), S. 12, noch nicht. Auch *Judd, K. L.* (1997) in seiner Diskussion über das Verhältnis von Computational Economics und traditioneller ökonomischer Theorie ist in diesem Punkt eher eklektisch. Er erwähnt z. B. die Entwicklung von Algorithmen für die Lösung spieltheoretischer Modelle oder die Lösung allgemeiner Gleichgewichtsmodelle mittels approximativer Verfahren.

2 Die Komplexitätstheorie ist nicht auf soziale Systeme beschränkt, sondern umfasst auch zahlreiche Beispiele aus den Naturwissenschaften. Für eine rigorose Einführung in die Theorie komplexer adaptiver Systeme siehe *Bar-Yam, Y.* (1997), für einen eher unterhaltsamen Bericht über die Entstehung der Komplexitätstheorie siehe *Waldrop, M. M.* (1992).

3 Vgl. *Wiener, N.* (1961). Prominentester Vertreter war *Jay Forrester*, auf dessen Arbeiten (z. B. 1971) die vielbeachtete Club of Rome Studie „Die Grenzen des Wachstums" von *Meadows et al.* (1971) beruhte. „Die Grenzen des Wachstums" arbeiteten ausschließlich mit Gleichungen auf der Makroebene und vernachlässigten Lerneffekte auf der Agentenebene.

4 Vgl. *Thom, R.* (1975).

5 Vgl. z. B. *Gleick, J.* (1998).

6 Für einen vergleichenden Überblick dieser Ansätze siehe *Rosser, J. B.* (1999).

7 In *Schelling, T. C.* (1969), sind die Bewohner entlang einer Linie aufgereiht, während sich in seinen nachfolgenden Modellen (1971a, 1971b und 1978) die Agenten auf zweidimensionalen Gittern befinden. Für eine webbasierte Simulation eines zweidimensionalen Nachbarschaftsmodells in NetLogo siehe *Wilensky, U.* (1998).

der Zusammensetzung seiner Nachbarschaft unzufrieden, zieht er in die nächste Nachbarschaft, die seinen Vorstellungen entspricht. Unabhängig davon, wie die Toleranzparameter zwischen den Agenten ursprünglich verteilt sind, ergibt sich nach mehreren Schritten eine nahezu vollständige Segregation. Dies ist umso erstaunlicher, weil keiner der Agenten eine Präferenz bezüglich Integration oder Segregation auf der Makroebene (=Stadt) aufweist.[8]

Diese endogene Bildung von Strukturen auf der Makroebene als Resultat der Interaktion von Elementen auf der Mikroebene (Emergenz) ist eines der zentralen Konzepte der Komplexitätstheorie. Mit der zur Zeit in den Wirtschaftswissenschaften populären Annahme repräsentativer Agenten ist dieses Phänomen i. d. R. nicht erklärbar. *Bankes*[9] sieht daher auch nicht den Fortschritt in der Computertechnologie als ausschlaggebend für die rasante Entwicklung der agentenbasierten Modellierung, sondern vielmehr die methodologischen Schwachstellen in den Sozialwissenschaften, die diese Entwicklung notwendig machten.[10] Unter diesen ist die Verwendung repräsentativer Agenten in makroökonomischen Modellen, die zudem noch als vollkommen rational mit perfekter Information modelliert werden, eine sehr restriktive und damit unrealistische Annahme, die zunehmend ins Kreuzfeuer der Kritik gerät.

2 Repräsentative vs. heterogene Agenten

Die Verwendung repräsentativer Agenten stellte bei der makroökonomischen Modellierung allgemeiner Gleichgewichtsmodelle eine unglaubliche Vereinfachung dar. Für zahlreiche heterogene Wirtschaftssubjekte waren walrasianische Gleichgewichtsmodelle mathematisch einfach nicht handhabbar. Zudem schienen von repräsentativen Agenten bevölkerte makroökonomische Modelle immun gegen die *Lucas*-Kritik, da die aggregierten Angebots- und Nachfragefunktionen aus individuellen Nutzenmaximierungen abgeleitet wurden und somit auf Änderungen des Politikregimes reagieren konnten.[11]

---

8 *Pancs, R./ Vriend, N. J.* (2003) zeigen sogar, dass wenn alle Agenten perfekte Integration vorziehen, es zur Segregation auf der Makroebene kommt. *Schelling, T. C.* (1978) hat eine Reihe weiterer Beispiele aufgezeigt, in denen sich das Makroverhalten von der Mikrostruktur unterscheidet, ja den Bestrebungen aller Akteure auf der Mikroebene entgegensteht.

9 Vgl. *Bankes, S. C.* (2002).

10 Einem Gerücht zufolge z. B. waren die ersten agentenbasierten Simulationen *Schellings* nicht computerbasiert, sondern erfolgten vielmehr durch das Hin- und Herschieben weißer und schwarzer Küchenteller auf einem gefliesten Küchenfußboden.

11 *Hartley, J. E.* (1997) vertritt dagegen die Ansicht, dass repräsentative Agenten weder die *Lucas*-Kritik lösen noch dass sie eine geeignete Mikrofundierung makroökonomischer Modelle dar-

Die Voraussetzungen für die Aggregation verschiedener Individuen sind nach *Kirman*[12] so speziell, dass kein Ökonom diese als plausibel erachten würde.[13] *Lewbel*[14] kommt zu dem desillusionierenden Urteil, dass die Annahme eines repräsentativen Konsumenten in der Makroökonomie die Bedenken aus der Aggregationsproblematik faktisch ignoriert. Sind die notwendigen Voraussetzungen für die Aggregation jedoch nicht erfüllt, verhalten sich die aus einer Vielzahl von Einzelentscheidungen resultierenden aggregierten Größen aber nicht wie die von einem Individuum abgeleiteten. Dies ist in der englischsprachigen Literatur auch als „fallacy of composition" bekannt[15] und eng verwandt mit dem Phänomen der Emergenz. Das Verhalten des Gesamtsystems unterscheidet sich vom Verhalten der konstituierenden Bestandteile. Die Modellierung mittels repräsentativer Agenten führt dagegen zwangsläufig zu einer Übereinstimmung zwischen Mikro- und Makroebene und, im Falle von Finanzmärkten, auch zur Abwesenheit jeglichen Handels.

3 Begrenzt rationale Individuen und adaptives Lernen

Eine weitere stark in die Kritik geratene Annahme ist die häufige Unterstellung vollkommener Rationalität auf Seiten der Wirtschaftssubjekte. Nach *Reinhart Selten*, deutscher Nobelpreisträger für Wirtschaftswissenschaften 1994, wäre es falsch anzunehmen, dass real existierende Menschen dem Idealbild des vollkommen rational handelnden Nutzenmaximierers entsprechen.[16] *Lawson* weist z. B. darauf hin, dass in analytischen Modellen die Agenten durch die pure Logik vollkommener Rationalität zumeist jeglicher Wahlmöglichkeit beraubt sind, und das Modellergebnis zwangsläufig eintritt.[17] Sobald jedoch die Annahme der vollkommenen Rationalität zugunsten der Hypothese begrenzt rational handelnder Individuen[18] aufgegeben wird, müssen

---

stellen. Aufgrund der inhärenten Probleme repräsentativer Agenten vertritt er die Meinung, dass dieser Modellierungsansatz aufgegeben werden sollte.

12 Vgl. *Kirman, A. P.* (1992), S. 120.

13 Diese Voraussetzungen wurden im sogenannten „exakten Aggregationsproblem" z. B. von *Gorman, W. M.* (1953) oder *Lewbel, A.* (1989) diskutiert. Nach *Gorman* müssen Agenten z. B. identische homothetische Nutzenfunktionen haben, so dass Verschiebungen in der Einkommensverteilung den aggregierten Konsum unverändert belassen.

14 Vgl. *Lewbel, A.* (1989), S. 631.

15 Vgl. z. B. *Caballero, R. J.* (1992).

16 Vgl. *Selten, R.* (2001), S. 13.

17 Vgl. *Lawson, T.* (1997), S. 9. *Lawson* charakterisiert dies als eine methodische Inkonsistenz. Trotz aller suggestiven Rhetorik, so *Lawson*, können die Agenten gar nicht anders als rational handeln und ähneln somit eher passiven Automaten als realen Menschen.

18 Vgl. *Simon, H. A.* (1957).

letztere mit Lernalgorithmen ausgestattet werden.[19] Beschränkt rationale Agenten, die in einer gegebenen Situation aufgrund ihrer begrenzten kognitiven Fähigkeiten ihr optimales Verhalten nicht definitiv bestimmen können, müssen zumindest die Gelegenheit haben, gute Strategien zu erlernen. Typischerweise sind die Agenten in Modellen mit begrenzter Rationalität mit einfachen Suchheuristiken oder Entscheidungsregeln ausgestattet, die dann durch Lernalgorithmen aus dem Gebiet der Künstlichen Intelligenz sukzessive verbessert werden. Zu diesen zählen u.a. Neuronale Netze[20], Classifier Systeme und Genetische Algorithmen[21], Evolutionsstrategien[22] und die Genetische Programmierung[23].

Der agentenbasierte Modellierungsansatz in den Wirtschafts- und Sozialwissenschaften ermöglicht erstmalig die Untersuchung komplexer sozialer Systeme, die von zahlreichen heterogenen Agenten bevölkert sind. Heterogenität und deduktive Logik führt jedoch nach *Arthur et al.*[24] zu instabilen Erwartungen. Daher müssen diese ihre Erwartungen induktiv bilden. Dies geschieht durch das Aufstellen verschiedener „Markthypothesen" (d. h. einfacher Entscheidungsregeln abhängig vom Marktzustand), die in nachfolgenden Perioden in Bezug auf ihre Vorhersagegüte überprüft werden. Durch die Fähigkeit zum Lernen werden schlechte Hypothesen im Zeitablauf einerseits erkannt und nicht weiter verwendet. In einem zweiten Schritt werden über z. B. Genetische Algorithmen neue, potenziell bessere Entscheidungsregeln gebildet, die die jeweils schlechten ersetzen.

Durch die Ausrichtung der Strategien anhand des vergangenen Erfolgs verschiedener Entscheidungsregeln sind die interagierenden Agenten adaptiv modelliert und formen das komplexe adaptive System „Finanzmarkt". Über den Preismechanismus beeinflussen sich die Marktteilnehmer gegenseitig und sind somit interdependent, die vielleicht wichtigste konstituierende Eigenschaft komplexer Systeme.[25] Jede Kauf- bzw. Verkaufsentscheidung beeinflusst den Wertpapierpreis der jeweiligen Periode und verändert somit die Güte aller Entscheidungsregeln aller anderen Investoren und deren zukünftiges Entscheidungsverhalten. Das *Smith*'sche Konzept der unsichtbaren Hand, die einen Gleichgewichtspreis bestimmt, ist in agentenbasierten Finanzmarkt-

---

19 Diese Auffassung von begrenzter Rationalität umfasst nicht die Nutzenmaximierung unter Nebenbedingungen (wie z. B. Entscheidungskosten und begrenzte Rechenkapazitäten) nach *Sargent, T. J.* (1993). Ebenso unzulässig wäre es, begrenzte Rationalität als Irrationalität zu interpretieren, vgl. auch *Gigerenzer, G./ Selten, R.* (2001), S. 4 f.

20 Für eine Einführung in die Theorie und Praxis Neuronaler Netze siehe z. B. *Rojas, R.* (1996); *Zell, A.* (2000).

21 Vgl. *Holland, J. H.* (1975).

22 Vgl. *Rechenberg, I.* (1973).

23 Vgl. *Koza, J. R.* (1992); *Koza, J. R.* (1994).

24 Vgl. *Arthur, B. W. et al.* (1997), S. 19 ff.

25 In seiner Einleitung in die Theorie komplexer dynamischer Systeme schreibt *Bar-Yam, Y.* (1997), S. 97: *„In words, we would say that complex systems are formed out of not only interacting, but also interdependent parts. Since both thermodynamic and complex systems are formed out of interacting parts, it is the concept of interdependency that must distinguish them"*.

simulationen i. d. R. nicht implementiert. Vielmehr ist oft von Interesse, ob der aus dem Marktprozess resultierende Preis zum Gleichgewichtspreis neoklassischer Modelle unter rationalen Erwartungen konvergiert.

In der Tat entstand eine der ersten und bekanntesten agentenbasierten Finanzmarktsimulationen, das Santa Fe Institut Aktienmarktmodell (Santa Fe Institute Artificial Stock Market, SFI-ASM), aus genau dieser Fragestellung heraus. Aufgrund ihrer eigenen Erfahrungen mit agentenbasierten Simulationen behaupteten *Ramon Marimon* und *Thomas Sargent*, dass begrenzt rationale adaptive Agenten eines künstlichen Aktienmarktes den rationalen Erwartungsgleichgewichtspreis schnell entdecken werden. Da *Brian Arthur* und *John Holland* vom Santa Fe Institut diese Hypothese intuitiv ablehnten, entwickelten sie mit anderen Forschern das SFI-ASM, um ihre Vermutung anhand eines Computermodells überprüfen zu können.[26]

4 Modellierung stilisierter Fakten mit dem agentenbasierten Ansatz

Arthur und *Holland* konnten im SFI-ASM zunächst zeigen, dass die *Marimon/ Sargent*-Hypothese nur unter bestimmten Umständen bestätigt ist. Falls die Agenten ihre Handelsregeln über den genetischen Algorithmus nur selten änderten, ähnelte das Modellverhalten dem Gleichgewicht mit homogenen und vollkommen rationalen Investoren. Wurde die Lerngeschwindigkeit der Agenten indes erhöht, wies der Preisprozess zunehmende Abweichungen von diesem Gleichgewicht auf, und die Agenten schienen auf technische Handelsregeln zurückzugreifen. Die Emergenz technischer Handelsregeln im SFI-ASM für höhere Lerngeschwindigkeiten beruhte jedoch, wie *Ehrentreich* zeigen konnte,[27] auf einem Fehler im Design des Mutationsoperators im Genetischen Algorithmus. Im korrigierten Modell konnte jedoch noch immer ein Einfluss der Lerngeschwindigkeit auf den Preisprozess nachgewiesen werden, komplexes Preisverhalten tritt allerdings erst für viel höhere Lerngeschwindigkeiten auf als im Originalmodell.

Ein ähnlicher Einfluss der Lerngeschwindigkeit auf das Modellergebnis konnte auch von *LeBaron* bestätigt werden.[28] In seinem vom SFI-ASM inspirierten künstlichen Aktienmarktmodell unterscheiden sich die Investoren in der Länge des Zeithorizonts, über den sie ihre Handelsregeln bewerten. Ist der Markt ausschließlich von Investoren bevölkert, die die Güte ihrer Entscheidungsregeln über ein langes Zeitfenster bewer-

26 Vgl. z. B. *Arthur, B. W. et al.* (1997); *LeBaron, B./ Arthur, W. B./ Palmer, R.* (1999).
27 Vgl. *Ehrentreich, N.* (2002).
28 Vgl. *Lebaron, B.* (2001a); *Lebaron, B.* (2001b).

ten, ähnelt das Modellverhalten wiederum dem Gleichgewicht homogener Investoren mit rationalen Erwartungen. Sobald der Anteil kurzfristig orientierter Investoren im Markt zunimmt, werden dagegen die stilisierten Fakten realer Finanzmärkte besser repliziert.

Zu diesen gehören z. B. Abweichungen in den Renditeverteilungen von der Normalverteilung wie z. B. höhere Besetzung der Randbereiche (Leptokurtosis, „fat tails"), Volatilitätscluster in der Renditeverteilung (bedingte Heteroskedastie), Autokorrelationen in den täglichen Renditen oder Kreuzkorrelationen zwischen Handelsvolumina und absoluten Renditen.[29] Agentenbasierte Simulationen von Finanzmärkten versuchen nicht nur, die stilisierten Fakten zu replizieren, sondern auch diejenigen Modellkomponenten zu identifizieren, die für deren Generierung verantwortlich sind.

Die Effizienzmarkthypothese (EMH) erklärt die stilisierten Fakten realer Finanzmärkte als Spiegelbild der Eigenschaften des (nichtmessbaren) Ankunftsprozesses neuer kursrelevanter Nachrichten. Agentenbasierte Finanzmarktsimulationen offerieren als alternativen Erklärungsansatz die sogenannte Hypothese interagierender Agenten (Interacting-Agent Hypothesis, IAH).[30] Die IAH postuliert für den Nachrichtenankunftsprozess weißes Rauschen, das durch die Marktinteraktionen zahlreicher heterogener Agenten in die typischen Charakteristika für den Renditeprozess transformiert wird.[31]

Eine weitere Gruppe künstlicher Finanzmarktmodelle verbindet die Emergenz der stilisierten Fakten nicht mit Variationen in der Lerngeschwindigkeit, sondern mit dem endogenen Wechsel zwischen verschiedenen Verhaltensweisen. Im künstlichen Finanzmarktmodell von *Lux* und *Marchesi*[32] gibt es z. B. Fundamentalisten sowie positiv und pessimistisch eingestellte Chartisten. Die Übergangswahrscheinlichkeiten zwischen den einzelnen Gruppen werden modellendogen bestimmt, z. B. über die Überschussrenditen der einzelnen Strategien. Die simulierten Preiszeitreihen weisen Phasen wechselnder Volatilität auf, wobei eine Phase erhöhter Volatilität auf einen überkritischen Anteil von Chartisten zurückzuführen ist. Die hohen Preisschwankungen wiederum erhöhen die Profitmöglichkeiten der Fundamentalisten, so dass die Chartisten zunehmend wieder ins Lager der Fundamentalisten wechseln. Ähnliche Grup-

---

29 Für einen Überblick zu stilisierten Fakten von Finanzmarktzeitreihen vgl. z. B. *Schröder, M.* (2002).

30 Vgl. *Lux, T./ Marchesi, M.* (1999).

31 Die Inspiration und Begründung für die IAH stammt aus der statistischen Physik. Die statistischen Eigenschaften abgeschlossener physikalischer Systeme, die aus vielen mikroskopisch kleinen interagierenden Partikeln bestehen, sind denen von Finanzmärkten sehr ähnlich. Insbesondere folgen die Verteilungen der makroskopischen physikalischen Größen ähnlichen Skalengesetzen wie die Renditeverteilungen mit überproportional besetzten Randbereichen. Eine weitere Analogie ist die Interpretation des Partikels im physikalischen System als Investor im agentenbasierten Finanzmarktmodell.

32 Vgl. *Lux, T./ Marchesi, M.* (1999); *Lux, T./ Marchesi, M.* (2000).

pen-Mechanismen werden z. B. in *Goldbaum* oder *Gaunersdorfer* und *Hommes* modelliert.[33]

Bak, Paczuski und *Shubik* modellieren in einem Gruppenmodell das Herdenverhalten von sogenannten „Noise-Händlern", die im Gegensatz zu den Fundamentalisten lediglich das Verhalten anderer imitieren.[34] Für einen Anteil von lediglich 2% von Fundamentalhändlern weist das Modell von *Bak, Paczuski* und *Shubik* zahlreiche spekulative Blasen auf, währenddessen ein Anteil von 20% Fundamentalhändlern ausreicht, die spekulativen Blasen zu unterdrücken. Aus der Physik inspirierte Modelle mit eher geringer ökonomischer Fundierung, z. B. *Cont* und *Bouchaud*, versuchen das Herdenverhalten von Investoren als Selbstorganisation in Entscheidungskoalitionen abzubilden.[35] Die von diesen Modelltypen erzeugten Renditeverteilungen lassen sich durch Skalengesetze beschreiben und replizieren somit wesentliche Eigenschaften von Finanzmarktzeitreihen.

Die Vielzahl der mittlerweile entwickelten künstlichen Aktienmarktmodelle macht es an dieser Stelle unmöglich, auch nur annähernd einen adäquaten Überblick bieten zu können. Für einen detaillierteren Überblick sei der interessierte Leser auf *LeBaron, Levy, Levy* und *Solomon* oder die Internetseite von Tesfatsion verwiesen.[36] Eine Diskussion von Design-Entscheidungen beim Entwurf künstlicher Aktienmarktmodelle findet sich in *LeBaron* (2001c). Ein Vergleich der agentenbasierten Modellierung von Finanzmärkten mit experimentellen Wertpapiermärkten findet sich in *Poggio et al.*, eine Integration beider Ansätze findet man in *Gulyás, Adamcsek* und *Kiss*.[37]

---

33 Vgl. *Gaunersdorfer, A./ Hommes, C.* (2000); *Goldbaum* (1999).

34 Vgl. *Bak, P./ Paczuski, M./ Shubik, M.* (1997).

35 Vgl. *Cont, R./ Bouchaud, J.-P.* (2000).Die Agenten werden ohne Nutzenfunktion modelliert und sind auf einem zweidimensionalen Ising-Modell angeordnet, das in der Festkörperphysik z. B. zur Beschreibung von spontanen Magnetisierungsprozessen verwendet wird. Mittlerweile hat sich auch eine eigene Teildisziplin „Econophysics" herausgebildet, die mit dem Werkzeugkasten der statistischen Physik ökonomische Fragestellungen untersucht. Für einen Überblick über das Gebiet der Econophysics siehe z. B. *Mantegna, R. N./ Stanley, H. E.* (2000); www.econophysics.org oder www.unifr.ch/econophysics.

36 Vgl. *LeBaron, B.* (2000); *Levy, M./ Levy, H./ Solomon, S.* (2000); http://www.econ.iastate.edu/tesfatsi/ace.htm.

37 Vgl. *Gulyás, L./ Adamcsek, B./ Kiss, Á.* (2003); *Poggio, T./ Lo, A. W./ LeBaron, B./ Chang, N. T.* (2001).

5 Probleme der agentenbasierten Modellierung und ein Ausblick

Im Vergleich zu analytischen Modellen sind die Voraussetzungen für die Anwendung agentenbasierter Modellierung recht gering. Da weder vollkommene Rationalität noch Homogenität seitens der Agenten notwendig ist, können Kapitalmarktforscher nun Probleme untersuchen, die zuvor außerhalb ihrer Reichweite waren.

Der Einsatz des agentenbasierten Ansatzes in der Forschung ist aber auch mit deutlichen Nachteilen verbunden. Gegenüber den deduktiv ermittelten Ergebnissen, Theoremen und Beweisen analytischer Modelle erlauben Simulationsergebnisse nur induktive Methoden zur Erkenntnisgewinnung. Die aus Simulationen gewonnenen Erkenntnisse sind daher in jedem Falle schwächer und niemals von der Schärfe und Überzeugungskraft eines logischen Beweises.[38] Induktive Methoden sind im Gegensatz zur Deduktion verstärkend, d. h. ausgehend von der vorliegenden Evidenz wird auf allgemein gültige Zusammenhänge zu schließen versucht. Wie *Pheby* bemerkt, birgt dies das Problem der Verlässlichkeit: Unabhängig vom Umfang des vorliegenden Datenmaterials kann nicht beurteilt werden, wie zuverlässig induktiv gewonnene Schlüsse sind.[39]

Umso wichtiger ist daher die Entwicklung von geeigneten Testverfahren, um die Verlässlichkeit der gewonnenen Simulationsergebnisse zu erhöhen. Sensitivitätsanalysen in Modellen mit vielen freien Parametern wie z. B. dem SFI-ASM erfordern mitunter enorme Rechenkapazitäten, so dass man u. U. der Versuchung unterliegt, diese zu vernachlässigen. Dabei hätten sorgfältige Sensitivitätsanalysen verhindern können, dass der Designfehler im SFI-ASM für annähernd 10 Jahre unentdeckt blieb. Eine Erhöhung der Mutationsrate im Modell rief genau dieselben Effekte hervor wie die Zunahme der Lerngeschwindigkeit und hätte zu einer Überprüfung des Mutationsoperators führen müssen. Eine Korrektur des Mutationsoperators hatte zur Folge, dass die Agenten die Nutzung ihres Classifier Systems aufgaben. Damit wurden auch die Ergebnisse zweier Nachfolgestudien von *Joshi, Parker* und *Bedau* infrage gestellt, die über eine spieltheoretische Analyse der erreichten Vermögenspositionen technisches Handeln als Folge eines Gefangenendilemmas erklärten.[40] Aufgrund ungenügender Sensitivitätsanalysen wurde dabei übersehen, dass es lediglich rein programmiertechnische Details waren, die die Vermögenspositionen der Agenten beeinflussten.[41] Eine

---

38 Somit bedingen agentenbasierte Computersimulationen induktive Methoden nicht nur auf der Agentenebene, sondern auch auf der Ebene des Forschers (s. o.).

39 *Vgl. Pheby, J.* (1998).

40 Vgl. *Joshi, S./ Parker, J./ Bedau, M.* (1998); *Joshi, S./ Parker, J./ Bedau, M.* (2002).

41 Die Lerngeschwindigkeit hatte einen Einfluss auf die Anzahl der jeweils aktiven Handelsregeln, was die Effizienz des verwendeten Auswahlmechanismus „Roulette Wheel" beeinfluss-

Vernachlässigung von Sensitivitätsanalysen kann somit leicht dazu führen, bestimmte schwer erklärbare Phänomene als emergentes Verhalten zu bezeichnen, obwohl bei ausreichender Sorgfalt die dafür verantwortlichen Modelldetails zu erkennen gewesen wären. *Bankes* fordert daher z. B. die Erarbeitung einer operationalen Definition für das Phänomen der Emergenz, um dieses Phänomen messbar erfassen zu können.[42]

Das Beispiel des SFI-ASM zeigt auch, wie wichtig die Verifizierbarkeit und Replizierbarkeit der jeweiligen Forschungsergebnisse ist. Die derzeitige Zersplitterung der Forschergemeinde auf mehrere Programmiersprachen und Programmbibliotheken führt nach *LeBaron* dazu, dass der Austausch von Programmcodes weit davon entfernt ist, so bequem wie der Austausch analytischer Formeln und Beweise zu sein.[43] Die Veröffentlichung computerbasierter Aufsätze ist auch anderen Maßstäben vonseiten der Editoren und Referees unterworfen als dies bei theoretischen Artikeln gemeinhin der Fall ist.[44] So wird häufig aus Platzgründen davon abgeraten, programmiertechnische Details zu diskutieren, was die externe Verifizierbarkeit reduziert.

Ungeachtet der Euphorie, die die agentenbasierte Modellierung zumindest bei einem Teil der Forschergemeinschaft hervorzurufen vermag, wird diese von der Praxis noch nicht geteilt. Während Techniken der Künstlichen Intelligenz wie z. B. Neuronale Netze schon seit längerem bei der Finanzprognose eingesetzt werden, ist die in ihren Kinderschuhen steckende agentenbasierte Modellierung unter Verwendung dieser Techniken noch weit davon entfernt. Der Realitätsbezug derzeitiger Modelle kann z. B. durch aufwändige Kalibrierung mit realen Finanzmarktdaten verbessert werden, wie z. B. bei *LeBaron* geschehen,[45] oder durch die Ausweitung auf mehrere risikobehaftete Wertpapiere. Praxisrelevanz muss auch nicht notwendigerweise gleichbedeutend mit Preisprognose sein. Die Untersuchung alternativer Handelsmechanismen kann z. B. Aufschlüsse über deren Stabilität in Krisensituationen geben.

Ungeachtet aller methodischer oder praktischer Bedenken eröffnet die agentenbasierte Modellierung neue Möglichkeiten der Untersuchung ökonomischer Fragestellungen.

---

te. Als Resultat sind die Unterschiede im erworbenen Vermögen verschiedener Agententypen fast ausschließlich auf die Anzahl der jeweils aktiven Handelsregeln zurückzuführen.

42 Vgl. *Bankes, S. C.* (2002).

43 Vgl. *LeBaron, B.* (2001c). Zur Illustration des Problems sei erwähnt, dass das SFI-ASM ursprünglich in Objective-C erstellt wurde, später unter Verwendung der SWARM-Programmbibliothek reprogrammiert wurde und nach Java portiert wurde. Die korrigierte NESFI-ASM Version von *Ehrentreich, N.* (2002) ist unter Java mit Hilfe der RePast-Bibliothek erstellt, und *Wilpert, M.* (2003) verwendete eine Borland-C++ Version. Andere künstliche Aktienmarktmodelle wurden auch unter Verwendung mathematischer Programmpakete wie z. B. GAUSS (vgl. *Lux, T./ Marchesi, M.* (1999); *Lux, T./ Marchesi, M.* (2000)) oder Matlab (vgl. *LeBaron, B.* (2001)) erstellt. Unter den frei verfügbaren Java-Programmbibliotheken für agentenbasierte Modellierung gewinnt derzeit RePast gegenüber dem bisher beliebteren SWARM zunehmend an Popularität. Für einen Vergleich freier Java-Bibliotheken für die agentenbasierte Simulation siehe auch *Tobias, R./ Hofmann, C.* (2004).

44 Vgl. *Judd, K. L.* (1997).

45 Vgl. *LeBaron, B.* (2001b).

Ob sie aber ihrem eigenen Anspruch gerecht werden kann, die letzte methodologische Revolution in den Wirtschaftswissenschaften zu sein, wird auch davon abhängen, inwieweit es der agentenbasierten Forschungsgemeinde gelingt, allgemein akzeptierte Prozeduren und Standards für diese neue Methode zu implementieren.

Quellenverzeichnis

Arthur, B. W. et al. (1997); Asset pricing under endogenous expectations in an artificial stock market. In: *Arthur, B. W./ Durlauf, S./ Lane, D.* (Ed.); The economy as an Evolving Complex System II. Readings, MA 1997 (Addison-Wesley), S. 15-44.

Bak, P./ Paczuski, M./ Shubik, M. (1997); Price variations in a stock market with many agents. Physica A, Vol. 246 (1997), S. 430-453.

Bankes, S. C. (2002); Agent-based modeling: A revolution? Proceedings of the National Academy of Science (PNAS), Vol. 99 (2002), S. 7199-7200.

Bar-Yam, Y. (1997); Dynamics of Complex Systems. Readings, MA 1997: Addison-Wesley. http://necsi.org/publications/dcs/index.html.

Caballero, R. J. (1992); A fallacy of composition. American Economic Review, Vol. 82 (1992), S. 1279-1292.

Cont, R./ Bouchaud, J.-P. (2000); Herd behavior and aggregate fluctuations in financial markets. Macroeconomic Dynamics, Vol. 4 (2000), S. 135-155.

Ehrentreich, N. (2002); The Santa Fe artificial stock market re-examined – suggested corrections. Martin-Luther-Universität Halle-Wittenberg, Betriebswirtschaftliche Diskussionsbeiträge 42/2002, http://papers.ssrn.com/sol3/papers.cfm?abstract_id=329780.

Forrester, J. W. (1971); World Dynamics. Cambridge, MA 1971 (Wright-Allen Press).

Gaunersdorfer, A./ Hommes, C. (2000); A Nonlinear Structural Model for Volatility Clustering. CeNDEF Working paper 00-01, University of Amsterdam. http://www1.fee.uva.nl/cendef/publications/papers/GauHomAug2000.pdf.

Gigerenzer, G./ Selten, R. (2001); Rethinking rationality. In: *Gigerenzer, G./ Selten, R.* (Ed.); Bounded Rationality: The Adaptive Toolbox. Cambridge, MA/ London 2001 (MIT Press).

Gleick, J. (1998); Chaos: Making A New Science. London 1998 (Vintage).

Goldbaum, D. (1999); Cycles of market stability and instability due to endogenous use of technical trading rules. In: *Abu-Mostafa et al.* (Ed.); Computational Finance. New York/ Cambridge, MA (MIT Press).

Gorman, W. M. (1953); Community preference fields. Econometrica, Vol. 21 (1953), S. 63-80.

Gulyás, L./ Adamcsek, B./ Kiss, Á. (2003); An early agent-based stock market: replication and participation. 4th Soft-Computing for Economics and Finance Meeting NEU 2003, Venedig, http://omega.ailab.sztaki.hu/%7Egulya/papers/NEU2003.zip.

Hartley, J. E. (1997); The Representative Agent in Macroeconomics. London/ New York 1997 (Routledge).

Holland, J. H. (1975); Adaptation in Natural and Artificial Systems. Ann Arbor 1975 (University of Michigan Press).

Joshi, S./ Parker, J./ Bedau, M. (1998); Technical Trading Creates a Prisoner's Dilemma: Results from an Agent-Based Model. Santa Fe Institute Working Paper 98–12–115, http://acoma.santafe.edu/sfi/publications/Working-Papers/98-12-115.pdf.

Joshi, S./ Parker, J./ Bedau, M. (2002); Financial markets can be at sub-optimal equilibria. Computational Economics, Vol. 19 (2002), S. 5-23.

Judd, K. L. (1997); Computational economics and economic theory: Substitutes or complements? Journal of Economic Dynamics and Control, Vol. 21 (1997), S. 907-942.

Kirman, A. P. (1992); Whom or what does the representative individual represent? Journal of Economic Perspectives, Vol. 6 (1992), S. 117-136.

Koza, J. R. (1992); Genetic Programming. On the Programming of Computers by Means of Natural Selection. Cambridge, MA/ London 1992 (MIT Press).

Koza, J. R. (1994); Genetic Programming II. Automatic Discovery of Reusable Programs. Cambridge, MA, London 1994 (MIT Press).

Lawson, T. (1997); Economics and Reality. London, New York 1997: Routledge.

LeBaron, B. (2000); Agent-based computational finance: suggested readings and early research. Journal of Economic Dynamics and Control, Vol. 24 (2000), S. 679-702.

LeBaron, B. (2001a); Evolution and time horizons in an agent-based stock market. Macroeconomic Dynamics, Vol. 5 (2001), S. 225-254.

LeBaron, B. (2001b); Empirical regularities from interacting long and short memory investors in an agent-based stock market. IEEE Transactions on Evolutionary Computation, Vol. 5 (2001), S. 442-455.

LeBaron, B. (2001c); A builder's guide to agent based financial markets. Quantitative Finance, Vol. 1 (2001), S. 254-261.

LeBaron, B./ Arthur, W. B./ Palmer, R. (1999); Time series properties of an artificial stock market. Journal of Economic Dynamics and Control, Vol. 23 (1999), S. 1487-1516.

Levy, M./ Levy, H./ Solomon, S. (2000); Microscopic Simulation of Financial Markets: From Investor Behavior to Market Phenomena. San Diego et al. 2000 (Academic Press).

Lewbel, A. (1989); Exact aggregation and a representative consumer. Quarterly Journal of Economics, Vol. 104 (1989), S. 621-633.

Lux, T./ Marchesi, M. (1999); Scaling and criticality in a stochastic multi-agent model of a financial market. Nature, Vol. 397 (1999), S. 498-500.

Lux, T./ Marchesi, M. (2000); Volatility clustering in financial markets: a microsimulation of interacting agents. International Journal of Theoretical and Applied Finances, Vol. 3 (2000), S. 675-702.

Mantegna, R. N./ Stanley, H. E. (2000); An Introduction to Econophysics: Correlations and Complexity in Finance. Cambridge 2000 (Cambridge University Press).

Meadows, D. H. et al. (1972); Die Grenzen des Wachstums. Stuttgart 1972 (DVA).

Pancs, R./ Vriend, N. J. (2003); Schelling's spatial proximity model of segregation revisited. Queen Mary University of London, Dept. of Economics Working Paper 487.

Pheby, J. (1998); Methodology and Economics: A Critical Introduction. Houndsmills et al. 1998 (MacMillan Press).

Poggio, T./ Lo, A. W./ LeBaron, B./ Chang, N. T. (2001); Agent-Based Models of Financial Markets: A Comparison with Experimental Markets, MIT Sloan Working Paper 4195–01, http://papers.ssrn.com/sol3/papers.cfm?abstract_id=290140.

Rechenberg, I. (1973); Evolutionsstrategie: Optimierung technischer Systeme nach Prinzipien der technischen Evolution. Stuttgart 1973 (Frommann-Holzboog).

Riechmann, T. (2001); Learning in Economics: Analysis and Application of Genetic Algorithms. Heidelberg 2001 (Physica).

Rojas, R. (1996); Neural Networks: A Systematic Introduction. Berlin/ Heidelberg/ New York 1996: Springer.

Rosser, J. B. Jr. (1999); On the complexities of complex economic dynamics. Journal of Economic Perspectives, Vol. 13 (1999), S. 169-192.

Sargent, T. J. (1993); Bounded Rationality in Macroeconomics. Oxford 1993 (Clarendon Press).

Schelling, T. C. (1969); Models of Segregation. American Economic Review, Papers and Proceedings, Vol. 59 (1969), S. 488-493.

Schelling, T. C. (1971a); Dynamic Models of Segregation. Journal of Mathematical Sociology, Vol. 1 (1971), S. 143-186.

Schelling, T. C. (1971b); On the ecology of micromotives. The Public Interest, Vol. 25 (1971), S. 61-98.

Schelling, T. C. (1978); Micromotives and Macrobehavior. New York 1978 (Norton & Co).

Schröder, M. (Hrsg.) (2002); Finanzmarkt-Ökonometrie: Basistechniken, Fortgeschrittene Verfahren, Prognosemodelle. Stuttgart 2002 (Schäffer-Poeschel).

Selten, R. (2001); What is bounded rationality? In: *Gigerenzer, G./ Selten, R.* (Ed.) Bounded Rationality: The Adaptive Toolbox. Cambridge, MA/ London 2001 (MIT Press).

Simon, H. A. (1957); Models of Man. New York 1957 (Wiley & Sons).

Thom, R. (1975); Structural Stability and Morphogenesis. Reading 1975 (Benjamin).

Tobias, R./ Hofmann, C. (2004); Evaluation of free Java-libraries for social-scientific agent based simulation. Journal of Artificial Societies and Social Simulation, Vol. 7 (2004), http://jass.soc.surrey.ac.uk/7/1/6.html.

Waldrop, M. M. (1992); Complexity: The Emerging Science at the Edge of Order and Chaos. New York 1992 (Simon & Schuster).

Wiener, N. (1961); Cybernetics: Or Control and Communication in the Animal and the Machine. 2nd ed., Cambridge, MA 1961 (MIT Press).

Wilensky, U. (1998); NetLogo Segregation model, verfügbar unter: http://ccl.northwestern.edu/netlogo/models/Segregation. Center for Connected Learning and Computer-Based Modeling, Northwestern University, Evanston, IL.

Wilpert, M. (2003); Künstliche Aktienmarktmodelle auf Basis von Classifier-Systems. Diss. Kiel 2003.

Zell, A. (2000); Simulation neuronaler Netze. 3. unveränderter Nachdruck, München/Wien 2002 (Oldenbourg).

Teil 2

Bankmanagement

Dieter Gramlich

Entwicklungslinien des Gesamtbankmanagements

1 Neue Ansätze in der Banksteuerung

Die Kreditinstitute entwickeln die Systeme zur Bankführung weiter. Moderne Ansätze der Banksteuerung, die sich u. a. durch eine methodisch-konsistente Erfassung immer weiterer Erfolgsbereiche und deren Steuerung unter kombinierten Ertrags-/ Risikoaspekten auszeichnen, werden unter dem Konzept des Gesamtbankmanagements, synonym Gesamtbanksteuerung, zusammengefasst.[1] Die Beweggründe einer solchen Entwicklung sind offensichtlich: Die umfassende Betrachtung der wertbestimmenden Faktoren schafft Transparenz und verbessert die Allokation der knappen Ressource Eigenkapital. Die Nutzung von Verbundeffekten zwischen Chancen-/ Risiken entspricht dem durch Diversifikation geprägten Wesen des Bankgeschäfts und bewirkt Synergievorteile, speziell bei der Unterlegung von Risiken mit Eigenkapital. Am Ende der Entwicklung zum Gesamtbankmanagement steht die faszinierende Idee, dass die Kreditinstitute die Gesamtheit aller relevanten Erfolgsfaktoren unter Beachtung ihrer Interdependenzen konsistent erfassen und steuern können.

Ein Blick auf die Gegenwart und die jüngste Vergangenheit zeigt demgegenüber noch weitere Beweggründe auf. Gesamtbankmanagement ist nicht nur ein „wollen", sondern auch ein „müssen". Ganz grundsätzlich haben die Veränderungen auf den Finanzmärkten – Globalisierung, Deregulierung, Technologisierung, Engineering[2] – ein komplexes Umfeld geschaffen, das eine Anpassung der Steuerungssysteme bedingt. Brüche auf den Finanzmärkten, hohe Volatilität und begrenzte Absatzchancen lenken den Fokus auf die bewusste, wertorientierte Steuerung von Banken. Bis dato unbekannte Schieflagen in der Kreditwirtschaft verdeutlichen, wie wesentlich der kontrollierte Umgang mit Chancen und Risiken ist.[3] Schließlich fordert die – im Schatten von Säule 1 noch wenig wahrgenommene – Säule 2 im aufsichtsrechtlichen Reformwerk nach „Basel II" die Kreditinstitute zu einem „process for assessing their overall capital adequacy"[4], d. h. letztlich zu Ansätzen einer Gesamtbanksteuerung, auf.

Die Bankwissenschaft begleitet die Bankwirtschaft auf dem Weg der Gesamtbanksteuerung. Der vorliegende Beitrag ist dabei einer Übersicht zu den Entwicklungslinien des Gesamtbankmanagements gewidmet. Er dient der Orientierung und dazu, mögliche zukünftige Entwicklungsschritte und -probleme zu verdeutlichen. Den weiteren Kapiteln liegen die folgenden Fragen zugrunde:

---

1 Vgl. die Charakterisierungen bei *Crössmann, J.* (2000), S. 335 f.; *Eller, R./ Schwaiger, W./ Federa, R.* (2002), S. 1 f.; *Grimmer, J.* (2003), S. 13; *Klein, W./ Goebel, R.* (1999), S. 255-257; *Spielberg, H./ Sommer, D./ Dankenbring, H.* (2004), S. 324-326.

2 Vgl. zusammenfassend *Dannenberg, M.* (2001), S. 21-78; *Deutsche Bundesbank* (2003).

3 So müssen die nahezu existenziellen Probleme bspw. der Frankfurter Sparkasse oder der Westdeutschen Landesbank als eine deutliche Unterschätzung eines kumulierten Schadenspotenzials oder aber als eine Überschätzung der Risikotragfähigkeit/ der Risikokompetenz gewertet werden. Vgl. *FAZ* (2003, West LB); *FAZ* (2004, Frankfurter).

4 *Basel Committee on Banking Supervision* (2003), S. 139 (im Original fett gedruckt).

1. Welche (konkreten) Anforderungen sind von einem System des Gesamtbankmanagements zu erfüllen?
2. Welche Besonderheiten kennzeichnen den Status quo im Gesamtbankmanagement?
3. Welche Perspektiven für die zukünftige Entwicklung des Gesamtbankmanagements lassen sich erkennen?

2 Dimensionen des Gesamtbankmanagements

2.1 Strategische Dimensionen

Bankmanagement umfasst die zielorientierte Steuerung der bankbetrieblichen Wertschöpfung. Verfügbare Ressourcen sollen unter Beachtung von Risikodeckungspotenzialen in wertoptimierende Bereiche gelenkt werden. Unter besonderer Betonung des Umfangs erforderlicher Aufgaben lassen sich unter den Begriff „Gesamt-" Bankmanagement zunächst alle Aktivitäten und Determinanten fassen, die für die Geschäftspolitik der Kreditinstitute von Bedeutung sind. Eine reine Summierung führungsrelevanter Einzelbereiche (Additionsperspektive) beachtet aber nicht die besondere, durch Komplementaritäten und Interdependenzen geprägte Qualität,[5] die aus einer gesamtheitlichen Sicht auf das Bankmanagement resultiert (Verbundperspektive, Systemperspektive). Aus Sicht der Gesamtbank ist es deshalb erforderlich, eine vollständige und zugleich in sich geschlossene Steuerungskonzeption zu implementieren.

Das Postulat „Vollständigkeit" gewährleistet zunächst, dass alle wesentlichen Erfolgsfaktoren erfasst werden bzw. analog, dass zentrale Chancen-/ Risikenelemente nicht übersehen werden.[6] Lange Zeit wurde der Begriff Gesamtbankmanagement nur i. S. eines umfassenden Zinsmanagements gesehen.[7] Bedingt durch die Vorgaben nach „Basel II" integrieren die Banken aktuell insbesondere mögliche Erfolgseffekte aus

---

5 *Cebenoyan, S. A./ Strahan, P. E.* (2004), S. 20, bewerten Verbundeffekte höher als Einzeleffekte.

6 Der Chancen-/ Risikenkontext ist jedoch heterogen und vielfältig differenzierbar. Vgl. *Gramlich, D.* (2002), S. 113-120; *Van Greuning, H./ Brajovic Bratanovic, S.* (2004), S. 4.

7 Dieses integriert Anlage- und Handelsbuch sowie die Erfassung und Kalkulation einzelner Zinsgeschäfte bis hin zur Zinsposition der Gesamtbank.

dem Versagen technisch-operativer Systeme[8] und verbessern das Bonitätsmanagement auf Basis von Ratings. Eine zukünftige Anforderung wird darin bestehen, die Erlös- und Kostenpotenziale aus geänderten geschäftspolitischen Strategien und Umweltparametern zu integrieren.[9] Offene Fragen bestehen auch im Bereich der Immobilien- und Edelmetallrisiken als Teil der Marktpreisrisiken sowie im Umgang mit den Eigenarten des Länderrisikos.[10] Über die reine Komplettierung der Erfolgsfaktoren hinaus – die zugleich gewährleisten soll, dass keine Mehrfacherfassungen und Überschneidungen entstehen – geht es aber speziell darum, dass die Erfolgspotenziale in ihren wechselseitigen Bezügen dargestellt werden. Eine Gesamtbanksteuerung muss deshalb die folgenden vier Anforderungen insgesamt erfüllen:[11]

- Vollständigkeit: Zentrale wertbestimmende Faktoren sollen zugleich komplett wie auch überschneidungsfrei erfasst sein.
- Koordiniertheit: Die gesteuerten Erfolgspotenziale müssen auf eine vergleichbare Weise dargestellt und miteinander vernetzbar sein. Hier geht es um die inhaltliche Abbildung an sich (z. B. über Erlöse/ Kosten oder Cashinflows/ Cashoutflows, Perioden- oder Barwerte), die Messung von Streuungsbereichen (Szenarien, Standardabweichung oder Value at Risk auf Basis homogener Zeithorizonte) sowie grundsätzlich um die Übereinstimmung von Ziel- und Steuerungsgrößen der Bank.
- Integriertheit: Die Erfolgsparameter der Bank dürfen nicht isoliert gesehen werden, sondern in ihren wechselseitigen Einflüssen. Gegenseitige Beeinflussungen können sowohl stabilisierend als auch kumulierend wirken.[12] Generell geht es darum, die durch das Prinzip der Diversifikation geprägte Situation der Bank adäquat zu erfassen.
- Kausalität: Die werttreibenden Faktoren der Bank sind in ihrem Ursache-/ Wirkungszusammenhang zu erfassen. Der Fokus auf monetäre Kenngrößen darf nicht den Blick auf die vorgelagerte Wertschöpfungskette und den Einfluss subjektiver Komponenten verstellen.[13] Bei der Verwendung statistischer Parameter ist die Annahme der Stationarität kritisch zu prüfen.

---

8 Vgl. zur Unterlegung operativer Risiken mit Eigenkapital nach Basel II: *Basel Committee on Banking Supervision* (2003), S. 120-130. Vgl. zur Erfassung operativer Risiken auch den Beitrag von *Schiefner, L.* (2004); zu ihrer Bedeutung *Buttler, M.* (2002), S. 158 f.

9 Vgl. analog *Basel Committee on Banking Supervision* (2003), S. 138; *Spielberg, H./ Sommer, D./ Dankenbring, H.* (2004), S. 329.

10 Vgl. zu – vom Ausfallrisiko abweichenden – Charakteristika des Länderrisikos: *Bernet, B./ Denk, C.* (2002), S. 450 f. In den Bereich der Marktrisikosteuerung sind ggf. noch Engagements in Rohstoffpreisen einzubeziehen.

11 Diese werden in den Gliederungspunkten 4.1 - 4.4 vertieft.

12 Vgl. hierzu, speziell zur Übersteigerung von Effekten, *Gramlich, D.* (2002), S. 32-36, 43.

13 Vgl. *Petry, M./ Riepenhausen, J./ Klenk, P.* (2001), S. 650. *Gray* weist im Rahmen von „Meta-Risks" auf die Probleme aus Komplexität, Opportunismus und Selbstüberschätzung hin, vgl. *Gray, J.* (2000), S. 18, 22.

2.2 Operative Dimensionen

Weitere Anforderungen an das Gesamtbankmanagement ergeben sich, wenn die vorstehend definierten Postulate in Maßnahmen umgesetzt werden sollen. Die Bankführung benötigt ein geeignetes Steuerungsmodell, das in der Lage ist, die Komplexität der bankbetrieblichen Wertschöpfung zu erfassen und zugleich auf transparente Weise zu strukturieren. Die Dualität der Steuerung, d. h. die Lenkung der (produktbezogenen) Marktaktivitäten einerseits und das Management der aus den Marktaktivitäten resultierenden (monetären) Erfolgspotenziale andererseits, lässt sich über Risikomatrizen abbilden.[14] So steuert die Bank die marktbezogenen Parameter und entscheidet über Geschäftsfelder und Einzelgeschäfte (vgl. Abbildung 1). Diese sind wiederum Träger der eigentlich die Erfolgssituation beeinflussenden Chancen-/ Risikenfaktoren.

Um die verbleibende Komplexität weiter zu verringern, bietet sich der Ansatz von *Deppe* an, die Bank nach der Natur von Einflussgrößen bzw. Aufgaben zu strukturieren.[15] Hierbei lässt sich die Risikomatrix unterteilen in die banktypischen Chancen/ Risiken des liquiditätsmäßig-finanziellen Bereichs (LFB), wie etwa Zins- und Bonitätsfaktoren, Einflüsse aus dem technisch-organisatorischen Bereich (TOB) sowie Erlös- und Kosteneffekte aus den strategischen Entscheidungen des geschäftspolitischen Bereichs (GPB). Aus der so unterteilten Risikomatrix wird deutlich, dass unterschiedliche Geschäfte und Geschäftsfelder mit simultanen – und deshalb einheitlich zu steuernden – Effekten auf die drei Bereiche einhergehen können. Deren Integration ist über alle Geschäftsstellen bzw. -regionen der Bank zu gewährleisten.[16]

Beispiel

In Abbildung 1 sind die aus Geschäftsfeldern und Einzelgeschäften resultierenden Chancen/ Risiken der Bonitäts- und Währungsposition als zwei Unterbereichen des LFB dargestellt. Innerhalb dieser werden Engagements mit gleichem Partner und gleicher Währung zusammengefasst. Hieraus lassen sich erste Konzentrationen erkennen. Unter Beachtung von Korrelationen erfolgt eine Verbindung bzw. Streuung innerhalb des Bonitäts- oder Währungsportfolios (Verbund 1. Ebene). Weiter lassen sich Bonitäts- und Währungsportfolio korrelieren (Verbund 2. Ebene).

Die Umsetzung des Gesamtbankmanagements definiert weitere Anforderungen an dessen Organisation. Koordination, Integration und Kausalität der Steuerung sind von einer zentralen Instanz zu leisten. Analog dem (Zins-) Treasury, der zentral die Zinsposition der Bank verantwortet, ist für eine Portfoliosteuerung von Krediten ein „Kredit-Treasury" erforderlich. Sollen Zins- und Bonitätsrisiken integriert behandelt wer-

---

14 Vgl. *Gramlich, D.* (2002), S. 168-172; *Schierenbeck, H.* (2001), S. 11.

15 Die Unterteilung der Chancen-/ Risikenfaktoren folgt der Unterteilung der Bank an sich in den GPB, LFB und TOB, vgl. *Deppe, H.-D.* (1978), S. 19.

16 Es lässt sich zeigen, dass aus einem unkoordinierten Risikomanagement von Teileinheiten risikoverstärkende Effekte resultieren können, vgl. *Cumming, C./ Hirtle, B.* (2001).

den, so ist eine noch weiter vorgelagerte Ebene, ein „Super-Treasury" notwendig. Mit der Zentralisierung einher geht eine Verlagerung von Kompetenzen weg von den dezentralen Markteinheiten. Die Koordination von zentraler Geschäftssteuerung und dezentraler Geschäftsabwicklung erfordert deshalb ein Gegenstromprinzip.[17] Bspw. ermittelt sich die Risikoprämie im Kreditgeschäft zum einen „vor Ort" auf Basis des Ratings von Kreditnehmern (erwartetes Risiko). Zum anderen kalkuliert der Kredit-Portfoliomanager aufgrund der Diversifikationswirkung des Kredits einen Zuschlag für das unerwartete Risiko und meldet diesen an die kreditvergebende Stelle zurück.[18]

***Abbildung 1**: Inhaltlich-operative Dimensionen des Gesamtbankmanagements*

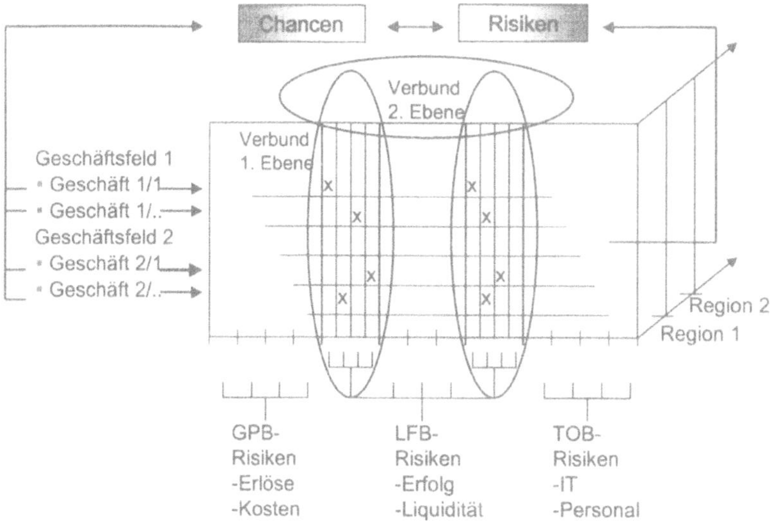

Die Anforderungen Koordiniertheit, Integriertheit und Kausalität sind auch im Ablauf des Gesamtbankmanagements zu realisieren. Um Verbindungen zwischen Erfolgsfaktoren – mit der erhofften risikomindernden bzw. wertsteigernden Wirkung – nützen zu können, sind diese unter Verbundaspekten zu erfassen. In Abbildung 2 ist deshalb die Erfassung des Gesamtrisikos zum einen als Treppe (entspricht der Addition von

17 Angesprochen ist das System der „pretialen Lenkung", das aus einer Koordination von Top-Down- und Bottom-Up-Impulsen besteht. Vgl. *Schierenbeck, H.* (2001), S. 14 f. Vgl. auch *Grimmer, J.* (2003), S. 1; *Kirmße, S.* (2002), S. 786.

18 Als Problem ergibt sich eventuell, dass ein an sich guter Kredit bezogen auf seine Diversifikationswirkung, d. h. auf das marginale Risiko, nur eine geringe Bedeutung hat. Der Kundenberater wird dann für seine Akquisition weniger belohnt.

Risiken) und zum anderen als konkave Funktion (entspricht der Diversifikation) dargestellt.[19] Die Optimierung des Bankportfolios kann dann idealer Weise an einer Effizienzlinie ansetzen.[20] Die Zuweisung von Risikokapital an operative Einheiten erfolgt ebenfalls unter Beachtung der Erfolgsverbindungen dieser Einheiten. Um allerdings die von der Finanzmathematik entwickelten Allokationsverfahren[21] nutzen zu können, ist eine verlässliche Bestimmung der Verbundeffekte erforderlich.

Abbildung 2: *Ablauf- und aufbauorganisatorische Aspekte des Gesamtbankmanagements*

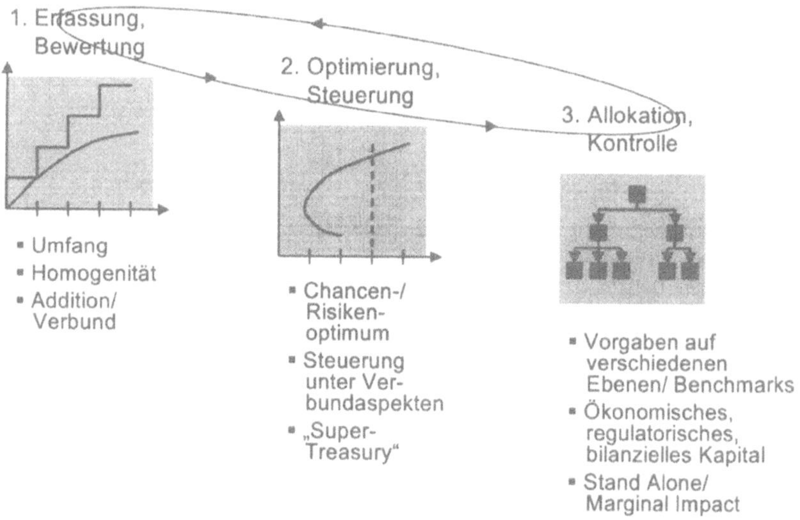

Unter Beachtung der qualitativen, inhaltlichen und organisatorischen Anforderungen an ein Gesamtbankmanagement lässt sich resümieren: Gesamtbankmanagement umfasst die konzeptionell-organisatorisch koordinierte, integrierte und ursachengerechte Steuerung der gesamten Chancen- und Risikenpotenziale einer Bank.

19 Die Längsachse stellt die Anzahl der Risikoträger dar, die Hochachse das Gesamtrisiko.

20 Vgl. die Darstellung bei *Gramlich, D.* (2004), S. 41 f.

21 Vgl. *Paul, S.* (2001); *Theiler, U.* (2002). Vgl. auch *Hall, C.* (2002), S. 34; *Saita, F.* (1999); *Schierenbeck, H. et al.* (2003).

3 Entwicklungsstand des Gesamtbankmanagements

3.1 Beiträge in der Literatur

Der skizzierte Umfang eines Gesamtbankmanagements wird in der Literatur mit unterschiedlichen Inhalten ausgefüllt (vgl. Abbildung 3).[22] Es existieren wenige Monografien,[23] bei den weiteren Beiträgen lassen sich drei Schwerpunkte erkennen:

- Ausweitung der Analysen auf neue Erfolgspotenziale,
- Übertragung von Portfolio- bzw. Verbundansätzen,
- Entwicklung konsistenter Bewertungskonzeptionen.

Mit der Integration des Portfolio-Gedankens i. S. der Nutzung von Zusammenhängen zwischen einzelnen Erfolgsparametern sind unterschiedliche Fragestellungen verbunden. Die Frage „Wie sind Portfolioeffekte integrierbar?" kann zum einen über Kausalitäts- oder Korrelationsansätze oder über eine Kombination beider gelöst werden. Kausalmodelle versuchen, den Zusammenhang zwischen Erfolgspotenzialen über vorgelagerte gemeinsame Risikofaktoren dazustellen. Ein solcher Weg wird z. B. im Rahmen von Credit Risk+ bei der Abhängigkeit von Ausfallrisiken von systematischen und unsystematischen Faktoren beschritten.[24] Korrelationsansätze werden seit der Einführung von Risk Metrics durch *JP Morgan*[25] insbesondere für Marktpreisrisiken genutzt und im Rahmen Interner Modelle bankenaufsichtsrechtlich anerkannt. Sie basieren auf statistisch erfassten Gemeinsamkeiten der jeweiligen Preisentwicklungen. Während Korrelationen zwar die empirische Evidenz von Zusammenhängen aufzeigen, diese aber nicht zu begründen vermögen – insbesondere nicht ihre zukünftige Stabilität –, geben Kausalansätze zwar Erklärungen. Sie müssen aber angesichts der Komplexität der Realität vereinfachend bleiben. Mit kombinierten Kausalitäts-/ Korrelationsmodellen können die jeweiligen Stärken verknüpft werden.

---

22 Beiträge finden sich sowohl aus der Bankwissenschaft als auch aus dem Bankmanagement und der Bankberatung. Diese ergänzen sich letztlich in der Weiterentwicklung der Gesamtbanksteuerung.

23 Hervorzuheben sind die Arbeiten von *Rolfes, B.* (1999), *Paul, S.* (2001) und *Grimmer, J.* (2003) sowie der Sammelband von *Rolfes, B./ Schierenbeck, H./ Schüller, S.* (1998). *Döhring, J.* (1996) stellt einen geschlossenen μ/σ-Ansatz zur Erfassung und Bewertung von Preis- und Ausfallrisiken dar, der Fokus bei *Theiler, U.* (2002) liegt auf der Optimierung des Bankportfolios auf Basis des Conditional Value at Risk. *Matten, C.* (2000) entwickelt ein Steuerungssystem ausgehend vom Eigenkapital der Bank.

24 Vgl. *Paul, S.* (2001), S. 189 f.; *Spellmann, F.* (2002), S. 308-312.

25 Vgl. *JP Morgan* (1995).

Abbildung 3: *Beiträge zum Gesamtbankmanagement in der Literatur*

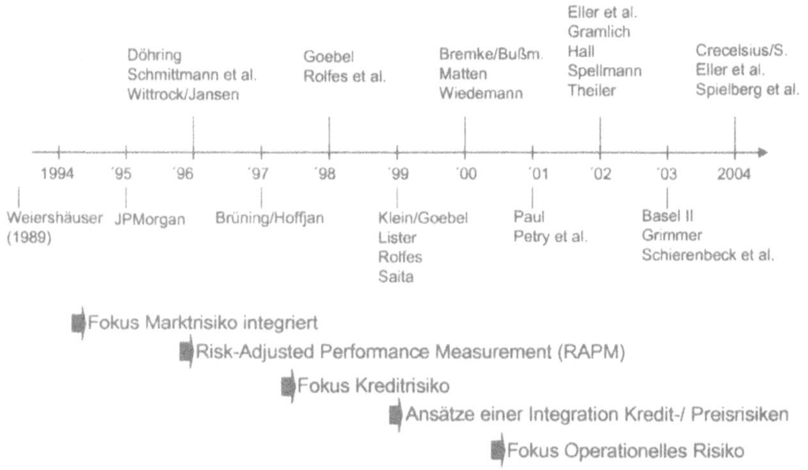

Die Frage „Wie sind Portfolioeffekte optimierbar?" kann zunächst in vereinfachter Form so angegangen werden, dass eine bankbetriebliche Zielfunktion bei gleichzeitiger Beachtung von Zusammenhängen optimiert wird.[26] Im strengen Sinn werden Interdependenzen aber erst durch die Übertragung des analytischen Portfolioansatzes nach *Markowitz*[27] oder im Rahmen stochastischer Simulationsansätze genutzt.[28] Die besondere Herausforderung eines solchen Ansatzes besteht allerdings darin, die Erfolgspotenziale der integrierten Faktoren vergleichbar zu gestalten. Bereits bei der Verbindung ähnlicher Erfolgsfaktoren, wie etwa bei Ausfallrisiken in einem Portfolio, entstehen Probleme. Weitere zu klärende Anforderungen bestehen in der Integration und Optimierung verschiedener Erfolgstypen, wie z. B. Ausfall- und Preisrisiken, die sowohl mit Blick auf ihre Verteilung als auch ihre zeitliche Dimension hin unterschiedlich sind.[29] Entsprechend sind diese Aspekte auch für die Frage „Wie sind Portfolioeffekte alloziierbar?" zu bewältigen. Hierbei bestehen etwa mit dem With/ Without-Principle, dem Marginal Impact-Principle oder der *Euler*-Allokation theoretische Konzepte[30] zur Zuweisung von Risikopotenzialen auf Risikoträger im Bankbetrieb.[31]

26 Vgl. *Wöhrle, C.* (2003).
27 Vgl. *Markowitz, H.* (1952).
28 Vgl. die Integration zum Gesamtbankrisiko bei *Crecelius, J./ Siévi, C.* (2004), S. 274 f.
29 Vgl. hierzu auch die Modellierung in Gliederungspunkt 4.3.
30 Veränderungen des Gesamtrisikos (Marginalrisiken) spiegeln auf die dezentralen Risikoträger zurück. Vgl. *Theiler, U.* (2002), S. 91-102; *Schierenbeck, H. et al.* (2003), S. 33-52.
31 Vgl. zur Übertragung auf Kreditinstitute *Theiler, U.* (2002).

In der Literatur diskutierte Steuerungskonzeptionen beziehen sich insbesondere auf die integrierte Messung von Chancen und Risiken aus Bankgeschäften sowie auf deren Darstellung aus Sicht des Periodenerfolgs oder Gesamterfolgs (Risk-Adjusted Performance).[32] Dabei ist die Messung des Risikos als Einzel- oder Portfoliorisiko von zentraler Bedeutung für die Integration risikoadjustierter Erfolge oder – im Rahmen von RAROC-/ RORAC-Kenngrößen[33] – für deren Bezug zum eingesetzten Kapital. Chancen und Risiken sind sowohl als Periodengröße (etwa Economic Value Added, Cashflow Added) oder als Totalgröße über die Gesamtlaufzeit von Geschäften interpretierbar (etwa Market Value Added, Discounted Cashflow). Die Steuerung über Barwerte ist zum einen bedeutend, da diese geschäftsumfassend ist und den rechnerisch richtigen Wert abbildet. Zum anderen müssen die Banken verstärkt das Fair Value-Accounting nach IAS/ IFRS und damit die barwertige Abbildung der Geschäfte in der externen Rechnungslegung beachten.[34] Hohe Sensitivitäten, vielfältige Prämissen und die weniger transparente Interpretation sind demgegenüber zentrale Probleme des Barwertes.[35] Die Wahl des Abbildungsmaßes, insbesondere des Risikomaßes, ist aber von entscheidender Bedeutung für die Darstellung und Beurteilung der Erfolgsposition. Nicht sachadäquate oder sich zu volatil präsentierende Ergebnisgrößen führen zu Fehlinterpretationen und verstärken ein konzeptionelles Problem der Gesamtbanksteuerung: das Modellrisiko.

3.2 Umsetzung in der Bankpraxis

Die Implementierung des Gesamtbankmanagements in der Bankpraxis ist – soweit erkennbar – heterogen. Insbesondere die großen Institute haben beeindruckende Systeme zur Portfolio-Steuerung von Marktpreisrisiken implementiert.[36] Diese fokussieren auf Aktien-, Zins- und Wechselkursrisiken, eine weitere Anforderung ist dagegen die Integration von Immobilien- und Edelmetallrisiken. Einzelne Institute besitzen weit entwickelte Entwürfe zur verbundorientierten Steuerung von Ausfallrisiken (Kreditportfoliomodelle). Bei kleineren Instituten, die solche Konzepte nicht selbst entwickeln, sondern geeignete Systeme extern beziehen – dazu zählen auch die im Bereich der Volksbanken und Sparkassen im Verband entwickelten Lösungen – ist der Anwendungsgrad geringer. Hier wird, wie erwähnt, mit dem Begriff Gesamtbankmanagement primär die integrierte, d. h. Anlage- und Handelsbuch umfassende, Zins-

---

32 Vgl. die Übersicht bei *Brüning, J.-B./ Hoffjan, A.* (1997); *Paul, S.* (2001), S. 7-42.

33 RAROC steht für Risk-Adjusted Return on Capital und setzt den Erfolg nach Risikokosten in Bezug zum eingesetzten (Eigen-)Kapital. RORAC steht für Return on Risk-Adjusted Capital und setzt den Bruttoerfolg in Bezug zum eingesetzten Risikokapital.

34 Vgl. zur Abbildung des Bankgeschäfts nach HGB und IAS/ IFRS *Gramlich, D.* (2003).

35 Vgl. *Brammertz, W.* (1998), S. 416 f.

36 Bspw. berechnet *JP Morgan Chase* den Value at Risk der Bank auf Basis von 240.000 Preisserien, angewendet auf etwa 1,5 Mio. Geschäftspositionen. Vgl. *FAZ* (2004, Verlustrisiko).

steuerung assoziiert.[37] Generell ist auch zu beachten, dass die problematische Erfolgssituation der Banken in den letzten Jahren vor allem Lösungen im Bereich der Personal- und Organisationspolitik verlangte. Demgegenüber standen Bemühungen zur Weiterentwicklung der Gesamtbanksteuerung eher im Hintergrund, obgleich diese entsprechende Probleme bereits im Vorfeld hätten vermeiden können.

Abbildung 4: *Erhebung von Grimmer zum Stand der Gesamtbanksteuerung*
Quelle: Grimmer, J. (2003)

Zielgröße	▪ Gewinn, bedarfsorientiert bzw. strukturell ▪ Eher subjektiver Risikozuschlag (36%), weniger aus dem CAPM (19%)

Steuerung	▪ Bereiche
	  ▪ Marktpreismanagement Handelsbuch hoch entwickelt
	  ▪ Zinspotenzial Anlagebuch periodisch (93%) und barwertig (33%)
	  ▪ Vielfalt bei Ratingansätzen, kaum Portfoliomodelle (Default-Modell)
	  ▪ Operationelles Risiko in Entwicklung, kaum integriert (37%)
	  ▪ Ansätze zum Business Risk (von 6 Instituten genannt)
	▪ Verbundeffekte
	  ▪ Kaum erfasst, erläutert durch methodische Unsicherheit
	  ▪ Bankbuch/ Marktrisiken und Bankbuch/ Depot A (8 Angaben)

Allokation	▪ Bilanzielles und regulatorisches Kapital im Zentrum ▪ Eher pragmatische Verfahren

Bei der Bewertung des Status quo der Gesamtbanksteuerung verdient die empirische Erhebung von *Grimmer*[38] besondere Beachtung (vgl. Abbildung 4). Diese weist auf die primäre Bedeutung des Zinsmanagements hin, das sich vor allem durch die Integration von Anlage- und Handelsbuch sowie durch die Zunahme von Barwertansätzen ausprägt. Das Kreditmanagement ist primär durch die Umsetzung von Rating-Konzeptionen geprägt und damit durch ein Risk-Adjusted Pricing von Einzelkrediten. Verbundlösungen spielen im Wesentlichen nur für Marktpreisrisiken[39] eine Rolle. Soweit Kreditportfolio-Konzeptionen umgesetzt werden, ist anzunehmen, dass diese sich primär auf die Vermeidung von Konzentrationsrisiken durch (naive) Diversifikation über Branchen und Regionen beziehen sowie auf die Gewährleitung einer ausreichenden Granularität. Die systematische Erfassung von Korrelationen bei Ausfällen oder bei der Wertentwicklung von Sicherheiten ist dagegen wenig verbreitet.

---

37 Im Sinne einer Gesamtsteuerung umschließt das Zinsmanagement neben der Steuerung der Gesamtbankzinsposition auch die mit der Gesamtposition konsistente Verrechnung bzw. Kalkulation von Zinsen auf Ebene des Einzelgeschäfts.

38 Vgl. *Grimmer, J.* (2003). Befragt wurden 131 private, genossenschaftliche und öffentlich-rechtliche Institute in Deutschland, Österreich und der Schweiz.

39 Diese betreffen zentral Zins-, Aktienkurs- und Währungsrisiken.

Es ist zusammenfassend zu konstatieren, dass die Gesamtbanksteuerung sich noch in einem frühen Stadium befindet. Zwar werden mit Zins- und Bonitätsrisiken zwei der dominanten Erfolgsfaktoren erfasst und mit vergleichbaren Messgrößen gesteuert. Doch ist die Feinsteuerung mit Blick auf Portfolioeffekte sowie die Allokation von Kapital und Erfolg auf Basis von Verbundeffekten noch deutlich weiterzuentwickeln, zudem sind weitere Erfolgselemente zu integrieren. Abbildung 5 fasst den Entwicklungsstand speziell unter den Perspektiven Gesamtheitlichkeit, Integriertheit und Koordiniertheit zusammen. Der grau unterlegte Bereich markiert die bisher vorrangig bearbeiteten Teile des Gesamtbankmanagements. Ausgewählte Ansatzpunkte zur Fortentwicklung sind im Weiteren dargestellt.

***Abbildung** 5: Synopse zum Entwicklungsstand des Gesamtbankmanagements*

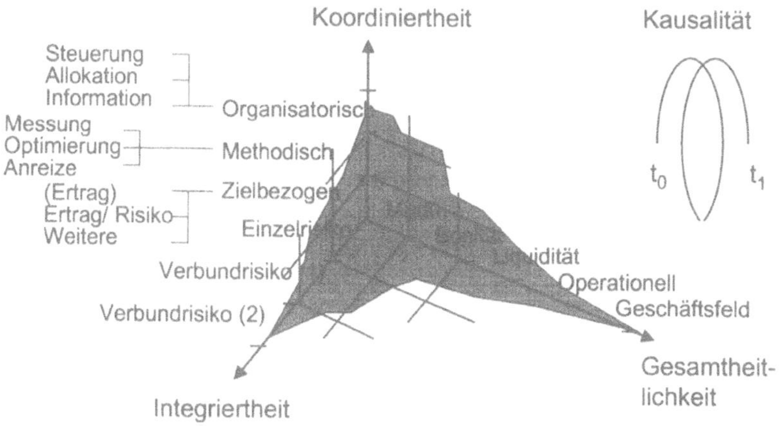

4 Entwicklungsperspektiven des Gesamtbankmanagements

4.1 Koordiniertheit: Ziel- und Steuerungskompatibilität

Für die Steuerung der Bank sind Ziele als „zu erreichende Zustände" von entscheidender Bedeutung.[40] Sie definieren den Beitrag, der einzelnen Maßnahmen für die Wertschöpfung der Bank zukommt und beeinflussen deren Auswahl. Über ihre Funktion hinaus, die Geschäftspolitik generell zu orientieren, dienen sie der Koordination: Einzelne Bereiche und Personen in der Bank richten ihre Aktivitäten auf die Erreichung gemeinsamer Ziele aus und werden dadurch kompatibel. Schließlich unterstützen Ziele den Aspekt der Legitimation insoweit, als Maßnahmen durch sie begründbar bzw. erklärbar sind. Aus Sicht der Gesamtbanksteuerung erhebt sich speziell die Frage, inwiefern die Steuerungsziele des Managements mit denen weiterer Stakeholder konform gehen und im Prozess der Steuerung kompatibel umgesetzt sind.

Die Frage nach den Zielinhalten berührt grundsätzlich den Aspekt der zielformulierenden Gruppen. Als Risikointermediäre und unter den Anforderungen der Bankenaufsicht haben für Kreditinstitute die Shareholder im Sinne von Risikokapitalgebern eine zentrale Relevanz.[41] Die Priorität der Shareholder führt tendenziell zu einer Betonung monetärer Zielinhalte, die sich in den RAROC-/ RORAC-Ansätzen als unterschiedliche Relationen von Überschuss, Risiko und Risikokapital definieren.[42] Die monetäre Rendite steigernde Maßnahmen sind aber oft mit Nachteilen für weitere Stakeholder verbunden: Flexible Personaldisposition, überhöhte Leistungsanforderungen oder aus reinen Umsatzmotiven angebotene Produkte und Konditionen[43] tangieren die Situation von Mitarbeitern und Kunden meist negativ. Der Fokus auf monetäre Zielbeiträge führt auch dazu, dass externe Effekte der Bankpolitik, wie etwa die sozialen Kosten der Personalpolitik oder Belastungen der Umwelt aufgrund fehlender ökologischer Bewertung bei finanzierten Projekten, nicht beachtet werden.

---

40 Vgl. zu Zielen und Gesamtbanksteuerung *Crössmann, J.* (2000), S. 338, 342; *Dannenberg, M.* (2001), S. 144 f.

41 Vgl. *Petry, M./ Riepenhausen, J./ Klenk, P.* (2001), S. 652, die daraus folgern, dass in der Balanced Scorecard die nichtmonetären Dimensionen lediglich Unterziele sein können.

42 Vgl. ähnlich *Brockmann, M./ Danschke, R./ Dewner, T.* (2000), S. 921. Ähnlich hierzu soll Wertmanagement bei Banken die „nachhaltige Optimierung des Eigentümerwerts" beinhalten, *Krammer, C. et al.* (2001), S. 1446. Vgl. auch *Paul, S.* (2001), S. 98.

43 Bspw. resultieren aus dem aufgedrängten Angebot von Immobilienfonds oder dem kreditfinanzierten Kauf fremdgenutzter Wohnungen im Nachhinein Schadensersatzansprüche.

Daraus entsteht als generelles Problem die Unkoordiniertheit von Bankzielen und Umsystemzielen. In einer Ära der Ressourcenverknappung, Umwelt- und Gesundheitsbelastung sowie extremer geopolitischer Spannungen reduziert dies aber mittel- und langfristig auch die Existenzbedingungen der Bank selbst.[44] Die daraus resultierende Forderung, das Gesamtbankmanagement stärker unter den Aspekt der Nachhaltigkeit[45] zu stellen, mag unter dem Einfluss der Konkurrenzbedingungen als idealistisch zurückgewiesen werden. Doch ist auch unter rein monetären Aspekten bereits zu erkennen, dass die Geldgeschäfte tendenziell vom Aspekt der Sustainability beeinflusst werden. Unter den Stichworten „Ethic Investment" oder „Green Money" konstituieren sich Anlagemöglichkeiten für ökologisch und sozial sensible Investoren.[46] Indizes wie etwa der Dow Jones Sustainability Index (DJSI) oder Financial Times Index for Good (FTSE4Good) bilden auf der Basis recherchierter Nachhaltigkeitskriterien einen Aktienkorb der ökologisch und sozial geführten Unternehmen ab.[47] In diese Unternehmen – auch Banken – investieren wiederum Nachhaltigkeitsfonds, woraus neues Eigenkapital entstehen kann.[48] Unter dem Gesichtspunkt des Standing und der Fairness mag ein nachhaltig ausgerichtetes Zielsystem[49] positive Effekte bei Bankkunden bewirken und speziell das Relationship Banking fördern.

Fokussiert man demgegenüber rein auf monetäre Zielbeiträge, so wird üblicherweise als Merkmal eines Gesamtbankmanagements die kombinierte Ertrags-/ Risikosteuerung angegeben.[50] Es ist allerdings kritisch zu fragen, ob diese Einschätzung zutrifft:

- Große, kapitalmarktorientierte Banken sind in hohem Maß den Anforderungen institutioneller Anleger unterworfen.[51] Es muss bezweifelt werden, inwiefern diese tatsächlich eine Ertrags-/ Risikorelation abwägen. Es ist eher anzunehmen, dass Eigenkapital je nach Wachstumsprognosen sich zentral an Dividenden- sowie Kurssteigerungserwartungen orientiert und dabei sehr schnell – auch branchenübergreifend – neu alloziert wird. Eine renditedominierte Zielvorgabe führt aber leicht zu

---

44 Zu denken ist an die Kosten der Arbeitslosigkeit und Krankheit mit Effekten für die soziale Sicherung wie auch die wirtschaftliche Aktivität an sich. Vgl. zu Interdependenzen von sozioökologischem Kontext und Bankmanagement auch *Bönning, M./ Haßler, R.* (2004), S. 522 f.; *Gramlich, D.* (2002), S. 128-137.

45 Der Aspekt der Nachhaltigkeit, synonym Sustainability, beinhaltet die Forderung, Maßnahmen an ihrer mittel- bis langfristigen Verträglichkeit auszurichten. Eine solche Balanciertheit ist aber im Wesentlichen nur dadurch zu erreichen, dass neben den Zielen des Handelnden auch die Ziele des betroffenen Umfelds berücksichtigt werden.

46 Vgl. *Bönning, M./ Haßler, R.* (2004).

47 Vgl. etwa *Dow Jones* (2004).

48 Als „Group Leader" im Bereich Banks/ Finance des DJSI hatten sich im September 2004 die Westpac (auf Weltebene) und ABN Amro (auf Europaebene) etabliert. Vgl. *Dow Jones* (2004).

49 Zu einem solchen haben sich Unternehmen und Banken etwa in Rahmen des Global Impact verpflichtet.

50 Vgl. *Crössmann, J.* (2000), S. 335; *Eller, R./ Schwaiger, W./ Federa, R.* (2002), S. VII f.; *Krammer, C. et al.* (2001), S. 1446.

51 Vgl. zur Bedeutung der Aktionäre für die Risikopolitik und Corporate Governance der Kreditinstitute *Van Greuning, H./ Brajovic Bratanovic, S.* (2004), S. 33, 37-40.

solchen Aktivitäten, denen auch ein hohes Risiko innewohnt. Sie wird gefördert durch eine Rechnungslegung, die primär auf Gewinn und Eigenkapital fokussiert.[52]

- Auch das Bankmanagement selbst orientiert sich häufig an einseitigen Renditezielen bzw. solchen Vorgaben, die nicht adäquat risikoadjustiert sind. Forderungen nach einem Return on Equity von 15% nach Steuern postulieren eine Rendite aus Sicht des Kapitalmarkts, die nicht genügend an der eigenen Situation festgemacht ist. Die Risikoprämie orientiert sich meist am Betafaktor, der nur das systematische und branchendurchschnittliche Risikopotenzial widerspiegelt.[53] Werden bankindividuelle Messungen herangezogen, so bestehen ganz unterschiedliche Verfahren zur Risikomessung und zur Ermittlung der Risk-Adjusted Performance.
- In einem Gesamtbankmanagement müssen Ertrags-/ Risikoziele an die dezentralen Geschäftseinheiten weitergegeben werden. Konsequenterweise sollten diese die Geschäfte am Markt ebenfalls risikobewusst steuern. Auch hier ist in hohem Maß fraglich, ob die überwiegend mengenbezogenen Umsatzprovisionen bei Kommissionsgeschäften und Krediten das Risikobewusstsein entsprechend unterstützen. Ggf. werden Kredite gegen besseres Wissen zugesagt, die reine Provisionsorientierung bei Anlageprodukten schafft die Gefahr, dass gegen die Interessen des Kunden gehandelt und die Relationship gefährdet wird.

Zusammenfassend ist zu erkennen, dass sowohl im Verhältnis Stakeholder/ Bankmanagement[54] als auch im Verhältnis Bankmanagement/ Bankmitarbeiter Unkoordiniertheiten im Zielsystem bestehen können. Im Hinblick auf dessen zentrale Bedeutung ist deshalb eine klare Formulierung von Zielen und der ihnen vorgelagerten Philosophie notwendig. Die Vorgabe von Zielen durch Eigenkapitalgeber wie auch durch die Bankkunden als solche machen es erforderlich, dass die Bank ihre Ziele klar kommuniziert und dabei auf Investoren und Kunden ggf. „erziehend" wirkt.

4.2 Vollständigkeit: Einbezug von Geschäftsfeldpotenzialen

Die Erfassung und Steuerung von Erfolgspotenzialen im Bankgeschäft, insbesondere von Bankrisiken, richtet sich speziell an den bankenaufsichtsrechtlichen Anforderungen aus. Dem entspricht, dass die aktuellen Steuerungsansätze auf die Erfüllung der Vorgaben für das Kreditrisiko und das operative Risiko bezogen sind. Neben dem

52 Vgl. zu den Unterschieden einer „externen" und „internen" Risikorechnung *Eller, R./ Giesecke, K./ Schwaiger, W.* (2004), insbes. S. 355-364.

53 Der Betafaktor orientiert sich zudem am Verhalten der Aktienkurse und wird so durch bankfremde Einflüsse geprägt.

54 Diese umschließen über die hier genannten Beispiele hinaus auch den klassischen Principal/ Agent-Konflikt.

– noch unregulierten Zinsrisiko aus dem Bankbuch – sind für die Erfolgssituation der Banken aber insbesondere die Effekte aus Absatzentscheidungen existenziell.[55] Gerade die gegenwärtigen Veränderungen auf den Finanzmärkten, zu denen etwa die Aspekte begrenztes Wachstum, hohe Konkurrenz, verstärkter Materialismus oder hohe Transparenz zählen, verdeutlichen die Brisanz geschäftspolitischer Entscheidungen. Deutsche Banken haben unter anderem beim Aufbau von Direktbanken, der Investition in Infrastruktur für das Investment Banking, der Expansion im Ausland oder der Neuorganisation von Geschäftsbereichen zum Teil gravierende Probleme auf sich genommen.[56] Bei der Integration von Geschäftsfeldpotenzialen in die Gesamtbanksteuerung[57] stellen sich folgende Fragen:

- Wie lassen sich die spezifisch geschäftsfeldbezogenen Parameter sachgerecht isolieren?
- Wie können Geschäftsfeldpotenziale adäquat abgebildet werden?
- Welche Verbundeffekte sind mit Geschäftsfeldparametern verknüpft?

Geschäftsfelder sind organisatorische Einheiten, die sich durch selbstständige Leistungsmerkmale auszeichnen, und denen erfolgsrelevante Faktoren verantwortlich zugerechnet werden können. Diese Zurechnung erfolgt im Sinne des Profit Center-Gedankens speziell für Kalkulationszwecke. Dagegen beinhaltet das Gesamtbankmanagement eine banküberreifende Steuerung und beschneidet die Autonomie der Geschäftsfeld-Manager.[58] Werden etwa im Rahmen des Investment Banking Handelsgeschäfte getätigt und im Rahmen der Corporate Finance Exportkredite vergeben, so zählen die aus diesen Bereichen resultierenden Bonitäts- und Währungsrisiken zu den Chancen-/ Risikenfaktoren des LFB und werden vom Treasurer und Kreditmanager bzw. innerhalb eines „Super Treasury" kombiniert gesteuert. Preis- und Bonitätsfaktoren zählen deshalb nicht zu den hier relevanten Geschäftsfeldpotenzialen. Diese konstituieren sich vielmehr aus dem (potenziellen) Erlösvolumen bzw. Absatzvolumen eines Geschäftsfelds, den dabei anfallenden Produktionskosten – mit besonderer Bedeutung der Fixkosten – sowie der durchsetzbaren Marge bzw. dem Deckungsbeitrag als solchem.[59]

---

55 Geschäftsfeldrisiken werden in Risikotypologien zum Teil noch wenig explizit einbezogen. Vgl. etwa die Integration unter „Risques opérationnels" bei *Van Greuning, H./ Brajovic Bratanovic, S.* (2004), S. 4 f., 305. Nach *Buttler, M.* (2002), S. 158, beschreiben Kredit-, Markt- und operationelle Risiken „das Risikopotenzial fast vollständig". Vgl. auch die Aufzählung bei *Beck, A./ Stückler, R.* (1999), S. 38.

56 Konkrete Beispiele betreffen etwa den Verkauf/ die Zusammenführung von Consors oder Advance Bank, die Leerstände im modernen Handelszentrum der Commerzbank, die Schließung von Auslandsfilialen durch die Bayerische Landesbank sowie die Rückführung der Deutsche Bank 24 in das Konzerngeschäft.

57 Vgl. grundsätzlich hierzu *Weiershäuser, E.* (1989). Vgl. auch *Rolfes, B.* (1998), S. 32-34.

58 Es ist zu folgern, dass „both financial and organizational theory are needed during the implementation of a risk-management system", *Saita, F.* (1999), S. 97.

59 Vgl. *Weiershäuser, E.* (1989), S. 150, 161.

Sofern Ansätze zur Erfassung von Geschäftsfeldpotenzialen, speziell der Geschäftsfeldrisiken, bestehen, werden diese meist unter der Bezeichnung „Earnings at Risk" oder „Earnings Volatility" als Schwankungen der Erfolge erfasst.[60] Diese Abbildung analog den Preisrisiken verkennt allerdings den abweichenden Charakter von Geschäftsfeldrisiken. So handelt es sich hier um mittel- und langfristige Entwicklungen, die zu Beginn eine hohe Fixkostenkomponente aufweisen und diese erst allmählich reduzieren. Analog hierzu besitzt das Management andere Eingriffsmöglichkeiten wie bei der Anpassung an kurzfristige Veränderungen bei den Marktpreisen (meist Intraday-Schwankungen). Es stellt sich die Frage, ob eine symmetrische Abbildung des Schwankungspotenzials bei Geschäftsfeldrisiken adäquat ist. Können Erfolgskrisen etwa durch Outsourcing (Risikoübertragung) oder Shared Services (Risikoteilung) vermieden werden, so ist deren Verlustpotenzial begrenzt, und die untere Grenze ergibt sich als Minimum aus (Kosten der Anpassung; 0). Eine solche Abbildung wird durch das Konzept der Realoptionen gewährleistet.[61]

Mit Blick auf Anpassungsmaßnahmen und die hohe Dynamik der Finanzmärkte ist auch fraglich, ob zur Abbildung der Wertschöpfung in Geschäftsfeldern Diskontierungsansätze gewählt werden sollen. Discounted Cashflow-Ansätze und Market Value Added-Ansätze sind dadurch geprägt, dass sie alle Erfolgswirkungen der Zukunft auf die Gegenwart projizieren und so umfassend der Unsicherheit unterliegen.[62] Alternativ bietet sich an, die Erfolgspotenziale und -schwankungen des GPB für einen überschaubaren Zeitraum in der Zukunft, d. h. auf den Endwert des Geschäftsfelds, aufzuzeigen.[63]

Eine besondere Herausforderung besteht schließlich darin, die Erfolgspotenziale aus Geschäftsfeldern in ihren Interdependenzen untereinander und mit den weiteren Steuerungsbereichen des LFB und TOB zu erfassen. Abbildung 6 gibt unter Nr. 1 wieder, dass Schwankungen des Erfolgs einzelner Geschäftsfelder sich ausgleichen können.[64] Bezüge zwischen Geschäftsfeldbeiträgen und Preisrisiken des LFB sind etwa dadurch begründet, dass bei rezessiver Börse sowohl die Provisionserträge aus Kommissionsgeschäften zurückgehen wie auch der Wert der Eigenanlagen (Nr. 2). Analog mag es schwierig sein, bei steigendem Zins hohe Konditionsmargen durchzusetzen, während zugleich die Strukturmarge durch steigenden Zins verengt wird (Nr. 3). Ein Beispiel für den möglichen Verbund von Bonitätsrisiken und Erlös-/ Kostenrisiken gibt Nr. 4: Hat die Bank etwa den Zahlungsverkehr oder die Wertpapierabwicklung an eine weitere Bank B outgesourct, und ist B zugleich Schuldner im Interbankengeschäft, dann wirken sich Bonitätsprobleme von B zweifach aus. Von besonderer Bedeutung ist deshalb die im Folgenden darzustellende Abbildung von Verbundeffekten.

---

60 Vgl. *Matten, C.* (2000); *Paul, S.* (2001), S. 232 f.

61 Vgl. zum Realoptionsansatz *Howell, S./ Stark, A./ Pewton, D. et al.* (2001).

62 Vgl. *Krammer, C.* et al. (2001), S. 1451. Vgl. auch den Hinweis bei *Crössmann, J.* (2000), S. 340.

63 Vgl. auch den Vorschlag bei *Gleißner, W./ Füser, K./ Lienhard, H.* (2001), S. 25.

64 Vgl. auch die Streuung über zwei Geschäftsfelder bei *Gramlich, D.* (2004), S. 27-29.

Abbildung 6: *Verbundeffekte von Geschäftsfeldrisiken*

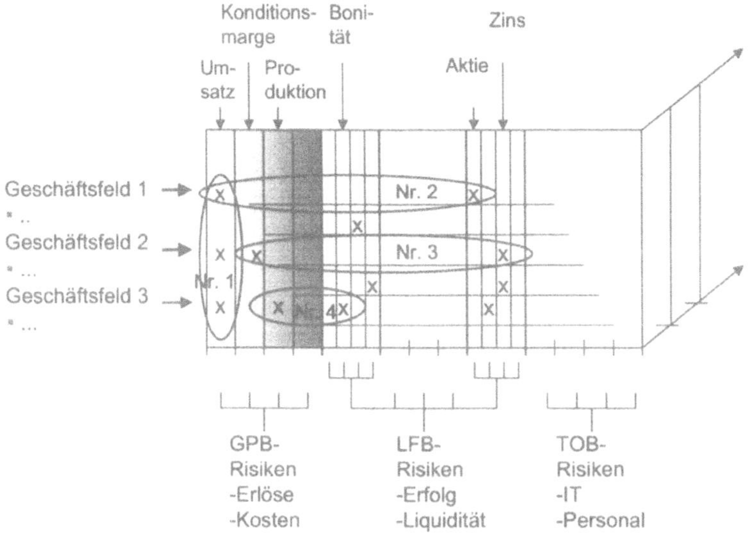

4.3 Integriertheit: Verbundeffekte von Ausfall- und Preispotenzialen

Diversifikationseffekte des Bankgeschäfts mit ihrer reduzierenden Wirkung für das Gesamtrisiko und das zugrunde zu legende Eigenkapital sollen über den Bereich der Preisrisiken hinaus genutzt werden. Im Rahmen von Kreditportfoliomodellen beeinflussen Streuungsaspekte den Umfang des Unexpected Loss,[65] auf dessen Basis das vorzuhaltende Eigenkapital und die Eigenkapitalkosten kalkuliert werden. Es bestehen Vorschläge für die Integration von Preis- und Ausfallrisiken.[66] Die Idee des Risikoverbunds lässt sich schließlich auf die Gesamtheit der bankbetrieblichen Chancen-/ Risikenparameter ausdehnen.[67]

Neben der empirischen Überprüfung von Erfolgszusammenhängen bietet bereits deren methodische Fundierung erhebliche Probleme. Anforderungen bei der integrier-

65 Vgl. *Schierenbeck, H.* (2001), S. 256-259.
66 Vgl. die Übersicht bei *Spellmann, F.* (2002), S. 334-350.
67 Vgl. die umfassende Korrelationsmatrix bei *Gramlich, D.* (2002), S. 192. Vgl. auch die Darstellung bei *Klein, W./ Goebel, R.* (1999), S. 261.

ten Zusammenfassung von Erfolgspotenzialen ergeben sich daraus, dass Ursache-/ Wirkungszusammenhänge hochkomplex sind, Verbindungen im Zeitablauf wechseln bzw. sich erst allmählich auswirken und Zusammenhänge auf verschiedene Weise zu messen sind:

- Bei der Integration des Zinsänderungsrisikos von Handels- und Bankbuch stellt sich als Problem, dass barwertige Kursänderungen (Handelsbuch) mit Veränderungen der Zinsmarge (Bankbuch) zusammenzuführen sind.
- Korrelationen im Kontext von Kreditportfolios können über Ratingmigrationen, Aktienkurse, Abhängigkeit von makroökonomischen Größen oder Konkursquoten erfasst werden.[68] Mit Blick auf die globale wirtschaftliche Dynamik ist kritisch zu fragen, inwieweit vergangene Zusammenhänge auch in der Zukunft tragen.[69]
- Bei der Integration von Ausfall- und Preisrisiken treffen symmetrische und asymmetrische Verteilungen aufeinander, die Effekte von Marktpreisen auf die Bonität von Unternehmen sind individuell und zeitlich heterogen.[70]

Die Effekte bei der Zusammenführung von Ausfall- und Preisrisiken seien hier kurz vertieft. Methodisch lassen sich bei der Integration Asset Value- und Default Rate-Modelle unterscheiden. Asset Value-Modelle fokussieren auf den Barwert von Kreditpositionen und gehen von einer Handelbarkeit aus.[71] Bei der Diskontierung der erwarteten bzw. vereinbarten Kredit-Cashflows werden Korrelationen z. B. insoweit beachtet, als der Diskontierungsfaktor sich aus dem risikofreien Zins und einer Risikoprämie zusammensetzt und diese zueinander – je nach Korrelation der Ausprägungen von Zins und Bonität – variiert werden können.[72] Default Rate-Modelle integrieren die Verbindungen von Preisänderungen und Ausfällen bereits in die Abbildung der Cashflows der Kreditgeschäfte. Der unter Beachtung von Preis- und Bonitätseffekten sich ergebende Cashflow pro Periode wird dann mit dem risikofreien Zins diskontiert.

Beispiel

Im Portfolio der Bank befindet sich neben sonstigen Aktiva (SA, 100 EUR) ein Kredit (KR, 900 USD) in USD. Dieser ist währungskongruent mit einer Einlage (EI, 900 USD) refinanziert. Der Wechselkurs w_0 in t_0 beträgt 1,00 USD/ EUR. Die Entwicklung des Eigenkapitals (EK, 100 EUR) wird in einer Simulation über zwei Perioden 1 und 2 betrachtet, in denen die periodenspezifischen Konkursquoten k_1 und k_2 sowie die Wechselkursentwicklungen Δw_1 und Δw_2 auftreten können. Um den erwarteten Verlust von $k_1 = k_2 = 0{,}63\%$ bei Nominalbetrag und Zinsen auffangen zu

68 Vgl. umfassend *Niethen, S.* (2001).

69 Vgl. hierzu auch die Beispiele in Gliederungspunkt 4.4.

70 Es kann deshalb nicht genügen, wie vorgeschlagen, die Ergebnisverteilungen nur über deren Korrelationsbeziehungen zu verbinden. Vgl. *Prussog, C./ Günther, T.* (2000), S. 856.

71 Vgl. ähnlich *Barnhill, T./ Maxwell, W.* (2002), S. 350, 356.

72 Vgl. *Barnhill, T./ Maxwell, W.* (2002), S. 366. Die Autoren korrelieren hierzu „Equity Index Returns" und „Interest Rates".

können,[73] ist ein Risikozuschlag von 0,66% zu kalkulieren. Die Cashflows pro Periode werden mit den Wechselkursen $w_1 = w_0 + \Delta w_1$ und $w_2 = w_1 + \Delta w_2$ umgerechnet, wobei $\Delta w_1 = \Delta w_2$ normalverteilt mit einem Erwartungswert von null und einer Standardabweichung von 0,15 USD/ EUR sind.

Abbildung 7: *Formale Basis des Simulationsansatzes*

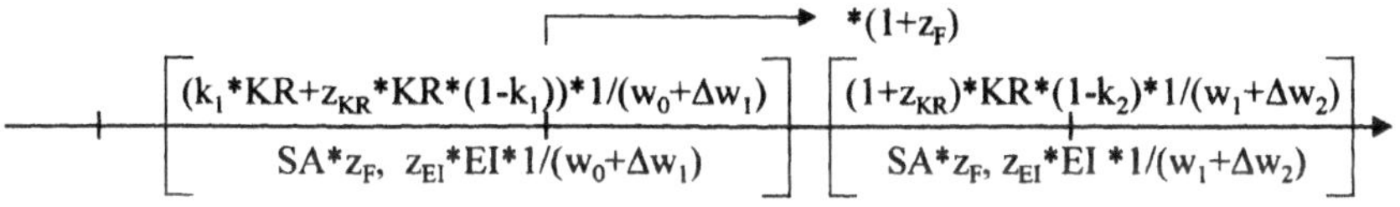

Abbildung 8: *Verbund von Ausfall- und Währungsrisiko*

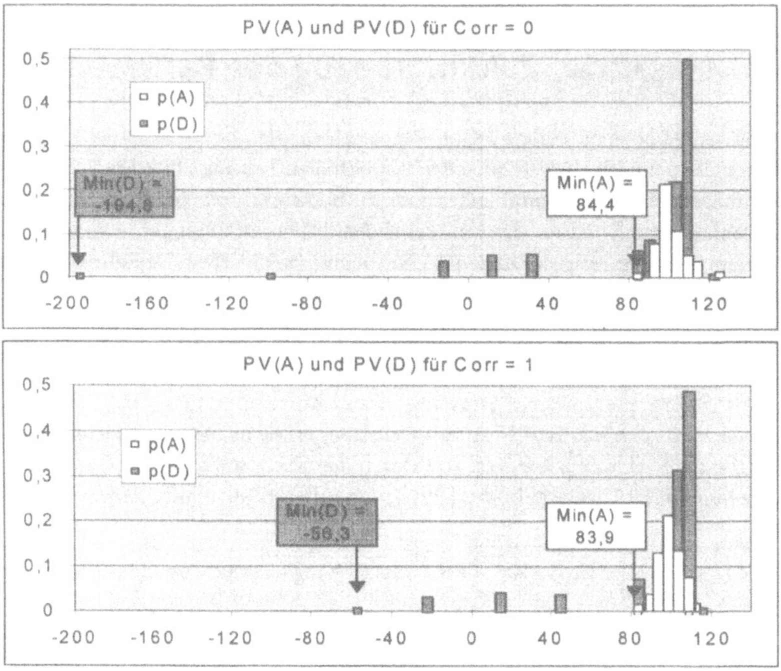

[73] Die Konkursquoten sind asymmetrisch diskret verteilt in einem Intervall von 0,1% bis 20,0% und Mittelwert 0,63%.

Im Default Rate-Modell werden die simulierten Cashflows der Periode 1 (Zinsertrag, Ausfallbetrag, Zinsaufwand) zum Zinssatz z_F in Periode 2 angelegt. Der Endwert in Periode 2 wird dann mit $z_F = 5\%$ auf den Gegenwartszeitpunkt abgezinst. Wenn tatsächliche Konkursquote = durchschnittliche Konkursquote und $\Delta w = 0$, ergibt sich ein Barwert PV(D) in Höhe von 100. Im Asset Value-Modell werden die in EUR umgerechneten Cashflows pro Periode mit einem kombinierten Zinssatz ($z_F + z_R$) diskontiert. Die zugrunde gelegte Konkursquote führt dabei zu einem (impliziten) Diskontierungszins von 10,98% und einem durchschnittlichen Barwert PV(A) von 100,00.

Im Folgenden werden die Ausgangsgleichungen in einer Simulation mit 1.000 Ziehungen durchgespielt. Zwischen den Konkursquoten und Wechselkursänderungen wird dabei jeweils eine Korrelation von null bzw. eins angenommen. Aus Abbildung 8 ist ersichtlich, dass der Default Rate-Fall viel stärker beeinflusst wird als der Asset Value-Fall. Es treten deutlicher ausgeprägte Extremwerte auf, wodurch unterschiedliche Beurteilungen des Risikos und der risikoadjustierten Performance vorgezeichnet sind.

4.4 Kausalität: Zukunftsbezug der Banksteuerung

Gesamtbankmanagement bedarf einer Konzeption, die die bankbetriebliche Wertschöpfung neben inhaltlich-methodischen Aspekten auch unter Ursache-/ Wirkungsrelationen in einen Gesamtzusammenhang stellt. Bedingt durch die Komplexität einer Gesamtbanksteuerung bzw. die erforderlichen Vereinfachungen bestehen aber zugleich ein „complexity risk" und ein „simplicity risk"[74]. Das Modellrisiko bei der Banksteuerung wird auf unterschiedliche Weise akzentuiert:

- Ansätze der Bankführung zeichnen sich dadurch aus, dass sie Muster der Vergangenheit fortführen. So extrapolieren quantitativ orientierte Methoden relevante Daten wie z. B. Erwartungswerte, Streuungen und Korrelationen auf Basis historischer Daten. Dies ist auch dadurch begründet, dass – gerade aus Perspektive der Bankenaufsicht – die Nachvollziehbarkeit von Daten gewährleistet sein soll. Gerade aber in Krisenzeiten verändern sich Streuungen und tendieren Korrelationen gegen eins.[75]

---

74 *Gray, J.* (2000), S. 22 f. Ein System zur Berücksichtigung kausaler Zusammenhänge stellt die Balanced Scorecard dar. An diesem gesamtheitlichen Konzept wird aber gleichzeitig kritisiert, dass die eigentlich relevanten Parameter – nach Ansicht der Verfasser sind dies die monetären Faktoren – nicht genügend in den Mittelpunkt gerückt sind, vgl. *Petry, M./ Riepenhausen, J./ Klenk, P.* (2001), S. 653 f.

75 Vgl. kritisch zur Validität von Risikoprognosen auch die empirische Analyse bei *Danielsson, J.* (2002). Der Autor erklärt die Ursache für die mangelnde Verlässlichkeit historisch gestützter Risikoprognosen u. a. dadurch, dass die Akteure auf Finanzmärkten durch ihre Handlungen selbst die Risikoparameter beeinflussen. Dieser Effekt wird dann verstärkt, wenn die Akteure ähnliche Risikomaße verwenden und bei analogen Risikosignalen handeln: „Risk is not the

- Formalisierte Modelle berücksichtigen ungenügend, dass durch den Einfluss des Menschen „Meta-Risks"[76] entstehen. U. a. bewirken opportunistisches Verhalten, Selbstüberschätzung, Entscheidungen unter Zeitnot und Leistungsdruck, dass die Modelle unkorrekt angewandt werden, oder aber die Konsistenz der Modelle nicht der Inkonsistenz der Märkte entspricht.[77]
- Viele bankpolitische Strategien an sich müssen als eher kurzfristig bezogen gesehen werden.[78] Ressourcen werden möglichst schnell in momentan opportune Verwendungen gelenkt. Dabei wird übersehen, dass der Aufbau von Geschäftsfeldern oder -bereichen mit hohen Kosten verbunden ist, die Präferenzen des Markts hohen Schwankungen unterworfen sind, und generell Nischenvorteile durch die Mitwettbewerber schnell reduziert werden können. Ein weiteres Problem ergibt sich dann, wenn Neudispositionen des Managements in rascher Folge eintreten und dabei in ihrer Summe eine hohe Belastung für die Situation der Bank darstellen. Entsprechende Maßnahmen sind oft dadurch diktiert, am Markt „nachziehen" zu müssen, ohne selbst im eigentlichen Sinn vorausschauend zu agieren.

Zu bedenken ist deshalb grundsätzlich, den Grad und Umfang an Determiniertheit der Banksteuerung mit dem Aspekt der Flexibilität abzuwiegen. Es geht darum, das „konstruktivistische Paradigma" mit dem „systemischen Paradigma" abzuwiegen[79] und den Zukunftsbezug von Maßnahmen nicht als eine passive Fortschreibung von Vergangenheit zu interpretieren. Diese Überlegungen sind in der Forderung nach Kausalität ausgedrückt. Sie ist gekennzeichnet durch eine bewusste Reflektion über zukünftige Entwicklungen und den expliziten Einbezug von Handlungsflexibilitäten bei unsicheren Entwicklungen.[80] Bei gegebener Dynamik der Märkte dürfen nicht rein lineare, eindimensionale Projektionen die Erwartungen des Bankmanagements bestimmen. Besondere Bedeutung für die Gesamtbanksteuerung erhalten vielmehr die

---

separate exogenous stochastic variable assumed by most risk models; risk modelling affects the distribution of risk", *Danielsson, J.* (2002), S. 1277. Vgl. zu Spillover Effects auch *Cumming, C./ Hirtle, B.* (2001), insbes. S. 5; vgl. zur Modellierung von Volatilitäten auch den Beitrag von *Sapusek, A.* (2004).

76 *Gray, J.* (2000), S. 18. Meta-Risks schaffen Probleme über den rein finanzwirtschaftlichen Kontext hinaus.

77 Vgl. *Gray, J.* (2000), S. 18, 20, 22 f. Vgl. zum verhaltensbezogenen Hineinwirken des Menschen in das Chancen-/ Risikenmanagement auch *Gramlich, D.* (2002), S. 141-144. Veränderungen der Realität mit dem Effekt zunehmender Komplexität und reduzierter Adäquanz von Modellen beschreiben *Bernet, B./ Denk, C.* (2002), S. 451 f., im Zusammenhang mit neueren Entwicklungen beim Länderrisiko.

78 Dazu zählen die bereits erwähnten Beispiele der Auslagerung des Mengengeschäfts und des Aufbaus von Direktbanken.

79 Vgl. zu diesen Paradigmen als den Polaritäten beim Umgang mit Fragen des strategischen Bankmanagements und ihren Konsequenzen *Dannenberg, M.* (2001), insbes. S. 80-184.

80 Vgl. *Petry, M./ Riepenhausen, J./ Klenk, P.* (2001), S. 652. Vgl. zu „Warten, Beenden, Expansion, Kontraktion" als möglichen Handlungsflexibilitäten *Howell, S./ Stark, A./ Pewton, D. et al.* (2001), S. 59-65.

erwähnten Überlegungen zum Realoptionsansatz und der Behavioral Finance. Mit dieser können neben dem zum Teil subjektiven Entscheidungsverhalten von Managern, Händlern und Kreditsachbearbeitern auch die oft psychologisch motivierten Entwicklungen auf den Finanzmärkten erfasst werden.[81] Aus methodischer Sicht bilden Szenarien, Simulationen und Netzwerktechniken die Unschärfe der Realität ab.[82]

Abbildung 9: *Risikofaktoren und Kreditportfolios*

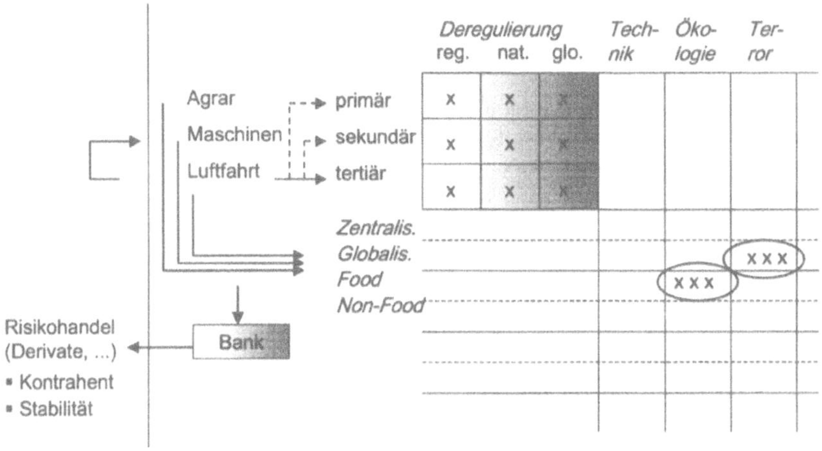

Der Aspekt der Kausalität soll am Beispiel des Aufbaus von Kreditportfolios verdeutlicht werden. Traditionell erfolgt eine Streuung des Kreditgeschäfts nach Branchen/Sektoren einerseits und Regionen andererseits (vgl. Abbildung 9). Es muss aber hinterfragt werden, inwieweit im Kontext von Globalisierung und Arbeitsteilung/Spezialisierung noch Eigenarten von Branchen und Regionen bestehen, die eine wirksame Diversifikation erlauben. So prägt letztlich die Situation eines Großunternehmens die Gesamtsituation eines Standorts, unabhängig von den Branchen der Zulieferer bis hin zu den von Mitarbeitern und Kunden genutzten gastronomischen Einrichtungen. Internationale Verflechtungen bewirken eine tendenzielle Angleichung regionaler oder kontinentaler Konjunkturen.[83]

81 Vgl. zur Behavioral Finance den fundierenden Beitrag von *Kahneman, D./ Tversky, A.* (1979). Vgl. auch *Goldberg, R./ Von Nitzsch, R.* (2004).

82 Vgl. *Dannenberg, M.* (2001), S. 149-178. Simulation kann als ein Instrument verstanden werden, das „strategische Kreativität fördert", *Brammertz, W.* (1998), S. 417.

83 Vgl. zur Analyse dieser Effekte *Gramlich, D.* (2002), S. 162-164.

Zugleich gewinnen neue, in der Vergangenheit unbeachtliche Faktoren an Bedeutung. Die Möglichkeiten des Internets und der Digitalisierung setzen Dienstleister im Prinzip einer weltweiten Konkurrenz aus, renommierte Unternehmen verlieren in kurzer Zeit ihren Vorsprung an Know-how.[84] Einflüsse aus der Ökologie nehmen existenzielle Ausmaße an und gefährden – etwa mit Blick auf Nahrungsmittelkrisen und das Global Warming[85] – gleichzeitig Unternehmen des primären, sekundären und tertiären Bereichs. Als neue Größe ist die Gefahr durch Terrorismus zu sehen mit extremen Konsequenzen für die weltweite Logistik und Mobilität[86] bis hin zum Prozess der Globalisierung an sich. Als Konsequenz dieser neueren Einflüsse ist auch das Portfoliomanagement von Krediten neu zu strukturieren. Die Öffnung des Bankmanagements gegenüber neueren Formen der Kreditverbriefung und Kreditderivaten schafft demgegenüber auch eine neue Flexibilität im Kreditmanagement.[87]

5 Resümee

Neben dem Postulat der Vollständigkeit bei der Erfassung von Erfolgsfaktoren sind von einem Gesamtbankmanagement die Anforderungen Koordiniertheit, Integriertheit und Kausalität zu erfüllen. Wesentliche Vorteile einer solchen Steuerungskonzeption bestehen darin, die zentralen Chancen-/ Risikenelemente des Bankgeschäfts konsistent zu erfassen und unter Verbundaspekten steuern zu können. Dies erfolgt methodisch dadurch, dass in einer Risikomatrix über alle Tätigkeitsbereiche der Bank hinweg die wertbestimmenden Parameter erfasst und verknüpft werden. Um der Differenziertheit wertbestimmender Faktoren entsprechen zu können, wird vorgeschlagen, die Risikomatrix in Einflüsse aus dem GPB, LFB und TOB zu unterteilen. Dabei kommt speziell dem bisher eher nachrangig behandelten Potenzial des GPB hohe Bedeutung zu. Verbundeffekte zwischen GPB und LFB/ TOB können zu Risikokonzentrationen führen.

---

84 Beispielhaft sei an die Verlagerung von Programmier- und Buchführungstätigkeiten etwa von Lufthansa und Swiss nach Indien erinnert. Mit der Verbreitung der digitalen Bildbearbeitung verlor Kodak seine Dominanz bei den klassischen Entwicklungslaboren.

85 Angesprochen sind die Effekte von BSE auf die Situation von Landwirten, Metzgereien, Dosenfabrikanten und Kreditgenossenschaften. Analog führten SARS und Geflügelgrippe in Asien zu deutlichen Einbußen im Flugverkehr, zudem waren die Geschäftsaktivitäten deutscher Exporteure und Importeure behindert. Global Warming führt zu Ernteausfällen, Trinkwasserproblemen und Überhitzung in Ferienzentren, zum Verlust der Mobilität in der Luft und auf dem Land mit Konsequenzen für Agrarwirtschaft, Tourismus und Logistik.

86 Dies schließt den erhöhten Risikograd ausländischer Produktions- und Tourismuszentren genauso ein wie höhere Kosten durch erhöhte Sicherheitserfordernisse.

87 Mit aktivem Kreditrisikomanagement können sowohl Risiko- als auch Renditevorteile verbunden sein, vgl. *Cebenoyan, S. A./ Strahan, P. E.* (2004).

Die aggregierte Steuerung aller Chancen-/ Risikenpositionen schafft demgegenüber eine hohe Komplexität und vielfältige Interdependenzen. Das „Modellrisiko" bei der Steuerung der Gesamtbank wird u. a. durch Annahmen über die Zusammenhänge von Erfolgsfaktoren und damit, speziell in Zeiten hoher Volatilität, durch ein Correlation Risk geprägt. Eine zu ausgefeilte Modellarchitektur verringert die Flexibilität. Dabei bedingt insbesondere der GPB mit den Eigenarten Fixkostenintensität und Mittelfristigkeit der Erfolgsentwicklung eigene Lösungsansätze. Im Unterschied zum Management der Marktpreise geht es um Handlungsflexibilität im Rahmen organisatorischer Lösungen. Schließlich stellt sich als Herausforderung, im Rahmen eines Gegenstromprinzips dezentrale Entscheidungsbereiche am Markt mit den zentralen bzw. an marginalen Veränderungen orientierten Vorgaben des zentralen Treasury zu verbinden. Die Formalisierung der Gesamtbank im Rahmen einer an monetären Größen orientierten Steuerung birgt die Gefahr, dass die Bezüge zu den vorausgehenden Markt- und Produktionstätigkeiten verwischen und Ursache-/ Wirkungszusammenhänge übersehen werden.

Von grundsätzlicher, vorgelagerter Bedeutung aber erweist sich die Koordiniertheit des Zielsystems. Dabei ist inhaltlich bereits fragwürdig, inwieweit die Kreditinstitute sich tatsächlich an kombinierten Chancen-/ Risikenvorgaben orientieren. Eine Dominanz der reinen Ertragsbeurteilung ist zu vermuten, während risikopolitische Aspekte vor allem aufgrund der bankenaufsichtlichen Vorgaben beachtet werden. Die Ursachen hierfür müssen allerdings über die Bank hinaus im Zusammenhang mit Eignern und Kunden gesehen werden. Gesamtbankmanagement beinhaltet deshalb auch, die Zielvorstellungen und Zielvorgaben entlang der gesamten Linie Shareholder/ Manager/ Mitarbeiter/ Kunde zu harmonisieren. Während gegenwärtig noch Chancen-/ Risikenansätze auf monetärer Ebene konsistent umzusetzen sind, müssen diese zukünftig in Richtung umfassende Nachhaltigkeit weiterentwickelt werden.

Quellenverzeichnis

Barnhill, Theodore M./ Maxwell, William F. (2002); Modeling correlated market and credit risk in fixed income portfolios, in: Journal of Banking & Finance, Vol. 26 (2002), S. 347-374.

Basel Committee on Banking Supervision (2003); The New Basel Capital Accord, 3rd Consultative Paper, Basel 2003.

Beck, Andreas/ Stückler, Ralf (1999); Risikocontrolling und Gesamtbanksteuerung, in: Geldinstitute, 30. Jg. (1999), Nr. 4-5, S. 38 f.

Bernet, Beat/ Denk, Christoph L. (2002); Politische Risiken – Charakter, Typologie, Managementansätze, in: Die Bank, o. Jg. (2002), Nr. 7, S. 450-454.

Bönning, Matthias/ Haßler, Robert (2004); Bankenrating unter Nachhaltigkeitskriterien, in: *Everling, Oliver/ Goedeckemeyer, Karl-Heinz* (Hrsg.); Bankenrating, Wiesbaden 2004 (Gabler), S. 521-535.

Brammertz, Willi (1998); Die Grenzen des Barwertkonzepts, in: Die Bank, o. Jg. (1998), Nr. 7, S. 416-418.

Bremke, Kirsten/ Bußmann, Johannes (2000); Ansätze zur risikobasierten Gesamtbanksteuerung, in: Die Bank, o. Jg. (2000), Nr. 2, S. 128-133.

Brockmann, Michael/ Danschke, Rainer/ Dewner, Thomas M. (2000); Implementierung der Risikomessung und -steuerung in einer divisional strukturierten Bank, in: *Johanning, Lutz/ Rudolph, Bernd* (Hrsg.); Handbuch Risikomanagement, Bad Soden 2000 (Uhlenbruch), S. 919-937.

Brüning, Jan-Bernd/ Hoffjan, Andreas (1997); Gesamtbanksteuerung mit Risk-Return-Kennzahlen, in: Die Bank, o. Jg. (1997), Nr. 6, S. 362-369.

Buttler, Michael (2002); Potenziale für Banken im effizienten Management von Risiken, in: Linn, *Robert/ Riese, Cornelius/ Krotsch, Steffen* (Hrsg.); Banken in der Wertfalle, Frankfurt 2002 (FAZ-Verlag), S. 156-180.

Cebenoyan, Sinan A./ Strahan, Philip E. (2004); Risk management, capital structure and lending at banks, in: Journal of Banking & Finance, Vol. 28 (2004), S. 19-43.

Crecelius, Jochen/ Siévi, Christian (2004); Integration aller Risiken und Chancen zu einem Gesamtbankrisiko-/ Ertragsstatus, in: Die Bank, o. Jg. (2004), Nr. 4, S. 274-281.

Crössmann, Jürgen (2000); Konzepte und Stand der Verfahren, in: Betriebswirtschaftliche Blätter, 49. Jg. (2000), Nr. 7, S. 335-342.

Cumming, Christine M./ Hirtle, Beverly J. (2001); The Challenges of Risk Management in Diversified Financial Companies, in: *Federal Reserve Bank of New York* (Ed.); Economic Policy Review, March 2001, S. 1-17.

Daníelsson, Jón (2002); The emperor has no clothes: Limits to risk modelling, in: Journal of Banking & Finance, Vol. 26 (2002), S. 1273-1296.

Dannenberg, Marius (2001); Strategisches Bankmanagement – Die Bewältigung von Komplexität, Dynamik und Unsicherheit im Kreditgewerbe, Wiesbaden 2001 (Deutscher Universitäts-Verlag).

Deppe, Hans-Dieter (1978); Eine Konzeption wissenschaftlicher Bankbetriebslehre in drei Doppelstunden, in: *Deppe, Hans-Dieter* (Hrsg.); Bankbetriebliches Lesebuch, Stuttgart 1978 (Schäffer-Poeschel), S. 3-98.

Deutsche Bundesbank (2003); Bericht zur Stabilität des deutschen Finanzsystems. In: *Deutsche Bundesbank* (Hrsg.); Monatsbericht, 55. Jg. (2003), Nr. 12, S. 5-53.

Döhring, Jens (1996); Gesamtrisiko-Management von Banken, München/ Wien 1996 (Oldenbourg).

Dow Jones (2004); Dow Jones Sustainability Indexes, verfügbar unter: http://www.sustainability-index.com/htmle [9/ 2004].

Eller, Roland/ Giesecke, Klaus/ Schwaiger, Walter (2004); Integrierte Gesamtbanksteuerung auf Grundlage der risikobasierten Erfolgssteuerung, in: *Everling, Oliver/ Goedeckemeyer, Karl-Heinz* (Hrsg.); Bankenrating, Wiesbaden 2004 (Gabler), S. 353-371.

Eller, Roland/ Schwaiger, Walter/ Federa, Richard (2002); Bankbezogene Risiko- und Erfolgsrechnung, Stuttgart 2002 (Schäffer-Poeschel).

FAZ (2003, WestLB); Der Neue bei der WestLB, in: FAZ, Nr. 243 vom 20. 10. 2003, S. 11.

FAZ (2004, Frankfurter); Die Frankfurter Sparkasse ist zum Krisenfall geworden, in: FAZ, Nr. 89 vom 16. 4. 2004, S. 20.

FAZ (2004, Verlustrisiko); Wie Finanzhäuser ihr Verlustrisiko unter Kontrolle halten, in: FAZ, Nr. 67 vom 19. 3. 2004, S. 27.

Gleißner, Werner/ Füser, Karsten/ Lienhard, Herbert (2001); Risikoorientierte Planung mit System, in: BankMagazin, 50. Jg. (2001), Nr. 8, S. 24-26.

Goebel, Ralf (1998); Einstieg in die Steuerung der Gesamtbank, in: Betriebswirtschaftliche Blätter, 47. Jg. (1998), S. 578-584.

Goldberg, Rüdiger/ Von Nitzsch, Rüdiger (2004); Behavioral Finance, München 2004 (FinanzBuch Verlag).

Gramlich, Dieter (2002); Kreditinstitute und Cross Risks, Wiesbaden 2002 (Deutscher Universitäts-Verlag).

Gramlich, Dieter (2003); Bankgeschäftspolitik im Kontext von HGB und IAS, in: KoR – Zeitschrift für Kapitalmarktorientierte Rechnungslegung, 3. Jg. (2003), Nr. 7/8, S. 350 – 360.

Gramlich, Dieter (2004); Risikomanagement in der Banksteuerung, in: *Euroforum* (Hrsg.); Risikomanagement, Bd. 1, 3. Aufl., Düsseldorf 2004, S. 1-82.

Gray, Jack (2000); Meta-Risks - Beyond the scope of explicit financial risks, in: The Journal of Portfolio Management, Vol. 26 (1999/ 2000), No. 3 (Spring), S. 18-25.

Grimmer, Jörn (2003); Gesamtbanksteuerung – Theoretische und empirische Analyse des Status Quo in der Bundesrepublik Deutschland, Österreich und der Schweiz, Diss. Duisburg 2003.

Hall, Christopher (2002); Economic Capital: towards an integrated risk framework, in: Risk, Vol. 15 (2002), No. 10, S. 33-38.

Howell, Sydney/ Stark, Andrew/ Pewton, David et al. (2001); Real Options, London/ New York/ San Francisco et al. 2001 (Prentice Hall).

JP Morgan (1995); RiskMetrics™ – Technical Document, 3rd ed., New York 1995.

Kahneman, Daniel/ Tversky, Amos (1979); Prospect Theory: An Analysis of Decision Under Risk, in: Econometrica, Vol. 47 (1979), No. 2, S. 263-291.

Kirmße, Stefan (2002); Neuere Entwicklungen in der Bankrisikosteuerung und deren Auswirkungen auf das Firmenkundengeschäft, in: *Krimphove, Dieter/ Tytko, Dagmar* (Hrsg.); Praktiker-Handbuch Unternehmensfinanzierung, Stuttgart 2002 (Schäffer-Poeschel), S. 783-815.

Klein, Wolfgang/ Goebel, Ralf (1999); Gesamtbanksteuerung - Bündelung von Kompetenz in der Sparkassenorganisation, in: Sparkasse, 116. Jg. (1999), Nr. 6, S. 255-271.

Krammer, Christian/ Sinn, Walter/ Weiß, Hans/ Wieandt, Axel (2001); Wertmanagement in Banken, in: ZfB – Zeitschrift für Betriebswirtschaft, 71. Jg. (2001), H. 12, S. 1445-1457.

Lister, Michael (1997); Risikoadjustierte Ergebnismessung und Risikokapitalallokation, Frankfurt 1997 (Fritz Knapp).

Markowitz, Harry M. (1952); Portfolio Selection, in: The Journal of Finance, Vol. 7 (1952), S. 77-91.

Matten, Chris (2000); Managing Bank Capital, 2nd ed., Chichester et al. 2000 (John Wiley & Sons).

Niethen, Susanne (2001); Korrelationskonzepte zur Quantifizierung von Kreditausfallrisiken, Bad Soden 2001 (Uhlenbruch).

Paul, Stefan (2001); Risikoadjustierte Gesamtbanksteuerung, Bern/ Stuttgart 2001 (Paul Haupt).

Petry, Markus/ Riepenhausen, Jörg/ Klenk, Peter (2001); Gesamtbanksteuerung mit der Balanced Scorecard?, in: Die Bank, o. Jg. (2001), Nr. 9, S. 650-654.

Prussog, Carsten/ Günther, Thomas (2000); Shareholder-Value-gerechte Abbildung von Risiken im Wertebereich bei Banken als Basis eines Risk-Return-Controlling, in: *Johanning, Lutz/ Rudolph, Bernd* (Hrsg.); Handbuch Risikomanagement, Bad Soden 2000, S. 851-877.

Rolfes, Bernd (1998); Das Konzept des Gesamtbankmanagements, in: *Rolfes, Bernd/ Schierenbeck, Henner/ Schüller, Stephan* (Hrsg.); Gesamtbankmanagement, Frankfurt 1998 (Fritz Knapp), S. 1-35.

Rolfes, Bernd (1999); Gesamtbanksteuerung, Stuttgart 1999 (Schäffer-Poeschel).

Rolfes, Bernd/ Schierenbeck, Henner/ Schüller, Stephan (Hrsg.); Gesamtbankmanagement, Frankfurt 1998 (Fritz Knapp).

Saita, Francesco (1999); Allocation of Risk Capital in Financial Institutions, in: Financial Management, Vol. 28 (1999), No. 3, S. 95-111.

Sapusek, Annemarie (2004); Volatility clustering in German stock returns, in: *Schmidt, Reinhart/ Gramlich, Dieter* (Hrsg.); Kapitalmarktforschung und Bankmanagement, Wiesbaden 2004 (Deutscher Universitäts-Verlag), S. 81-92.

Schiefner, Lars (2004); Operationelle Risiken im Bankbetrieb, in: *Schmidt, Reinhart/ Gramlich, Dieter* (Hrsg.); Kapitalmarktforschung und Bankmanagement, Wiesbaden 2004 (Deutscher Universitäts-Verlag), S. 141-161.

Schierenbeck, Henner (2001); Ertragsorientiertes Bankmanagement, Bd. 2: Risiko-Controlling und integrierte Rendite-/ Risikosteuerung, 7. Aufl., Wiesbaden 2001 (Gabler).

Schierenbeck, Henner/ Lister, Michael/ Grüter, Marc/ Paul, Stefan (2003); Ertragsorientierte Allokation von Risikokapital im Bankbetrieb, Forschungsbericht 03/02, Wirtschaftswissenschaftliches Zentrum, Universität Basel, Basel 2003.

Schmittmann, Stefan/ Penzel, Hans-Gert/ Gehrke, Norman (1996); Integration des Shareholder Value in die Gesamtbanksteuerung, in: Die Bank, o. Jg. (1996), Nr. 11, S. 648-653.

Spellmann, Frank (2002); Gesamtrisiko-Messung von Banken und Unternehmen, Wiesbaden 2002 (Deutscher Universitäts-Verlag).

Spielberg, Holger/ Sommer, Daniel/ Dankenbring, Henning (2004); Integrierte Gesamtbanksteuerung, in: *Everling, Oliver/ Goedeckemeyer, Karl-Heinz* (Hrsg.); Bankenrating, Wiesbaden 2004 (Gabler), S. 323-352.

Theiler, Ursula (2002); Optimierungsverfahren zur Risk-/ Return-Steuerung der Gesamtbank, Wiesbaden 2002 (Deutscher Universitäts-Verlag).

Van Greuning, Hennie/ Brajovic Bratanovic, Sonja (2004); Analyse et gestion du risque bancaire, Paris 2004 (Editions ESKA) (French Translation of: The World Bank (2003); Analyzing and Managing Banking Risk: A Framework for Assessing Corporate Governance and Financial Risk, Washington 2003).

Weiershäuser, Eberhard (1989); Geschäftsfeldrisiken und Gesamtrisiko der Bank, in: *Krümmel, Hans-Jacob/ Rudolph, Bernd* (Hrsg.); Finanzintermediation und Risikomanagement, Frankfurt 1989 (Fritz Knapp), S. 158-175.

Wiedemann, Arndt (2000); Perspektiven für die Gesamtbank-Steuerung, in: Betriebswirtschaftliche Blätter, 49. Jg. (2000), S. 102-104.

Wittrock, Carsten/ Jansen, Sven (1996); Gesamtbankrisikosteuerung auf Basis von Value at Risk-Ansätzen, in: ÖBA - Österreichisches BankArchiv, 44. Jg. (1996), S. 909-918.

Wöhrle, Claudia (2003); Modellanalytische Bilanzstrukturoptimierung unter Rendite-/ Risiko-Kriterien im Rahmen des Dualen Steuerungsmodells, in: Kredit und Kapital, 36. Jg. (2003), H. 1, S. 82-119.

Lars Schiefner

Operationelle Risiken im Bankbetrieb

1 Einführung

Operationelle Risiken sind untrennbar mit dem wirtschaftlichen Handeln verbunden. Nicht umsonst werden sie als die ältesten Risiken der Welt bezeichnet.[1] Man ist sich dessen jedoch nicht immer bewusst, wie folgender Ausspruch von *Edward John Smith*, einem erfahrenen Seemann, aus dem Jahr 1907 zeigt:

> „Wenn mich jemand fragt, wie ich meine Erfahrungen aus knapp vierzig Jahren auf See am besten beschreiben kann, so sage ich nur: ereignislos. Natürlich gab es Orkane, Stürme, Nebel und dergleichen, doch bei all dem war ich niemals in irgendeinen nennenswerten Unfall verwickelt. Ich habe nie ein Wrack gesehen oder Schiffbruch erlitten, noch befand ich mich jemals in einer Situation, die in einer Katastrophe gleich welcher Art zu enden gedroht hätte."[2]

Nur 5 Jahre später war eben dieser *Edward John Smith* Kapitän auf der Titanic. Die Klippe (italienisch „risco"[3]), die es zu umschiffen galt, wurde ihm in Gestalt eines Eisbergs zum Verhängnis.

Obwohl seit jeher vorhanden, wurde dem Management und Controlling operationeller Risiken in Banken bis vor kurzem verhältnismäßig wenig Beachtung geschenkt. Während die Steuerung von Kredit- und Marktpreisrisiken zu den normalen täglichen Aktivitäten gehört, sind operationelle Risiken erst jetzt in den Blickpunkt der Unternehmen geraten. Bei den Gesetzgebern, Aufsichtsbehörden und Wirtschaftsprüfern setzt sich die Auffassung durch, dass diese Risiken der Messung, Steuerung und Kontrolle bedürfen. Schließlich erwarten auch die Ratingagenturen ein funktionierendes Managementsystem für operationelle Risiken.[4] Zu diesem Umdenken haben sicher auch spektakuläre Schadensfälle der Vergangenheit beigetragen, von denen einige im dritten Abschnitt aufgeführt werden.

Im folgenden Abschnitt werden operationelle Risiken definiert und kategorisiert. Nach der Beschreibung einiger bekannter Schadensereignisse (Abschnitt 3) werden die wesentlich zur Fokussierung auf operationelle Risiken beitragenden neuen aufsichtsrechtlichen Regelungen nach Basel II behandelt (Abschnitt 4). Der fünfte Abschnitt beinhaltet eine systematische Darstellung von Ansätzen zur Bewertung dieser Risiken. Eine Zusammenfassung beschließt die Arbeit.

---

1 Vgl. *Romeike, F.* (2004), S. 16.

2 Zitiert nach *Buchelt, R./ Unteregger, S.* (2003), S. 94.

3 Zur Geschichte des Risiko-Begriffs vgl. *Keller, H. E.* (2004), S. 61-65.

4 Vgl. *Moody's Investors Service* (2004).

2 Definition und Kategorisierung

Für eine weiterführende Betrachtung operationeller Risiken ist zunächst eine Definition notwendig. In vorliegender Arbeit wird die ursachenbezogene Definition des Baseler Ausschusses verwendet:

> „Operational risk is defined as the risk of loss resulting from inadequate or failed internal processes, people and systems or from external events."[5]

Es werden somit Verluste betrachtet, die infolge der Unangemessenheit oder des Versagens von internen Prozessen, Menschen und Systemen oder durch externe Ereignisse eintreten. Dabei werden Rechtsrisiken einbezogen, während strategische oder Reputationsrisiken unberücksichtigt bleiben.[6] Somit ist eine positive Definition gefunden.[7] Zum Teil werden operationelle Risiken auch definiert als alle anderen Risiken, die nicht Adressenausfall- oder Marktpreisrisiken sind.[8] Eine negative Definition erschwert aber den Umgang mit den Risiken in den Prozessen des Bankbetriebs, da man nicht im Einzelnen weiß, worum es sich handelt. Zudem bestehen außer Adressenausfall- und Marktpreisrisiken auch andere, nicht dem operationellen Risiko zuzuordnende Risiken, wie Liquiditäts- oder strategische Risiken.

Es wäre vorteilhaft, wenn sich ein industrieweiter Standard etablieren könnte. Dies hätte insbesondere Vorteile beim Aufbau eines Datenkonsortiums zum Austausch anonymisierter Verlustdaten. Einige Banken haben jedoch schon vor den ersten Veröffentlichungen des Baseler Ausschusses begonnen, operationelle Risiken zu überwachen und damit auch in ihrem Institut zu definieren. Eine einheitliche Auffassung ist daher nicht gegeben. Uneinig ist man auch bei dem betrachteten Ausmaß von Schäden. Während einige Unternehmen ausschließlich buchhalterisch relevante Zahlen verwenden, zählen andere auch entgangene Gewinne oder geschätzte Wiederbeschaffungswerte dazu.

Für die Behandlung der Risiken im betrieblichen Prozess ist zunächst deren Identifikation notwendig. Dafür ist es sinnvoll, gleichartige Risiken zu Kategorien zusammenzufassen. Beispielhaft sei in Abbildung 1 die Kategorisierung durch den Baseler Ausschuss dargestellt. Bei der Kategorisierung der operationellen Risiken in den einzelnen Banken wird erneut der unterschiedliche Umsetzungsstand des Risikomanagementsystems deutlich. Insbesondere Banken, die schon relativ früh gestartet sind, haben eine eigene Klassifizierung implementiert.[9]

---

5 *Basel Committee on Banking Supervision* (2004), S. 137.

6 Zu Definitionsansätzen der Unterklassen vgl. *Hoffman, D. G.* (2002), S. 35-50.

7 Zu weiteren Definitionsansätzen vgl. *Utz, E. R.* (2002), S. 100-103.

8 Vgl. *Romeike, F.* (2004), S. 16.

9 Vgl. *Stickelmann, K.* (2002), S. 11-13.

Abbildung 1: *Risikokategorien nach Basel II*
Quelle: Basel Committee (2004) S. 224 f. (in der Übersetzung der Deutschen Bundesbank, S. 255 f.)

1. Ebene	2. Ebene
Interner Betrug	Unbefugte Handlungen
	Diebstahl und Betrug
Externer Betrug	Diebstahl und Betrug
	Systemsicherheit
Beschäftigungspraxis und Arbeitsplatzsicherheit	Ereignisse in Verbindung mit Arbeitnehmern
	Sicherheit des Arbeitsumfeldes
	Soziale und kulturelle Verschiedenheit/ Diskriminierung
Kunden, Produkte & Geschäftsgepflogenheiten	Angemessenheit, Offenlegung & treuhänderische Pflichten
	Unzulässige Geschäfts- oder Marktpraktiken
	Produktfehler
	Kundenauswahl, Kreditleihe und Kreditausmaß
	Beratungstätigkeiten
Sachschäden	Katastrophen und andere Ereignisse
Geschäftsunterbrechungen und Systemausfälle	Systeme
Abwicklung, Vertrieb und Prozessmanagement	Erfassung, Abwicklung & Betreuung von Transaktionen
	Überwachung und Meldung
	Kundenaufnahme- und Dokumentation
	Kundenkontoführung
	Geschäftspartner
	Lieferanten und Anbieter

3 Bedeutung operationeller Risiken anhand bekannter Schadensereignisse

Die Bedeutung operationeller Risiken für das wirtschaftliche Handeln von Banken soll durch drei spektakuläre Schadensfälle der Vergangenheit illustriert werden.[10] Eines der bedeutendsten Ereignisse in diesem Zusammenhang war der Zusammenbruch der Barings Bank.[11] *Nick Leeson*, Starhändler der Tochter Baring Futures Singapore, betrieb Arbitragegeschäfte zwischen den Börsen in Singapur und Japan. Fatalerweise war *Leeson* sowohl für den eigentlichen Handel als auch für die Abwicklung und Kontrolle der Geschäfte zuständig. Durch diese Vermischung gelang es ihm, neben den eigentlich risikolosen Geschäften auch enorme offene Positionen aufzubauen. Verluste aus diesen Geschäften wurden von ihm auf einem Schattenkonto „versteckt". Das Erdbeben von Kobe am 17.01.1995 führte zu einem Rückgang des Nikkei-225-Indexes und damit zu hohen Wertverlusten in seinen offenen Positionen. Über den Kauf von Futures wollte er den Nikkei im Alleingang wieder nach oben bewegen. Dies gelang ihm jedoch nicht, so dass die Futurespositionen enorme Nachschusspflichten auslösten. Am 23.02.1995 konnte die Barings Bank diesen Verpflichtungen nicht mehr nachkommen und musste bei Verlusten von 1,4 Mrd. US-Dollar den Bankrott erklären.

Ein Zusammenspiel vieler Faktoren ermöglichte diesen spektakulären Zusammenbruch. Sicher hat *Nick Leeson* als klassischer „Rogue Trader" durch seinen unautorisierten Handel den größten Anteil. Aber nicht zu vergessen sind die Versäumnisse auf Seiten des Managements der Barings Bank. Die unzureichende Trennung von Front- und Back-Office stellt eine Verletzung einer grundlegenden Bankregel dar. Eine unabhängige Kontrolle war nicht gewährleistet. Das Risikomanagement versagte mehrfach. Es existierten für die Handelsgeschäfte keine Limite. Ebenso wenig wurden seine berichteten Zahlen überprüft. Die Anforderung nach neuem Geld wurde stets bewilligt, ohne dass genaue Prüfungen stattfanden. Schließlich muss man davon ausgehen, dass die Geschäftsführung der Bank die Geschäfte von *Leeson* nicht verstand. Ansonsten hätte man sich fragen müssen, wie aus risikolosen Geschäften zunächst so hohe Gewinne resultieren konnten. Kriminelle Händler, fehlerhafte Prozesse und unzureichende Kenntnisse auf Seiten des Managements sind Erscheinungen des operationellen Risikos.

Ein noch größerer Schaden entstand beim japanischen Handelshaus Sumitomo Corporation.[12] Der Leiter des Kupferhandels *Hamanaka* hatte über mehr als 10 Jahre unautorisierte Geschäfte durchgeführt. Dabei wurde der Markt so manipuliert, dass eine künstlich geschaffene Knappheit des Metalls hervorgerufen wurde. Einige Kontrahenten von Sumitomo konnten dann ihren aus Futuresgeschäften resultierenden Ver-

---

10 Zu weiteren Schadensfällen vgl. *Brandner, A. et al.* (2002).

11 Vgl. *Erben, R. F.* (2004), S. 47-50.

12 Vgl. *Brandner, A. et al.* (2002), S. 396-402.

pflichtungen zur Lieferung von Kupfer nicht nachkommen. Solche Geschäfte wurden dann in der Regel durch die Zahlung einer erheblichen Prämie beglichen. Durch diese Praxis konnten zunächst Gewinne realisiert werden. Diese Art der Manipulation ist aber nur durch das Eingehen erheblicher Long-Positionen am Kassa- und Futuresmarkt möglich. Ein Rückgang des Kupferpreises führt dann zu großen Verlusten, die von *Hamanaka* aber stets verschleiert werden konnten. Über 10 Jahre konnte er diese Geschäfte tätigen. Erst nach Untersuchungen durch die Aufsichtsbehörden wurden die Praktiken öffentlich, was einen weiteren Verfall des Kupferpreises zur Folge hatte. Schließlich summierten sich die Verluste auf 1,8 Mrd. US-Dollar.[13] Auch in diesem Fall kamen zu dem kriminellen Handeln Versäumnisse im Kontrollsystem hinzu, sowohl im internen als auch im externen. *Hamanaka* gelang es, seine Geschäfte vor seinen Vorgesetzten zu verbergen, was durch eine unzureichende Trennung von Handel und Abwicklung begünstigt wurde. Unklare Zuständigkeiten bei den Aufsichtsbehörden führten trotz Informationen von Marktteilnehmern erst viel zu spät zu ernsthaften Untersuchungen.

Spektakuläre Schadensfälle existieren auch im Kreditgeschäft. Bekanntes Beispiel in Deutschland ist der Fall „Dr. *Jürgen Schneider*".[14] Durch betrügerisches Verhalten gelang es ihm, hohe Kreditsummen zu erhalten. Durch gefälschte Bilanzen, Bauunterlagen und Mietverträge konnte er Banken zur großzügigen Finanzierung für Immobilienprojekte in einigen Großstädten Deutschlands bewegen. Zusätzlich hielt er ein Termingeldkarussell in Gang, das bei den beteiligten Banken den Anschein ausreichender Liquidität hervorrief. Mit dem Zusammenbruch des Imperiums verblieben Schulden in Höhe von 5,4 Mrd. DM. Nach Verwertung der Sicherheiten betrug die Schadenssumme immer noch 2,4 Mrd. DM. Die Kreditinstitute trifft eine nicht unbedeutende Mitschuld am Ausmaß des Ereignisses. Selbst der Richter im Prozess warf den involvierten Banken Nachlässigkeit vor. Offenbar sind die Kreditprüfungen nicht mit der notwendigen Sorgfalt durchgeführt worden. Die Unregelmäßigkeiten hätten auch bei späteren Kontrollen zu Maßnahmen führen müssen. Fehlerhaft aufgesetzte Prozesse sind ein wesentlicher Bestandteil operationeller Risiken.

Anhand dieser Schadensfälle ist zu erkennen, dass das operationelle Risiko erhebliche Auswirkungen auf die wirtschaftliche Lage von Banken haben kann. Diesem Risiko muss demnach eine den anderen Risikoarten gleichgestellte Aufmerksamkeit zuteil werden. Für die Kreditinstitute ist das Aufsetzen eines geeigneten Risikomanagementprozesses notwendig.

---

13 Diese Zahl ist von Sumitomo veröffentlicht worden. Anderen Schätzungen zufolge belaufen sich die Verluste auf bis zu 4 Mrd. US-Dollar, vgl. *Gooding, K.* (1996).

14 Vgl. *Utz, E. R.* (2002), S. 105-106.

4 Eigenkapitalunterlegung für operationelle Risiken nach Basel II

Die Neue Eigenkapitalvereinbarung des Baseler Ausschusses für Bankenaufsicht fordert nun auch für operationelle Risiken eine Unterlegung mit Eigenmitteln.[15] Damit erhält diese Risikoart einen ähnlichen Stellenwert wie Adressenausfall- und Marktpreisrisiken. Die Ermittlung der Eigenkapitalunterlegung stellt einen ersten Ansatz zur Quantifizierung operationeller Risiken dar, da auf diese Weise ein Risikopotenzial ermittelt wird, das durch Eigenmittel zu decken ist. Es wird zwischen dem Basisindikatoransatz, dem Standardansatz und ambitionierten Messansätzen (AMA) unterschieden.[16] Die Ansätze sollen so gestaltet werden, dass einer zunehmenden Komplexität der Ansätze eine tendenziell geringere Eigenkapitalunterlegung gegenübersteht. Über die eigentliche Ermittlung der unterlegten Eigenmittel hinaus muss das Risikomanagementsystem qualitative Anforderungen erfüllen.[17]

4.1 Basisindikatoransatz

Der Basisindikatoransatz als einfachste Methode verwendet den Bruttoertrag[18] des Unternehmens als Ausgangspunkt. Der Durchschnittswert der letzten 3 Jahre[19] multipliziert mit einem Faktor α ergibt das zu unterlegende Eigenkapital, d. h.

$$EK = \alpha \cdot \overline{BE} .$$

Mit den Ergebnissen von Branchenstudien[20] wurde α auf 15% kalibriert. Es handelt sich nur um eine pauschale Schätzung, da der Bruttoertrag hier als einziger Risikoindikator verwendet wird.[21] Dem Ansatz kann kein steuernder Charakter zugesprochen werden. Es ist auch vorgesehen, dass international tätige Banken diesen Ansatz nicht verwenden dürfen.[22]

---

15 Vgl. *Basel Committee on Banking Supervision* (2004), S. 12.

16 Vgl. *Basel Committee on Banking Supervision* (2004), S. 137-149.

17 Vgl. *Basel Committee on Banking Supervision* (2004), S. 141-144; *Basel Committee on Banking Supervision* (2003a). Zur Implementierung vgl. *Anders, U.* (2001).

18 Der Bruttoertrag ergibt sich aus dem Zinsergebnis zuzüglich des zinsunabhängigen Ertrags.

19 Von den letzten 3 Jahren werden nur die mit einem positiven Bruttoertrag berücksichtigt.

20 Vgl. *Basel Committee on Banking Supervision* (2003b).

21 Vgl. *Boos, K.-H./ Schulte-Mattler, H.* (2001), S. 550.

22 Vgl. *Basel Committee on Banking Supervision* (2004), S. 137.

4.2 Standardansatz

Auch der Standardansatz verwendet den Bruttoertrag als Indikator. Für die Ermittlung der Eigenkapitalunterlegung werden die Aktivitäten der Bank in 8 Geschäftsfelder (Business Lines) aufgeteilt. Jedem Geschäftsfeld wird ein Faktor β_i (i=1,...,8) zugeordnet. Der Durchschnittswert des Bruttoertrags[23] der letzten 3 Jahre[24] für eine einzelne Business Line wird mit dem entsprechenden Faktor multipliziert, um in der Summe die Eigenkapitalunterlegung zu erhalten:

$$EK = \sum_{i=1}^{8} \beta_i \cdot \overline{BE}_i \ .$$

Die Geschäftsfelder mit den zugehörigen β-Faktoren sind in Abbildung 2 dargestellt.

Abbildung 2: *Geschäftsfelder nach Basel II mit zugehörigen β-Faktoren*

Geschäftsfeld	β
Unternehmensfinanzierung/ -beratung	18%
Handel	18%
Privatkundengeschäft	12%
Firmenkundengeschäft	15%
Zahlungsverkehr und Wertpapierabwicklung	18%
Depot- und Treuhandgeschäfte	15%
Vermögensverwaltung	12%
Wertpapierprovisionsgeschäft	12%

Ob aus der Verwendung dieses Ansatzes eine geringere Eigenkapitalbelastung resultiert, ist nicht sichergestellt, da einzelne Faktoren über den 15% des Basisindikatoransatzes liegen. Erst durch umfangreiche qualitative Anforderungen kann dieser Ansatz als Grundlage eines Risikomanagementsystems verwendet werden.[25] Das Standardverfahren ist als Kompromiss zwischen Risikosensitivität und einfacher Implementierung zu sehen.

---

23 Für einige Geschäftsfelder ist alternativ zum Bruttoertrag eine andere Messgröße erlaubt. Vgl. *Basel Committee on Banking Supervision* (2004), S. 139.

24 Es gilt die gleiche Positivitätsregel wie im Basisindikatoransatz.

25 Vgl. *Anders, U.* (2001), S. 446.

4.3 Ambitionierte Messansätze (AMA)

Analog zur Behandlung von Adressenausfall- und Marktpreisrisiken ist auch für operationelle Risiken die Verwendung interner Verfahren erlaubt. Diese werden unter dem Begriff „Ambitionierte Messansätze" (Advanced Measurement Approaches, AMA) zusammengefasst. Damit ist es möglich, risikosensitive, auf unternehmensinternen Daten basierende Methoden zu entwickeln und für die Ermittlung der Eigenkapitalunterlegung zu benutzen. „Given the continuing evolution of analytical approaches for operational risk, the Committee is not specifying the approach or distributional assumptions used to generate the operational risk measure for regulatory capital purposes."[26] Der noch im zweiten Konsultationspapier vorgeschlagene interne Messansatz[27] wird in der Endfassung der Eigenkapitalempfehlung nicht mehr aufgeführt. Die verwendeten Verfahren müssen mehrere quantitative Anforderungen erfüllen:[28]

- Risikomessung entspricht einer einjährigen Halteperiode und einem 99,9%-Konfidenzintervall,
- Konsistenz mit der Definition des operationellen Risikos und den Risikokategorien,
- Betrachtung des erwarteten und unerwarteten Verlusts, sofern der erwartete Verlust nicht ausreichend bei den internen Geschäftspraktiken berücksichtigt wird,
- Hinreichende Granularität des Ansatzes,
- Berücksichtigung von Korrelationen nur bei Nachweis,
- Vorhandensein von Schlüsselmerkmalen (interne und externe Daten, Szenario-Analysen und Risikofaktoren),
- Geeignetes System zur Gewichtung dieser Schlüsselmerkmale bei der Berechnung der Eigenkapitalunterlegung.

Nur bei Verwendung der ambitionierten Messansätze hat der risikomindernde Abschluss von Versicherungen auch eine Reduzierung der Eigenkapitalunterlegung zur Folge.[29] Herausgebildet haben sich bereits der Verlustverteilungsansatz sowie Scorecard-Ansätze. Diese werden u. a. im folgenden Abschnitt ausführlicher betrachtet.

---

26 *Basel Committee on Banking Supervision* (2004), S. 144.
27 Vgl. *Basel Committee on Banking Supervision* (2001), S. 8-11.
28 Vgl. *Basel Committee on Banking Supervision* (2004), S. 144-145.
29 Vgl. *Basel Committee on Banking Supervision* (2004), S. 148.

5 Ansätze zur Bewertung operationeller Risiken

5.1 Übersicht

Eine der großen Herausforderungen auf dem Gebiet der operationellen Risiken ist deren Bewertung. Die Quantifizierung dieser Risiken ist trotz des schon Jahrhunderte langen Bestehens ein relativ junges Forschungsgebiet. Teilweise wird versucht, die für andere Risikoarten erfolgreichen Verfahren auf das operationelle Risiko anzupassen. Es sind aber auch neue Ansätze zu finden. Im Folgenden sollen einige der bereits eingesetzten Methoden vorgestellt werden. Dazu wird eine Systematik von *Jovic* und *Piaz*[30] verwendet, die zum einen zwischen quantitativen und qualitativen Verfahren und zum anderen zwischen Top-Down- und Bottom-Up-Ansätzen unterscheidet (vgl. Abbildung 3).

Abbildung 3: *Einordnung von Bewertungsansätzen*
Quelle: In Anlehnung an Jovic, D./ Piaz, J.-M. (2001), S. 926

	Quantitativ	Qualitativ
Top-Down	- Ausgaben-/ Gewinnorientierter Ansatz - Economic Pricing Model - Verlustverteilung - Extremwert-Theorie (EVT) - Monte-Carlo-Simulation - Verlustpotenzial-Schätzung	- Key Risk Indicator (KRI) - Key Performance Indicator (KPI) - Key Control Indicator (KCI) - Nutzwertanalyse
Bottom-Up	- Quantitatives Risk Assessment - Ansatz der Zuverlässigkeitstheorie - Simulationsmodell der Komplexitätstheorie	- Qualitatives Risk Assessment - Szenarioanalyse (subjektiver Art) - Prozessrisikoanalyse - Expertenbefragung/ Interview

30 Vgl. *Jovic, D./ Piaz, J.-M.* (2001), S. 924-927.

Quantitative Verfahren haben das Ziel, ein Verlustpotenzial in Geldeinheiten zu bestimmen. Dafür wird ggf. eine Wahrscheinlichkeitsverteilung für Schäden ermittelt. Qualitative Methoden bewerten das Risiko anhand anderer Indikatoren. Top-Down-Ansätze stellen die Folgen operationeller Risiken in den Vordergrund.[31] Für die Bestimmung von Risikopotenzialen ist die Verfügbarkeit von Daten die wesentliche Voraussetzung. Einige dieser Verfahren sind sehr schnell umsetzbar, so dass sie als erstes in Unternehmen implementiert werden.[32] Bottom-Up-Methoden wiederum gehen von den Ursachen der Risiken aus und versuchen, über Prozess- und Systemanalysen Aussagen über den Risikogehalt zu treffen.[33] Durch die Betrachtung der ersten Abschnitte von betrieblichen Abläufen sind sie auch für die Steuerung der Risiken von Interesse. Abbildung 3 ordnet eine Reihe der bekannten Verfahren in die entsprechenden Kategorien ein.

Scorecard-Ansätze, die als internes Modell zur Ermittlung der Eigenkapitalunterlegung verwendet werden, bilden eine Kombination aus quantitativen und qualitativen Verfahren. Mit deren Hilfe können quantifizierte Risiken durch qualitative Faktoren adjustiert werden.

5.2 Quantitative Top-Down-Ansätze

Zu den quantitativen Top-Down-Ansätzen zählen sowohl einfache Verfahren wie die ausgaben-/ gewinnorientierten Ansätze als auch sehr anspruchsvolle Methoden wie die Ermittlung von Verlustverteilungen. Da dabei nur die Auswirkungen der operationellen Risiken betrachtet werden, sind sie für den Aufbau einer Steuerungssystematik nur bedingt geeignet.

Bei ausgaben- oder gewinnorientierten Ansätzen bilden buchhalterische Größen den Ausgangspunkt. Als geeignet werden dafür z. B. der Bruttoertrag, die Verwaltungsausgaben oder das Geschäftsvolumen betrachtet. Das Verlustpotenzial wird dann als Prozentsatz dieser Größen ermittelt. In diese Kategorie sind auch der Basisindikator- und der Standardansatz nach Basel II einzuordnen. Es ist jedoch nicht gesichert, dass zwischen diesen buchhalterischen Größen und der Höhe des operationellen Risikos überhaupt ein Zusammenhang besteht.[34] Ein Ansatz zur Steuerung der Risiken kann daraus nicht abgeleitet werden. Ein Management der Erträge einer Bank hat nur wenig mit einer aktiven Auseinandersetzung mit operationellen Risiken zu tun.

---

31 Vgl. *Jovic, D./ Piaz, J.-M.* (2001), S. 924.
32 Vgl. *Ceske, R. et al.* (2000), S. 1.
33 Vgl. *Jovic, D./ Piaz, J.-M.* (2001), S. 924.
34 Vgl. *Boos, K.-H./ Schulte-Mattler, H.* (2001), S. 550.

Economic Pricing Models verwenden kapitalmarkttheoretische Zusammenhänge zwischen Rendite und Risiko.[35] Ausgangspunkt bildet das Capital Asset Pricing Model (CAPM).[36] Über die bekannte Beziehung

$$E(r_i) = r_f + \beta_i (E(r_m) - r_f)$$

ergibt sich die erwartete Rendite r_i der Aktie aus der risikolosen Rendite r_f sowie einem Risikoaufschlag, der sich aus der Marktprämie $(E(r_m)- r_f)$ multipliziert mit dem Risikoparameter β_i ableitet. Zieht man nun andere messbare Risikokomponenten ab, so können die Auswirkungen des operationellen Risikos erkannt und eine Bewertung vorgenommen werden. Damit bedient sich dieses Modell einer negativen Definition des operationellen Risikos, die es als Komplement zu Marktpreis- und Adressenausfallrisiken auffasst. Die Probleme dieser Definition sind bereits in Abschnitt 2 erläutert worden.

Eine bedeutende Rolle bei der Quantifizierung des operationellen Risikos bilden Ansätze mit wahrscheinlichkeitstheoretischem Hintergrund.[37] Dabei wird versucht, Aussagen über die Verteilung von Schäden zu treffen. Meist findet eine getrennte Ermittlung der Wahrscheinlichkeitsverteilung für Schadenshäufigkeiten und Schadenshöhen statt. Damit werden bekannte Verfahren aus der Versicherungsmathematik für die Quantifizierung operationeller Risiken verwendet.[38] Dabei wird angenommen, dass der Einzelschaden X einer Wahrscheinlichkeitsverteilung F_X genügt. Die Anzahl N der Schäden ist eine Zufallsgröße mit Verteilung F_N. Der Gesamtschaden S ergibt sich aus der Summe der Einzelschäden, d. h.

$$S = \sum_{i=1}^{N} X_i \text{ mit } S := 0 \text{ für } N = 0.$$

Für die Bestimmung der Gesamtschadensverteilung F_S muss nun die N-fache Faltung der Schadenshöhenverteilung ermittelt werden.[39] Die Faltung $u=g*f$ einer Funktion g mit einer Dichtefunktion f ist definiert durch

$$u(x) = \int_{-\infty}^{\infty} g(x-y) f(y) dy. \text{ Insbesondere definiert man } f^{1*} = f; f^{N*} = f^{(N-1)*} * f.$$

Diese ist in der Regel nicht analytisch berechenbar, so dass Approximationsalgorithmen verwendet werden müssen. Am häufigsten werden dabei die Monte-Carlo-

35 Vgl. *Ong, M.* (1998).
36 Vgl. *Sharpe, W. F.* (1964).
37 Vgl. *Frachot, A. et al.* (2001).
38 Vgl. *Embrechts, P.* (2004).
39 Es wird angenommen, dass es sich um unabhängige, identisch verteilte Einzelschäden X_i handelt, die unabhängig von der Häufigkeit N sind.

Simulation,[40] die Rekursionsmethode von *Panjer*[41] und die Inversionsmethode von *Heckman* und *Meyers*[42] verwendet. Die Monte-Carlo-Simulation hat dabei den Vorteil, dass sie auch für korrelierte Schäden einsetzbar ist. Die grundsätzliche Vorgehensweise bei der Bestimmung der Gesamtschadensverteilung ist in Abbildung 4 dargestellt. Das größte praktische Problem stellt sich bei der Ermittlung der Wahrscheinlichkeitsverteilungen für Häufigkeit und Verlusthöhe. Den Ausgangspunkt sollten Schadensdaten bilden. Meist genügen aber interne Schadensdaten für eine ausreichende Modellierung nicht aus. Durch die Teilnahme an einem Datenkonsortium kann die Datenbasis durch Informationen über externe Schadensfälle erheblich vergrößert werden. Dennoch ist die Anzahl der Verlustereignisse im Bereich hoher Schäden mit niedriger Eintrittswahrscheinlichkeit[43] sehr gering.

Abbildung 4: *Ermittlung der Gesamtschadensverteilung*

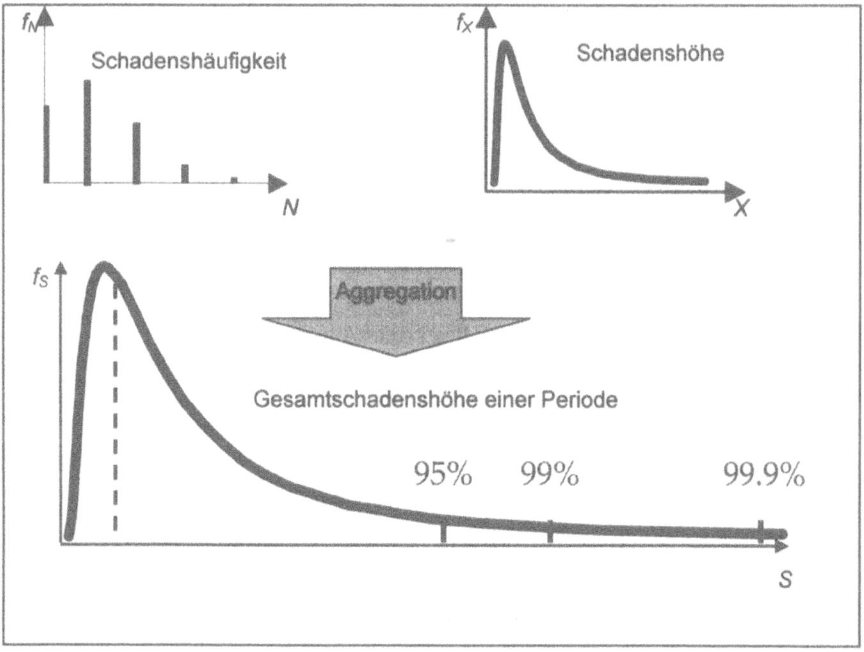

40 Vgl. *Fishman, G. S.* (1996)
41 Vgl. *Panjer, H. H.* (1981).
42 Vgl. *Heckman, P. E./ Meyers, G. G.* (1983).
43 Diese Ereignisse werden auch Low-Frequency-High-Impact-Ereignisse (LFHI) genannt.

Häufig werden deshalb einzelne Bereiche der Schadensverteilung mit unterschiedlichen Verfahren ermittelt.[44] Im Bereich niedriger Schäden wird die empirische Verteilung der Schäden verwendet. Der mittlere Bereich kann über parametrische Verfahren an theoretische Verteilungen angepasst werden. Dabei wird oft für die Häufigkeiten eine *Poisson*-Verteilung und für die Höhenverteilung eine Lognormalverteilung unterstellt. Für die Ränder der Verteilung ist die Extremwert-Theorie hilfreich, die auch bei geringer Datenbasis Aussagen liefert.[45] Aus der letztendlich gewonnenen Verteilungsfunktion kann die Größe des Risikopotenzials bestimmt werden. So kann, wie in Abbildung 4 angedeutet, ein Operational Value at Risk berechnet werden, der angibt, welcher Verlust mit einer bestimmten Wahrscheinlichkeit nicht überschritten wird. Zur Ermittlung der Eigenkapitalunterlegung nach Basel II wird ein Konfidenzniveau von 99,9% gefordert.[46] Bei einer Betrachtung auf Jahresbasis entspricht dies einem Schaden, der einmal in tausend Jahren auftritt. Dies unterstreicht noch einmal die hohen Anforderungen an die Datenbasis. Für interne Zwecke können auch andere Risikomaße verwendet werden. Hier ist der Expected Shortfall zu nennen, der als kohärentes Risikomaß nicht die problematischen Eigenschaften des Value at Risk besitzt.[47]

Nun sind die Eigenschaften unterschiedlicher bankbetrieblicher Abläufe nicht identisch. Das hat zur Folge, dass auch die entsprechend relevanten Wahrscheinlichkeitsverteilungen nicht gleich sein werden. Dem wird durch eine Aufteilung der Schadensereignisse entgegengetreten. Beispielsweise ist es sinnvoll, eine Strukturierung über die Geschäftsfelder einer Bank und die Risikokategorien nach Basel II vorzunehmen. Für jede „Zelle" dieser Geschäftsfeld-/ Risikokategorie-Matrix wird eine separate Schadensverteilung ermittelt.[48] Die Aggregation der Risikopotenziale auf Gesamtbankebene kann durch einfaches Addieren oder durch die Berücksichtigung von Korrelationen geschehen.

Bei der Überwindung des Datenproblems helfen Verlustpotenzialschätzungen. Diese sind insbesondere beim Aufbau des Risikomanagementsystems nützlich, da häufig erst dann das systematische Sammeln von Schadensdaten beginnt. Schadenshöhen und Schadenshäufigkeiten werden durch Experten geschätzt. Dies kann z. B. auf Ebene der Ereigniskategorien nach Basel II geschehen. Standardszenarien sollen den Blick auf erwartete Schäden richten, um etwa jährliche Belastungen abzuschätzen. Zur Modellierung der Ränder der Verteilungen können Aussagen über Worst-Case-Szenarien herangezogen werden. Dabei werden extreme Ereignisse betrachtet. Zu beachten ist jedoch der subjektive Charakter dieser Schätzungen.

---

44 Vgl. *Ceske, R.* (2000), S. 10.
45 Vgl. *Embrechts, P. et al.* (1997).
46 Vgl. *Basel Committee on Banking Supervision* (2004), S. 144.
47 Vgl. *Acerbi, C./ Tasche, D.* (2002).
48 Vgl. *Stögbauer, C.* (2002), S. 186.

5.3 Quantitative Bottom-Up-Ansätze

Quantitative Bottom-Up-Ansätze verwenden mehr oder weniger komplexe mathematische Verfahren zur Schätzung von Verlustpotenzialen, ausgehend von den Ursachen operationeller Risiken. Durch die Ausrichtung auf die Risikotreiber ist eine gezielte Steuerung möglich.

Bei quantitativen Risk Assessments bilden Expertenschätzungen den Ausgangspunkt.[49] Zu bestimmten Einzelrisiken werden daraus resultierende Schadenshöhen und Schadenshäufigkeiten geschätzt. Bei einem einfachen Ansatz kann das auf Ebene der Ursachenkategorien nach Basel II, d. h. Personal, Technik, Gechäftsprozesse und externe Einflüsse, geschehen. Für Steuerungszwecke ist eine detaillierte Analyse der Ursachen besser geeignet. Konkrete, in der Regel mit dem Experten gemeinsam eruierte Sachverhalte erhöhen zwar den Erhebungsaufwand, liefern aber deutlich genauere Schätzungen. Hat man alle wesentlichen operationellen Risken einer Organisationseinheit oder eines Prozesses berücksichtigt, lassen sich zuverlässige Rückschlüsse auf das inhärente Risiko ziehen. Das Assessment lässt sich auch um eine Szenarioanalyse erweitern, so dass die Erstellung eines ursachenbasierten Risikoprofils möglich ist.

Ansätze der Zuverlässigkeitstheorie werden ebenfalls auf operationelle Risiken adaptiert.[50] Diese Verfahren sind dazu gedacht, Fehlerraten für Prozesse und Systeme zu ermitteln. Dabei werden die zu betrachtenden bankbetrieblichen Prozesse stochastisch modelliert. Die geeignete Wahl der Ausgangsparameter führt dann zu Schätzungen für Verlusthöhe und -häufigkeit. Der hohe Modellierungsaufwand ist jedoch nur für spezialisierte Kreditinstitute wie z. B. Wertpapierabwicklungsbanken von praktischem Interesse, da deren Produktpalette weniger heterogen ist als die von Universalbanken.

Schließlich sind Ansätze der Komplexitäts- und Systemtheorie in diese Kategorie einzuordnen. Die Bank wird als komplexes System modelliert. Über Simulationen von Umweltzuständen sind Aussagen über die Verteilungen der Ergebnisse möglich, die auch Informationen zu Verlustpotenzialen aus operationellen Risiken enthalten. Die Art der Modellierung kann dafür variieren. Es ist möglich, Methoden der System Dynamics anzuwenden.[51] Das Unternehmen wird unter Verwendung von Differenzengleichungen modelliert.[52] Diese deterministischen Verfahren werden jedoch zunehmend von modernen Ansätzen abgelöst. So sind agentenbasierte Systeme in der Lage, das Entscheidungsverhalten von Individuen zu simulieren.[53] Dabei können auch Sachverhalte des operationellen Risikos berücksichtigt werden. In *Bayes'*schen Netzwerken wird die Beziehung von Ursachen und Wirkung mit Hilfe bedingter Wahr-

---

49 Vgl. *Hoffman, D. G.* (2002), S. 181-212.
50 Vgl. *Ceske, R. et al.* (2000), S. 4.
51 Vgl. die Fallstudie in *Hoffman, D. G.* (2002), S. 296.
52 Vgl. *Forrester, J. W.* (1961).
53 Vgl. *Axelrod, R.* (1997). Vgl. auch den Beitrag von *Ehrentreich, N.* (2004).

scheinlichkeiten modelliert.[54] Damit können Prozessketten beschrieben werden, so dass die resultierenden Schäden am Ende der Kette auf Ursachen am Anfang zurückgeführt werden können. Dies erhöht wesentlich die Transparenz bezüglich operationeller Risiken und zeigt gezielt Angriffspunkte für Maßnahmen zu deren Reduzierung.

5.4 Qualitative Top-Down-Ansätze

Das Feld der qualitativen Top-Down-Methoden wird vornehmlich durch Indikatoransätze gedeckt. „Risikoindikatoren sind Parameter, die sich auf Geschäftsprozesse oder Prozessbündel beziehen und in der Lage sind, Veränderungen im Operational Risk Profile dieser Geschäftsprozesse oder Prozessbündel vorherzusehen.“ [55] Obwohl Änderungen in den Werten der Risikoindikatoren Auswirkungen operationeller Risiken sind, sollen sie Gefahren anzeigen, bevor Schäden entstehen. Durch eine laufende Überwachung sollen außerdem ungünstige Trends aufgedeckt werden. Zu den typischen Indikatoren zählen Fluktuationsraten, Kapazitätsauslastungen oder die Anzahl an Transaktionen. In der Regel wird durch Festlegen von Schwellenwerten ein Ampelsystem aufgebaut. Während der gelbe Bereich eine erhöhte Aufmerksamkeit etwa durch häufigeres Messen bedingt, müssen beim Eintreten in den roten Bereich sofortige Maßnahmen vorgenommen werden. Die Implementierung von Eskalationsmechanismen ist wesentlich beim Aufbau von Frühwarnsystemen auf Basis von Risikoindikatoren.

Entscheidend für die Auswahl eines Indikators ist Reflexion des Risikos.[56] Zunächst muss die Beziehung zwischen Indikator und Risiko untersucht und plausibilisiert werden. Kann der Indikator wirklich Ausdruck eines Risikos sein? Eine letztendliche Aussage ist erst nach einer gewissen Zeit des Erhebens über Korrelationsanalysen mit auftretenden Schäden möglich. Das hat zur Folge, dass im Moment zahlreiche Indikatorwerte gesammelt werden, deren statistische Fundiertheit zunächst fehlt. Dennoch bleibt die Verifizierung eine schwierige Aufgabe, denn ein funktionierendes Frühwarnsystem soll gerade Schäden verhindern. Voraussetzung für eine systematische Überwachung ist das regelmäßige, zeitnahe und effiziente Messen der Indikatoren. Die Häufigkeit der Erhebung soll dabei vom zur Verfügung stehenden Zeitfenster abhängen. Nach Durchbrechen des Schwellenwerts muss noch ausreichend Zeit für das Ergreifen von Maßnahmen bleiben, um akute Gefahren abwenden zu können.

Eine Systematisierung und Aggregation von Risikoindikatoren wird durch eine Nutzwertanalyse vorgenommen. Durch die Einbeziehung von Key Performance Indi-

---

54 Vgl. *Ceske, R. et al.* (2000), S. 4.
55 *Van den Brink, G. J.* (2004), S. 39.
56 Zu Eigenschaften von Risikoindikatoren vgl. *Van den Brink, G. J.* (2004), S. 40-42.

cators oder Key Control Indicators ist dabei eine Substitution zwischen Erträgen und Risiken möglich. Ein höheres Risiko kann durch eine verbesserte Rendite kompensiert werden, solange dies der Risikoeinstellung des Unternehmens entspricht.

5.5 Qualitative Bottom-Up-Ansätze

Wichtigste Form der qualitativen Bottom-Up-Ansätze ist das qualitative Risk Assessment.[57] Analog zu dem quantitativen Gegenstück wird es meist in der Form einer Expertenbefragung durchgeführt. Dazu werden Sachverhalte des operationellen Risikos betrachtet, die auf Ursachen abzielen. Es werden jedoch keine Quantifizierungen von Schäden vorgenommen, sondern Einschätzungen gegeben. Anstatt eine Eintrittswahrscheinlichkeit zu schätzen, kann ein Rating vergeben werden, das auf einer Ordinalskala den Zustand des Managementsystems für ein Einzelrisiko bewertet. Analog zur Schadenshöhe kann die Einschätzung der Relevanz des Sachverhalts für den Befragten Aussagen über potenzielle Auswirkungen dieser Risiken liefern. Die Methode ist gut geeignet, Schwachstellen innerhalb des Unternehmens aufzudecken. Die Einschätzung kann auf Ebene von Organisationseinheiten oder bei vorangegangener Prozessanalyse auf Prozessebene geschehen. Bei der Befragung stehen menschliche Intuition und Urteilsfähigkeit im Vordergrund.[58] Es handelt sich um subjektive Einschätzungen, die jedoch durch andere Prozessbeteiligte oder Prozessfremde verifiziert werden können. Die qualitative Ausrichtung stellt an die Befragten nicht so hohe Anforderungen wie quantitative Ansätze. Deshalb ist diese Form vergleichsweise einfach zu implementieren. Mit fortschreitender Versiertheit der Befragten ist eine Erweiterung zur Szenarioanalyse möglich.

6 Zusammenfassung

Das Management operationeller Risiken nimmt einen wichtigen Platz im Bankbetrieb ein. Auslöser für die gestiegene Bedeutung waren nicht nur spektakuläre Schadensfälle der Vergangenheit. Studien von *Droege* zum Thema „Operationelle Risiken" liefern Aussagen zum Umsetzungsstand in den Banken Deutschlands.[59] Darin werden die Verbesserung des internen Risikomanagementsystems und die Erfüllung aufsichtsrechtlicher Anforderungen als Haupttreiber gesehen. Die Schaffung einer offenen Risikokultur ist dabei kritischer Erfolgsfaktor. Mehrheitlich werden Schadensfallda-

---

57 Vgl. *Hoffman, D. G.* (2002), S. 181-212.
58 Vgl. *Jovic, D./ Piaz, J.-M.* (2001), S. 927.
59 Vgl. *Droege & Company* (2003).

tenbanken, Self Assessments, Risikoindikatoren und statistische Verfahren eingesetzt. Dennoch ist eine Best Practice für die Quantifizierung von operationellen Risiken noch nicht gefunden worden. Eine Systemunterstützung ist unabdingbar. Es hat sich jedoch noch kein einheitlicher DV-Standard entwickelt. Bis also für operationelle Risiken ähnlich etablierte Verfahren wie für Marktpreis- oder Adressenausfallrisiken existieren, ist noch ein langer Weg zu gehen.

Quellenverzeichnis

Acerbi, Carlo/ Tasche, Dirk (2002); On the Coherence of Expected Shortfall, in: Journal of Banking and Finance, Vol. 26 (2002), S. 1487-1503.

Anders, Ulrich (2001); Qualitative Anforderungen an das Management operativer Risiken, in: Die Bank, o. Jg. (2001), H. 6, S. 442-446.

Axelrod, Robert (1997); The Complexity of Cooperation: Agent-Based Models of Competition and Collaboration, Princeton 1997 (Princeton University Press).

Basel Committee on Banking Supervision (2001); Consultative Document: Operational Risk, Basel 2001.

Basel Committee on Banking Supervision (2003a); Sound Practices for the Management and Supervision of Operational Risk, Basel 2003.

Basel Committee on Banking Supervision (2003b); The 2002 Loss Data Collection Exercise for Operational Risk: Summary of the Data Collected, Basel 2003.

Basel Committee on Banking Supervision (2004); International Convergence of Capital Measurement and Capital Standards, Basel 2004.

Boos, Karl-Heinz/ Schulte-Mattler Herrmann (2001); Basel II: Methoden zur Quantifizierung operationeller Risiken, in: Die Bank, o. Jg. (2001), H. 8, S. 549-553.

Brandner, Alfred/ Bruckner, Bernulf/ Kanneberger, Christoph/ Royer, Karin (2002); Operationelles Risiko in Finanzdienstleistungsunternehmen: Fallbeispiele aus den Bereichen Asset-Management und Security Trading, in: *Eller, Roland/ Gruber, Walter/ Reif, Markus* (Hrsg.); Handbuch Operationelle Risiken, Stuttgart 2002 (Schäffer-Poeschel), S. 347-414.

Buchelt, Roman/ Unteregger, Stefan (2003); Kulturrisiko und Risikokultur: Operationales Risiko nach Basel II, in: Finanzmarktstabilitätsbericht der Oesterreichischen Nationalbank 6 (2003), S. 94-107.

Ceske, Robert/ Hernández, José V./ Sánchez, Luis M (2000); Quantifying Event Risk: The Next Convergence, in: The Journal of Risk Finance, Vol. 1 (2000), S. 1-13.

Droege & Company (2003); OpRisk II: Aktuelle Entwicklungen im Management operationeller Risiken in Banken, Düsseldorf 2003.

Ehrentreich, Norman (2004); Agentenbasierte Simulation von Aktienmärkten, in: *Schmidt, Reinhart/ Gramlich, Dieter* (Hrsg.); Kapitalmarktforschung und Bankmanagement, Wiesbaden 2004 (Deutscher Universitäts-Verlag), S. 93-107.

Embrechts, Paul/ Klüppelberg, Claudia/ Mikosch, Thomas (1997); Modelling Extremal Events for Insurance and Finance. Berlin 1997 (Springer).

Embrechts, Paul/ Kaufmann, Roger/ Samorodnitsky, Gennady (2004); Ruin Theory Revisited: Stochastic Models for Operational Risk, in: *Bernadell* (Hrsg.); Risk Management for Central Bank Foreign Reserves, Frankfurt am Main 2004, S. 243-261.

Erben, Roland Franz (2004); Sandbank: Wie Barings & Co. Schiffbruch erlitten hat, in: Risknews, 1. Jg. (2004), H. 1, S. 16-17.

Fishman, George S. (1996); Monte Carlo: Concepts, Algorithms and Applications, New York 1996 (Springer).

Forrester, Jay W. (1961); Industrial Dynamics, Cambridge 1961 (Pegasus Communications).

Frachot, Antoine/ Georges, Pierre/ Roncalli, Thierry (2001); Loss Distribution Approach for Operational Risk, Working Paper Crédit Lyonnais, Paris 2001.

Gooding, Kenneth (1996); Turmoil far from finished, says Black, in: Financial Times, 08.10.1996.

Heckman, Philip E./ Meyers, Glenn G. (1983); The Calculation of Aggregate Loss Distributions From Claim Severity and Claim Count Distributions, in: Proceedings of the Casualty Actuarial Society, Vol. 70 (1983), S. 22-61.

Jovic, Dean/ Piaz, Jean-Marc (2001); „Operational Risk Management" als kritischer Erfolgsfaktor für Banken, in: Der Schweizer Treuhänder, 75. Jg. (2001), H. 10, S. 923-930.

Keller, Hildegard E. (2004); „Auf sein Auventura und Risigo handeln": Zur Sprach- und Kulturgeschichte des Risikobegriffs, in: Risknews, 1. Jg. (2004), H. 1, S. 61-65.

Moody´s Investors Service (2004); Risk Management Assessments, New York 2004.

Ong, Michael (1998); On the Quantification of Operational Risk – A short Polemic, in: *Arthur Andersen* (Ed.); Operational Risk in Financial Institutions, London 1998 (Risk Books), S. 181-184.

Panjer, Harry H. (1981); Recursive Evaluation of Compound Distributions, in: ASTIN Bulletin, Vol. 12 (1981), S. 22-26.

Romeike, Frank (2004); Die ältesten Risiken der Welt, in: Risknews, 1. Jg. (2004), H. 1, S. 16-17.

Sharpe, William F. (1964); Capital Asset Prices: A Theory of Market Equilibrium Under Conditions of Risk, in: Journal of Finance, Vol. 19 (1964), S. 425-442.

Stickelmann, Karsten (2002); Operationelles Risiko – Abgrenzung, Definition und Anforderungen gemäß Basel II, in: *Eller, Roland/ Gruber, Walter/ Reif, Markus* (Hrsg.); Handbuch Operationelle Risiken, Stuttgart 2002 (Schäffer-Poeschel), S. 3-41.

Stögbauer, Christian (2002); Miss es oder vergiss es! Quantitative Operational-Risk-Modellierung, in: *Eller, Roland/ Gruber, Walter/ Reif, Markus* (Hrsg.); Handbuch Operationelle Risiken, Stuttgart 2002 (Schaeffer-Poeschel), S. 179-203.

Utz, Erich R. (2002); Bedeutung Operationeller Risiken aus Sicht von Banken und Sparkassen, in: *Eller, Roland/ Gruber, Walter/ Reif, Markus* (Hrsg.); Handbuch Operationelle Risiken, Stuttgart 2002 (Schaeffer-Poeschel), S. 97-123.

Van den Brink, Gerrit Jan (2004); Alles im grünen Bereich: Risikoindikatoren bei der Dresdner Bank, in: Risknews, 1. Jg. (2004), H. 1, S. 39-43.

Hans-Ulrich Templin

Asset Management von Corporate Bonds und Rating

Analyse und Bewertung von Anleihen

1 Einleitung

Die Beschaffung von Fremdkapital durch Anleiheemissionen am Kapitalmarkt spielt eine immer größere Rolle für Unternehmen. Durch die zahlreiche Ausgabe von Corporate Bonds ist neben Aktien und Staatsanleihen mittlerweile eine dritte Assetklasse entstanden. Für das Fondsmanagement dieser Anlagen spielt das Rating eine wesentliche Rolle.

Der folgende Abschnitt (Abschnitt 2) enthält zunächst einen kurzen Überblick über die Marktentwicklung europäischer Corporate Bonds, anschließend wird der Zusammenhang zwischen Ratings und Marktpreisen aufgezeigt.

Es folgt die Darstellung des Investmentansatzes der Helaba Invest (Abschnitt 3). Nach dem Grundaufbau schließen sich zunächst Erläuterungen zur Makroanalyse an. Es folgt mit der Darstellung der Einzeltitelselektion auf Basis des HI-SCORE-Modells der Kern des Ansatzes. Nach der Beschreibung der Relative Value-Analyse werden die Ergebnisse einer empirischen Überprüfung des Aussagegehaltes des Modells dargestellt.

Schließlich beinhaltet Abschnitt 4 eine kurze Zusammenfassung.

2 Der Markt für europäische Corporate Bonds

2.1 Die Entwicklung des Marktes

Der Kapitalmarkt für europäische Corporates lässt sich nach verschiedenen Kriterien differenzieren, z. B. der Art der Emittenten (Banken, Industrieunternehmen), Besicherung (besichert, unbesichert), Verzinsung (fest, variabel). Unterscheidet man nach den Bonitätseinschätzungen der Ratingagenturen, erfolgt üblicherweise eine Unterteilung in den sogenannten Investmentgradebereich sowie den High Yield-Bereich. Dies ist in der folgenden Tabelle 1 dargestellt.

Tabelle 1: Die Marktsegmentierung nach Ratings

S&P	Moody's	Qualitätseinstufung
AAA	Aaa	Investmentgrade
AA	Aa	
A	A	
BBB	Baa	
BB	Ba	High Yield
B	B	
C	C	
D	D	

Gemessen am Volumen der ausstehenden Wertpapiere hat sich der Markt in den letzten Jahren sehr dynamisch entwickelt. In der Abbildung 1 ist die Marktentwicklung für den Investmentgradebereich dargestellt.

***Abbildung 1:** Marktentwicklung Investmentgrade*

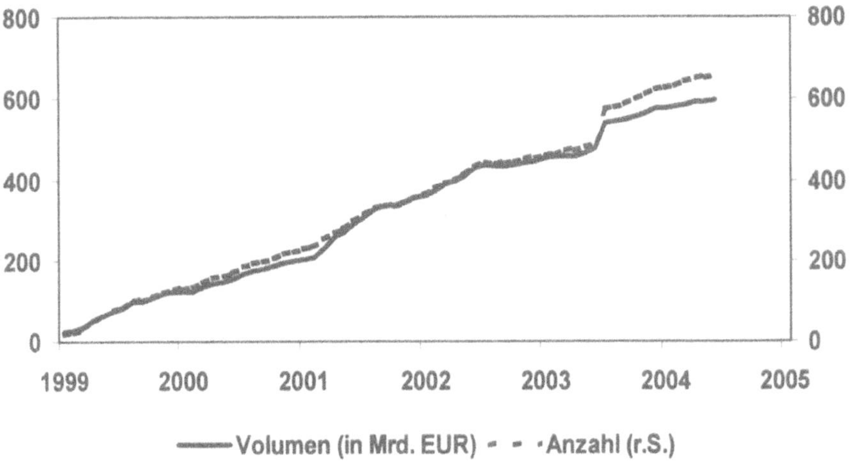

Auch im High Yield-Markt gab es ein signifikantes Wachstum. Allerdings ist das Gesamtvolumen noch immer relativ gering, der Markt befindet sich noch in der Anfangsphase der Entwicklung (vgl. Abbildung 2).

Abbildung 2: *Marktentwicklung Euro High Yields*

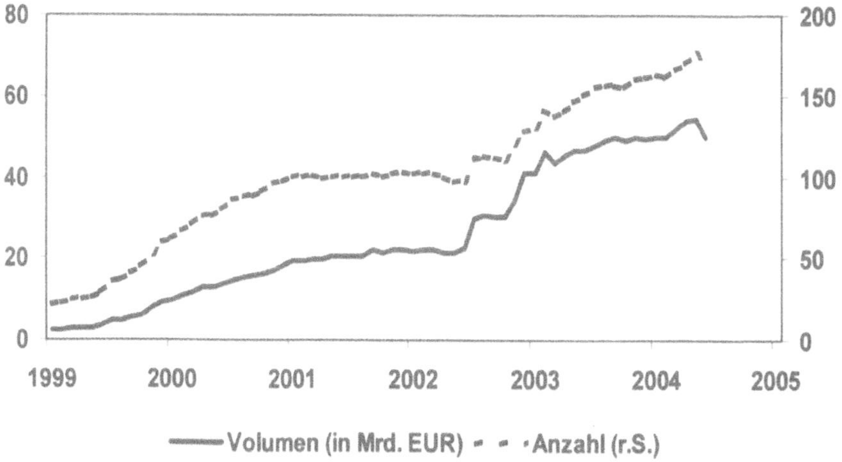

Insbesondere seit 1999 hat sich der Markt sehr stark entwickelt. Bei allen beteiligten Parteien liegen wesentliche Bestimmungsfaktoren für diese Entwicklung vor.

Für die Banken ist ein durch stärkere Shareholder Value-Orientierung entstandener höherer Margendruck ein wesentlicher Grund, so dass sich die Konditionen im Kreditgeschäft verschlechtern. Die unter dem Stichwort „Basel II" bekannten Vorschläge zur stärkeren Berücksichtigung der Schuldnerbonität bei der Eigenkapitalunterlegung der Banken dürften diesen Druck weiter erhöhen, da für Schuldner geringerer Bonität eine höhere Eigenkapitalunterlegung zu erfolgen hat.[1]

Die Vorteile der Finanzierung über Anleihen liegen für die Emittenten in einer größeren Unabhängigkeit, möglicherweise günstigeren Konditionen in der Erweiterung ihrer Kapitalgeberbasis und in einem gewissen Werbeeffekt.[2] Weitere Gründe sind die Erschließung neuer Investorengruppen, der Zugang zu größeren Volumina, weniger restriktive Covenants sowie die Nutzung innovativer Formen der Finanzierung (Nullkupon, Kündigungsrechte, Wandlungsrechte).

1 Vgl. *Basel Committee on Banking Supervision* (2004).
2 Vgl. *Schnabel, H.* (1996), S. 305-325.

Das vonseiten der Unternehmen und Banken entstehende zusätzliche Angebot trifft bei den Investoren auf eine ebenfalls steigende Nachfrage. Der Grund dafür sind die mit der Euroeinführung reduzierten Diversifikationsmöglichkeiten und ein durch das niedrige Zinsniveau steigender Renditedruck für institutionelle Anleger wie Versicherungen.

Die folgende Abbildung 3 zeigt, dass eine Investition in Aktien, Renten (Treasury Bonds) und zusätzlich Corporate Bonds eine im Vergleich zu einer Anlage nur in Aktien und Renten bessere Rendite-/ Risiko-Position von Investoren ermöglicht.[3]

Abbildung 3: *Rendite-/ Risiko-Profil von Portfolien aus Aktien, Staats- und Unternehmensanleihen*

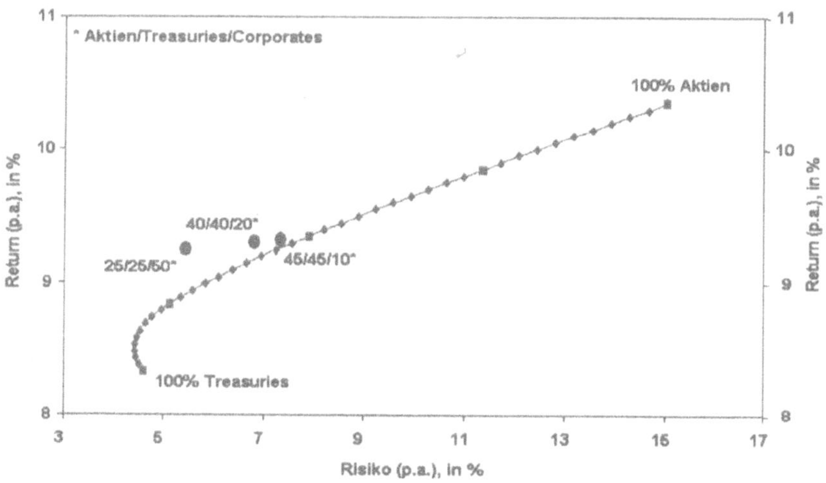

2.2 Der Zusammenhang zwischen Ratings und Marktpreisen

Der Markt, insbesondere der Kapitalmarkt, ist der Ort, an dem sich Preise für Güter, in diesem Fall für Ausfallrisiken, ergeben. Es wird unterstellt, dass Investoren auf dem Corporate Bond Markt für ihre Bereitschaft, ein höheres Bonitätsrisiko zu übernehmen, auch höhere Prämien verlangen werden. Demzufolge müsste empirisch ein Zu-

3 Dargestellt sind die Diversifikationseffekte, die aus unterschiedlichen Mischungen der drei Assetklassen zu Portfolios entstehen.

sammenhang zwischen dem Rating als Maß des Ausfallrisikos und der Risikoprämie (Creditspread, gemessen als Aufschlag gegenüber der risikofreien Rendite) festzustellen sein.

In verschiedenen Untersuchungen zum Informationsgehalt von Ratings wurde nachgewiesen, dass sich die Beurteilung eines Schuldners grundsätzlich direkt auf seine Finanzierungskosten auswirkt, mit sinkender Bonität steigt die Verzinsung signifikant. Ebenso erhöht sich mit zunehmender Restlaufzeit einer Anleihe der Risikoaufschlag, wie sich auch in der folgenden Abbildung 4 zeigt.[4]

Abbildung 4: *Risikoprämien am Euromarkt*

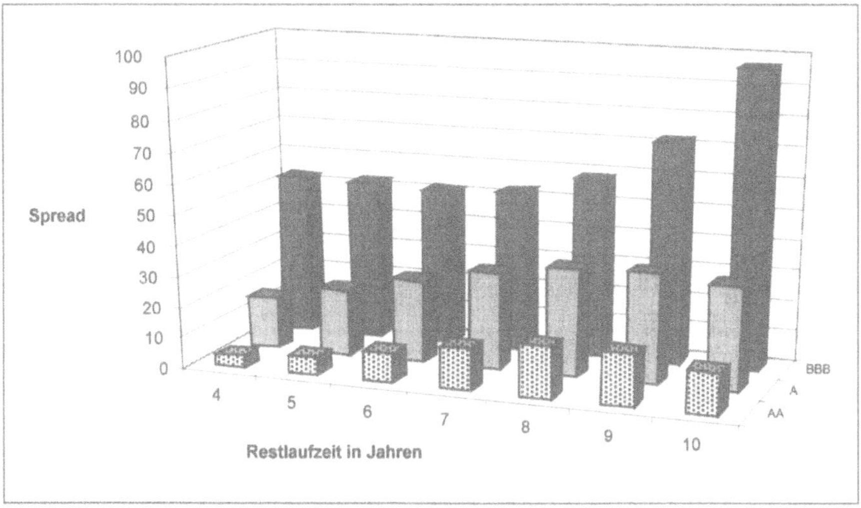

Es darf jedoch nicht vernachlässigt werden, dass die Bonität und die Restlaufzeit einer Anleihe nicht die einzigen Determinanten der Creditspreads sind, diese hängen von weiteren mikro- und makroökonomischen Faktoren ab. Als mikroökonomische Faktoren kommen zusätzlich Kündigungsrechte oder die Liquidität einer Anleihe in Frage. Makroökonomisch haben sich die Konjunkturlage, die Risikobereitschaft der Investoren, die Volatilität am Aktienmarkt, die Nachfrage sowie die Höhe der Ausfallraten als signifikante Faktoren erwiesen.

4 Vgl. *Heinke, V.* (1998), S. 261 ff. und S. 310 ff.

Die folgende Abbildung 5 zeigt die Entwicklung der Creditspreads im Zeitablauf von Anfang 2001 bis Juni 2004 (je höher die Kurve, umso geringer das Rating). Insbesondere der Terroranschlag am 11.09.2001 und die Vertrauenskrise Oktober 2002, hervorgerufen durch schwache Aktienmärkte, Ausfälle großer Emittenten sowie Bilanzmanipulationen, haben zu einer deutlichen Ausweitung der Spreads geführt.

***Abbildung** 5: Verlauf der Creditspreads am Euromarkt*

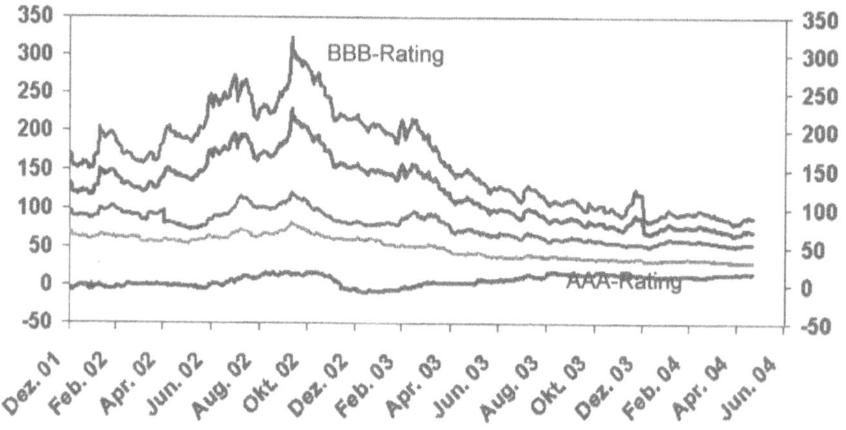

Die Grafik macht deutlich, dass die Renditeausschläge nicht allein von der Restlaufzeit sowie der Schuldnerbonität abhängen, die in dem kurzen Betrachtungszeitraum nicht entsprechenden Schwankungen unterlegen haben.

Um die Aussagekraft von Ratings zu untersuchen, kann man bei Anwendung eines marktorientierten Untersuchungsansatzes nicht an der absoluten Höhe der Creditspreads ansetzen, da sich diese im Zeitablauf verändern. Stattdessen ist der Fokus auf die Homogenität der Bewertung von Anleihen zu legen, die sich hinsichtlich der Bonitätseinschätzung vonseiten der Ratingagenturen nicht unterscheiden (gleiches Rating). Einen mikroökonomischen Einflussfaktor stellt dann noch die Liquidität der Anleihen dar, die nicht leicht nachzuweisen bzw. zu messen ist. In der Regel wird unterstellt, dass eine Anleihe liquide ist, wenn sie ein bestimmtes Mindestvolumen aufweist und die Geld-/ Brief-Spanne einen Maximalwert nicht überschreitet. Die makroökonomischen Einflussfaktoren gelten für alle Anleihen gleich (mit Ausnahme von branchenspezifischen Effekten) und werden daher vernachlässigt.

Die folgende Abbildung 6 zeigt Anleihen, die von den Ratingagenturen mit einem A-Rating bewertet wurden, und die nicht aufgrund der Anforderungen an die Liquidität ausgeschlossen wurden. Die Punkte repräsentieren einzelne Anleihen mit den Parametern Restlaufzeit und Rendite. Die eingezeichnete Linie wird auf Basis von statischen Verfahren ermittelt und verkörpert das faire Preisniveau für das betrachtete Ratingsegment.

Abbildung 6: *Anleihen des A-Segmentes*

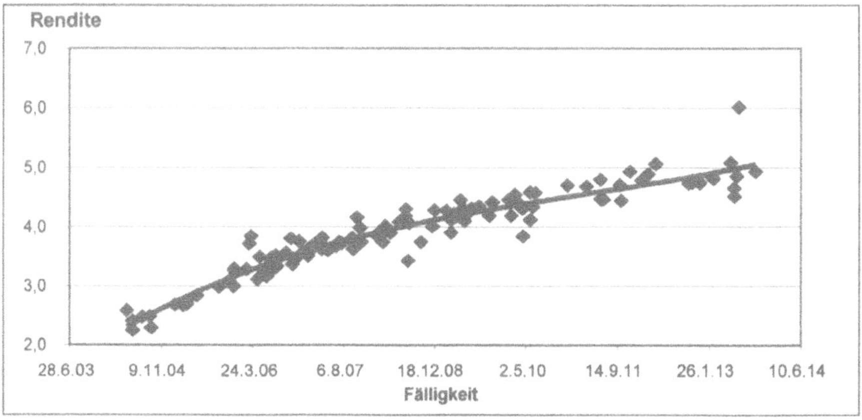

Ein nicht mit der Marktbewertung des Bonitätsrisikos übereinstimmendes Rating führt in der Regressionsanalyse der betreffenden Ratingkategorie zu einer entsprechend der Fehleinschätzung ausfallenden Abweichung von der Kurve. Die Beurteilung eines Ratingsystems aufgrund des Zusammenhangs zwischen Rendite und Restlaufzeit fällt demzufolge umso besser aus, je kleiner die Abweichungen der Beobachtungswerte von der Zinsstrukturkurve sind.

Für den weit überwiegenden Anteil der Anleihen ist festzustellen, dass sich die Punkte sehr dicht an der Kurve befinden, nur wenige Anleihen liegen mit größerem Abstand zur eingezeichneten Marktkurve. Weniger homogen ist die Situation im Segment der mit BBB beurteilten Anleihen, wie die folgende Abbildung 7 zeigt.

***Abbildung** 7: Anleihen des BBB-Segmentes*

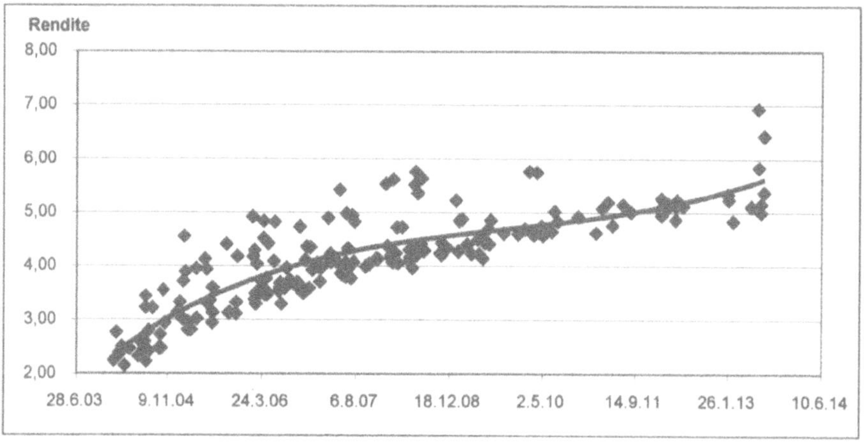

Um die Qualität der Regressionsgleichung zu prüfen, wird die Streuung der Beobachtungswerte um ihren Mittelwert in den Anteil der erklärten und den Anteil der nicht erklärten Abweichung an der Gesamtstreuung zerlegt. Je höher der Anteil der durch die unabhängige Variable erklärten Abweichung (im Zähler) an der Gesamtabweichung (im Nenner) ausfällt, desto geringer ist folglich der Anteil der nicht erklärten Streuung und desto „besser" ist die Regressionsfunktion. Das Bestimmtheitsmaß als Verhältnis von erklärter Streuung zur Gesamtstreuung kann Werte zwischen 0 und 1 annehmen. Im Extremfall $r^2=1$ wird die gesamte Streuung durch die unabhängige Variable erklärt, d. h. sämtliche Beobachtungswerte liegen auf der geschätzten Regressionskurve.[5]

Für die hier dargestellten Einzelbetrachtungen liegen die Werte bei 0,88 (A-Ratings) bzw. 0,68 (BBB-Ratings). Dies bedeutet, dass für alle Anleihen aus dem BBB-Segment lediglich rund zwei Drittel der Renditen erklärt werden können.

Der Erklärungsgehalt der Ratings für die Risikoaufschläge einzelner Ratingsegmente war Gegenstand einer Diplomarbeit, die als Projektarbeit von der Helaba Invest durchgeführt wurde.[6] Dabei wurde der europäische Corporate Bond Markt über einen Zeitraum von 1999 bis Anfang 2002 untersucht. Für die unterschiedlichen Ratingsegmente wurden die in folgender Tabelle 2 dargestellten Ergebnisse gefunden.

5 Vgl. *Backhaus, K. et al.* (1996), S. 12.
6 Vgl. *Lewe, F.* (2002).

Tabelle 2: *Regressionsergebnisse zur Erklärung von Ratings*

		Durchschnittliches Bestimmtheitsmaß
Ratingklassen	AA	0,7593
	A	0,7059
	BBB	0,3768

Anhand der Regressionsergebnisse wird bestätigt, dass ein genereller Zusammenhang zwischen Rendite und Restlaufzeit in den untersuchten Bonitätskategorien gegeben ist. Durchschnittlich können zwischen 37,68% (niedrigster Wert) und 75,93% (höchster Wert) der Streuung der Anleiherenditen erklärt werden.

Das durchschnittliche Bestimmtheitsmaß weist bei den Kurvenschätzungen auf Grundlage der Bonitätseinschätzung der Agenturen mit 0,7593 zudem auf eine recht hohe Beziehung zwischen Rendite und Restlaufzeit hin. Dieser Zusammenhang lässt sich darauf zurückführen, dass in dieser Ratingklasse vergleichsweise homogene Risiken zusammengefasst werden. In der Ratingkategorie A ist die Aussagekraft der Agenturratings, gemessen am Bestimmtheitsmaß von 0,7059, wiederum relativ hoch, fällt allerdings im Vergleich zur nächsthöheren Ratingeinstufung schwächer aus. Deutlich geringer liegt der Wert mit 0,3768 für das BBB-Segment, hier werden stärker streuende Risiken in einer Klasse gebündelt.

Das bedeutet aber auch, dass es offenbar neben Restlaufzeit und Rating weitere Einflussfaktoren für die Bemessung der Creditspreads von einzelnen Anleihen gibt. Als Gründe für die Abweichungen kommen in Frage:

- Investoren schätzen das Ausfallrisiko dauerhaft anders ein als die Ratingagenturen.
- Die Märkte preisen nicht effizient, die Bepreisung ist falsch.
- Investoren erwarten eine Ratingänderung und nehmen diese in der Spreadbewegung vorweg.

Steiner/ Heinke weisen für internationale DM-Anleihen signifikante Kursreaktionen nach der Ankündigung von Downgrades und negativen Watchlistings nach. Allerdings wurde für Anleihen festgestellt, dass ein großer Teil bonitätsbedingter Kursänderungen zum Ankündigungszeitpunkt der Ratingänderung bereits abgeschlossen ist.[7] Das bedeutet, dass es Chancen beinhalten könnte, wenn es möglich ist, die Ratingänderung durch die Ratingagenturen frühzeitig zu erkennen.

7 Vgl. *Steiner, M./ Heinke, V.* (2000), S. 551 ff.; *Weinstein, M.* (1977), S. 118-127.

In Einzelfällen haben sich tatsächlich temporär sehr deutliche Abweichungen der Creditspreads von den Einschätzungen gezeigt, die auf Basis der externen Ratings angemessen waren. Dieses wird in der folgenden Abbildung 7 beispielhaft für das Unternehmen Alcatel dargestellt.

***Abbildung 7:** Rating- und Spreadverlauf Alcatel*

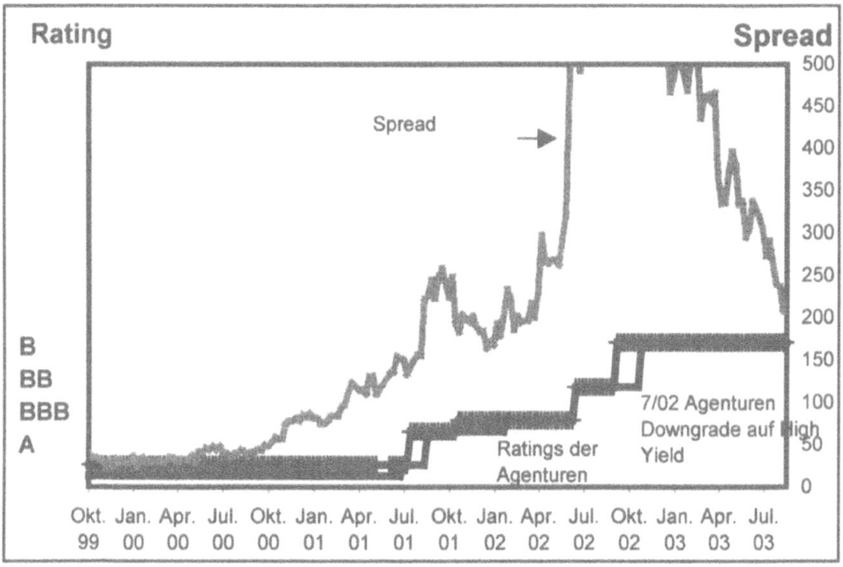

Die Ratingagenturen haben das Rating von Alcatel insgesamt von A auf B herabgestuft. Besonders wichtig ist dabei der Wechsel von dem Investmentgradebereich (Minimum BBB- bzw. Baa3) in das High Yield-Segment (Maximum BB+ oder Ba1). Der in der Grafik dargestellte Spread hat sich bereits ab Mitte 2000 deutlich ausgeweitet. Die Herabstufung in den BBB-Bereich erfolgte im August 2001, in den High Yield-Bereich erstmalig im Juli 2002. Ein nicht unerheblicher Anteil der Kursreaktionen kann sicherlich darauf zurückgeführt werden, dass viele Anleger der Anlagerestriktion unterliegen, ausschließlich im Investmentgradebereich investieren zu dürfen. Ein mögliches oder tatsächliches Downgrade aus diesem Bereich heraus führt zu einem Zwangsverkauf der Anleger und damit zu einem Preisdruck, der über die notwendigen und sinnvollen Anpassungen aufgrund der durch das Rating reflektierten höheren Ausfallwahrscheinlichkeit hinausgeht. In der Grafik ist dementsprechend nach der Herabstufung eine deutliche Verringerung der Spreads, zurück von den Höchstständen von rund 900 Basispunkten, zu sehen.

Es kann jedoch festgestellt werden, dass der Zusammenhang zwischen Creditspread und Rating im Zeitablauf nicht immer gegeben ist. Die genannten möglichen Gründe für Abweichungen bieten Ansatzpunkte für die Entwicklung einer Anlagestrategie. Insbesondere die Tatsache, dass Ratingveränderungen nicht selten antizipiert werden, was durch die dargestellten Kursbewegungen bestätigt wird, lässt auf interessante Anknüpfungspunkte schließen.

3 Der Ansatz der Helaba Invest

3.1 Der Grundaufbau des Investmentprozesses

Der Ansatz der Helaba Invest für das Management von Corporate Bond-Portfolios stellt eine Kombination aus Top-Down- und Bottom-Up-Analyse dar. Grundsätzlich hat die Einzeltitelselektion im Rahmen der Bottom-Up-Analyse das größte Gewicht. Diese ist zum einen aus unterschiedlichen, einzeltitelbezogenen quantitativen und qualitativen Bewertungskriterien aufgebaut, während zum anderen die Relative Value-Analyse die Stellung von Einzeltiteln relativ zu anderen Anlageelementen dokumentiert.

Im Rahmen der Top-Down-Analyse werden gesamt- und branchenbezogene Kriterien bewertet. Hier ist das makroökonomische Umfeld (Makroanalyse) ein ebenfalls sehr wichtiger Einflussfaktor, während die Branchenanalyse (Sektoranalyse) einen eher untergeordneten Einfluss hat. Die Grundstruktur der Investmentstrategie ist in Abbildung 8 dargestellt. Die einzelnen Bewertungsschritte und -kriterien innerhalb der Analysen werden im Folgenden erläutert.

Abbildung 8: Grundaufbau Investmentprozess Corporate Bonds der Helaba Invest

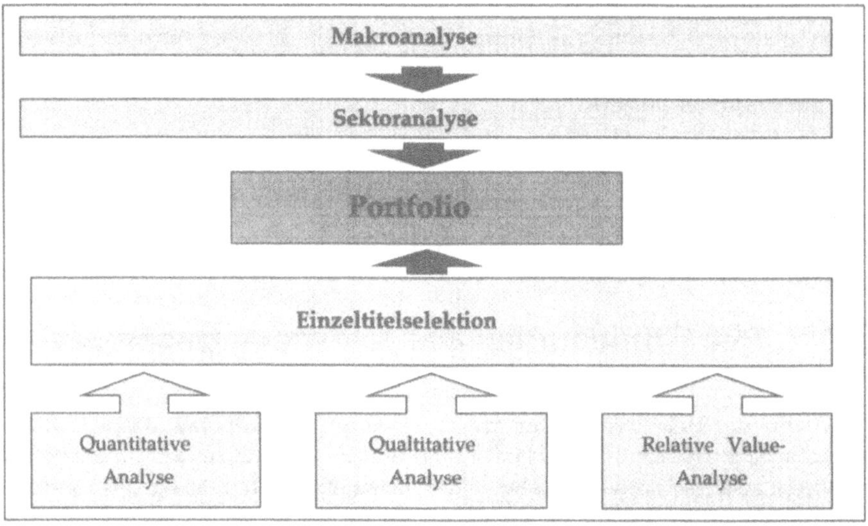

3.2 Die Makroanalyse: Die Ermittlung des Risikoappetits

Die Makroanalyse umfasst die Auswertung der gesamtwirtschaftlichen Rahmenbedingungen im Hinblick auf die Determinanten der Wertentwicklung eines Corporate Bond Portfolios.

Die Wertentwicklung von Corporate Bonds hängt im Wesentlichen von zwei makroökonomischen Einflussfaktoren ab. Einerseits ist die Wertentwicklung von der Entwicklung des Kapitalmarktzinssatzes abhängig, andererseits wird sie durch die Bonitätsentwicklung beeinflusst.

Die Positionierung hinsichtlich der Portfolioduration bzw. der Laufzeitsteuerung hängt davon ab, wie der Kundenauftrag im Einzelfall lautet. Sofern der Managementauftrag in der reinen Steuerung von Kreditrisiken besteht, ist das Zinsrisiko eines Portfolios zu eliminieren. Das Angebot für in Euro denominierte und variabel verzinsliche Corporate Bonds ist relativ gering, so dass die Konstruktion eines ausreichend diversifizierten Portfolios auf Basis dieser Floater schwierig erscheint. Die Zinsvariabilität eines Portfolios wird stattdessen durch den Einsatz von Zinsswaps erreicht. Das bietet den Vorteil, dass eine Kreditentscheidung in diesem Fall nicht durch Durations- bzw. Laufzeitentscheidungen determiniert ist. Außerdem lässt sich auch hinsichtlich des benötigten geringeren Risikokapitals eine für die Investoren günstigere Konstellation erreichen.[8]

Ansonsten kann die Prognose der Zinsentwicklung Einfluss auf die anzustrebende Duration im Portfolio haben. Allerdings ist festzustellen, dass aufgrund der hohen Transaktionskosten, Geld-/ Brief-Spannen sowie des noch jungen europäischen Marktes für Corporate Bonds eine Durationssteuerung durch Kauf- und Verkauf von Einzeltiteln nur eingeschränkt erfolgreich sein kann. Daher erfolgt auch die Durationssteuerung durch den Einsatz von Zinsderivaten.

Weiterer Kernpunkt der Portfoliokonstruktion ist die Festlegung der Portfoliogewichte hinsichtlich der Ratingklassen. Ausgangspunkt hierfür ist die Prognose der Spreadentwicklung, also der Renditeaufschläge von Corporate Bonds im Vergleich zu Staatsanleihen oder Swapsätzen. Untersuchungen haben einige wesentliche Spreaddeterminanten identifizieren können, die im Folgenden dargestellt werden.[9]

Wesentlich beeinflusst wird der Spread von der Konjunktur und der erwarteten Konjunkturentwicklung. Wichtigster Wirkungskanal ist dabei der Einfluss auf die Unternehmensgewinne und damit auf das Ausfallrisiko von Corporate Bonds. Eingetrübte Konjunkturaussichten, verbunden mit einem höheren Ausfallrisiko, führen zu höheren Risikoaufschlägen gegenüber sicheren Anleihen und damit zu höheren Spreads. Eng verbunden damit ist eine steigende Default Rate von Corporate Bonds. Sie ist letztlich das Ergebnis eines erhöhten Ausfallrisikos und führt ebenso zu einer Spreaderhöhung.

Ein weiterer quantitativer Einflussfaktor mit Konjunkturbezug ist die Steilheit der Zinsstrukturkurve. Diese dient als Indikator für Wirtschaftswachstum und Unternehmensgewinne. Eine inverse Zinskurve zeigt Rezession, eine steile Zinskurve dagegen ein erhöhtes gesamtwirtschaftliches Wachstum.

Neben den Zinsen können auch die Aktienmärkte zur Erklärung der Spreads herangezogen werden. Fallende Aktienkurse sind häufig Ausdruck dafür, dass Anleger höhere Risikoprämien fordern. In einem solchen Umfeld steigen auch die Risikoprämien für Corporate Bonds. Eine eher kurzfristige Determinante des Spreads ist die implizite Volatilität des Aktienmarktes. Zum einen bedeutet eine höhere Aktienvolatilität ein höheres Risiko, wodurch auch die Risikoprämie in Form des Spreads steigen wird. Zum anderen kann dieser Zusammenhang auch direkt aus der Optionspreistheorie abgeleitet werden, wenn man einen Corporate Bond als Short Put auf den Unternehmenswert versteht. Eine höhere Volatilität führt zu einem fallenden Wert des Short

---

8 Die Aufspaltung des Value at Risk eines Portfolios in einen zins- und einen bonitätsbezogenen Anteil ist bereits möglich. Es zeigt sich, dass der Großteil des Gesamtrisikos auf das Zinsänderungsrisiko zurückzuführen ist.

9 Vgl. *Duffee, G.* (1996).

Puts und damit des Corporate Bonds, was über eine höhere Rendite einen steigenden Spread bedeutet.[10]

Schließlich ist noch das Verhältnis der Neuemissionen von Corporate Bonds und Staatsanleihen zu berücksichtigen. Eine überproportionale Emission von Corporate Bonds führt wegen der Angebotsverschiebung zu steigenden Spreads.

Regressionsanalysen potenzieller Spreaddeterminanten haben statistisch hochsignifikante Einflussfaktoren identifiziert. Als besonders aussagekräftig bei der Erklärung des Spreads erwiesen sich die Default Rates, die Zinsstruktur (Differenz 10- und 5-Jahres-Renditen) sowie ein Konjunkturindikator. Für alle Indikatoren wurden Monatsendwerte verwendet. Die folgende Abbildung 9 stellt die tatsächlichen und die auf Basis der Schätzung berechneten Werte gegenüber.

Abbildung 9: *Quantitativer Ansatz zur Spreadprognose*
Quelle: Eigene Berechnung

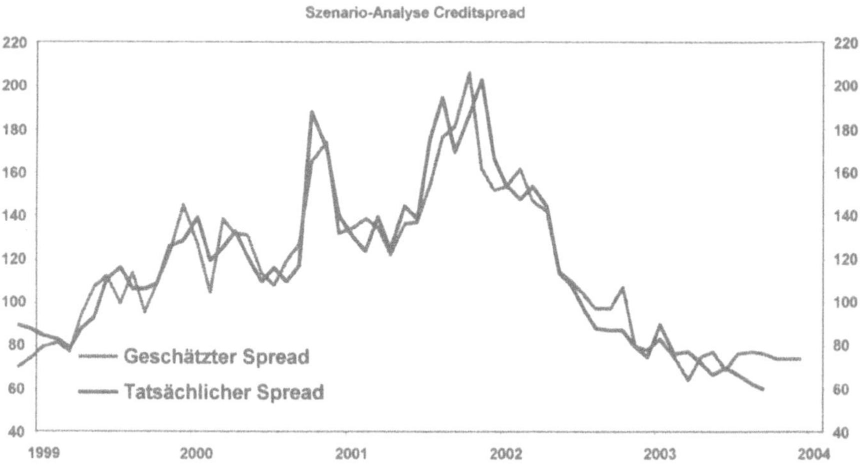

Die ermittelten Ergebnisse können sowohl zur Ermittlung eines fairen Spreadniveaus als auch zur Prognose zukünftiger Spreadentwicklungen verwendet werden. Ein fairer Spread wird ermittelt, indem aktuelle Daten in die Regressionsgleichung eingesetzt

10 Eine Untersuchung der Europäischen Zentralbank zeigt einen starken Zusammenhang zwischen impliziter Aktienvolatilität und Eurobondspreads, vgl. *European Central Bank* (2001), S. 15-17.

werden. Die Abbildung macht deutlich, dass fairer Spread und tatsächlicher Spread nicht dauerhaft divergieren. Bei entsprechend großer Abweichung ist mit einer Gegenbewegung des Spreads zu rechnen. Solche Über- oder Unterbewertungen bildeten häufig markante Wendepunkte für die Spreadkurve.

Auf Basis der Einschätzung der laufenden sowie der zukünftigen Spreadniveaus ergeben sich die Vorgaben hinsichtlich der Gewichtung einzelner Ratingklassen für die Konstruktion der Portfolios. Sofern eine sehr starke Ausweitung der Creditspreads über alle Ratingklassen hinweg erwartet wird, werden statt im Corporates Segment Investitionen im Staatsanleihemarkt vorgenommen.

3.3 Der Kern des Prozesses: Die Einzeltitelselektion

Nach Makro- und Branchenanalyse stellt sich für das Fondsmanagement die Frage der Einzeltitelselektion. Kriterien sind die Bonitätseinschätzung, die Ausstattung einer Anleihe (Step-Up, Kündigungsrechte), Angebots- und Nachfragesituation sowie die Liquidität einer Anleihe (vgl. Abbildung 10).

Abbildung 10: *Einzeltitelselektion*

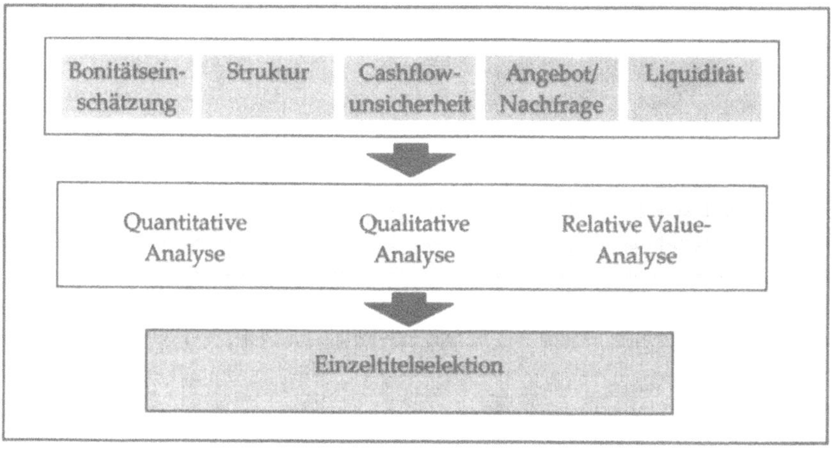

Die Einschätzung der Bonität eines Schuldners spielt bei der Gewährung von Fremdkapital eine entscheidende Rolle. Am Kapitalmarkt tragen Ratingagenturen wesentlich zu diesem Urteil bei; die vergebenen Ratings sind wesentliche Determinanten für die

Preisbildung am Kapitalmarkt für Fremdkapital. Die Ratingprozesse der Agenturen umfassen qualitative und quantitative Analysen, außerdem eine Beurteilung der Marktposition, Wettbewerbstrends, Branchenanalysen und eine Analyse des Herkunftslands.[11] Letztlich ist das Zustandekommen der Urteile für den Adressaten nur wenig transparent. „Dem externen Betrachter fehlt in der Regel jede Transparenz des Rating-Urteils, und es wird für ihn unmöglich, die Relation der verwendeten Kriterien sowie deren Vollständigkeit und Nachvollziehbarkeit zu überprüfen."[12] Nicht zuletzt haben die Erfahrungen der Fälle Enron und Worldcom die Notwendigkeit einer eigenen, unabhängigen Bonitätseinschätzung aufgezeigt.

3.3.1 Die Bonitätseinschätzung: Der HI-SCORE-Ansatz

Im Ansatz der Helaba Invest kommt der Bonitätseinschätzung grundsätzlich das größte Gewicht im Rahmen der Einzeltitelselektion zu. Ein Ratingansatz kann als hermeneutischer oder regelbasierter Ansatz bzw. als Kombination von beiden Ansätzen entwickelt werden.[13] In einem hermeneutischen Ansatz verdichten Experten eine Fülle von Einzelinformationen zu einem Rating, ohne dass explizit eine Entscheidungslogik existiert, nach der das Urteil reproduziert werden kann. In regelbasierten Ansätzen wird das Urteil aufgrund eines explizit definierten Regelsystems abgeleitet, das durch mathematisch-statistische Verfahren oder durch Befragung von Experten entstehen kann.

Im Rahmen der quantitiativen Analyse liegt der Schwerpunkt auf dem sogenannten HI-SCORE-Modell. Dabei handelt es sich um einen Ratingsatz, der aus einer quantitativen sowie einer qualitativen Komponente besteht. Der Aufbau und die Funktionsweise werden im Folgenden erläutert.

3.3.1.1 Quantitative Analyse: Das Kennzahlenmodell

In zahlreichen empirischen Untersuchungen wurde überprüft, wie gut Kreditausfälle bzw. Insolvenzen von Unternehmen vorhergesagt werden können, wobei in der Regel den Jahresabschlüssen eine besondere Bedeutung zukommt.[14] Auch in dieser Untersuchung bilden Jahresabschlussdaten den Input der Berechnungen. Die Eignung der Daten ist klassischerweise Kritik ausgesetzt, insbesondere hinsichtlich möglicher Verzerrungen durch Maßnahmen der Bilanzpolitik[15] sowie der Tatsache, dass nicht alle

---

11 Vgl. *Berblinger, J.* (1996); *Meyer-Parpart, W.* (1996).

12 *Jahn, E.* (1995), S. 510-513.

13 Vgl. *Schmidt, R.* (1997), S. 149 f.

14 Vgl. *Altman, E./ Saunders, A.* (1998); *Baetge, J./ Sieringhaus, I.* (1996); *Hauschildt, J./ Leker, J.* (2000).

15 Vgl. *Fisher, F. M./ McGowan, J. J.* (1983), S. 66-80.

Krisenursachen in der Bilanz abgebildet sind.[16] Allerdings dient der Jahresabschluss dazu, einen Einblick in die Vermögens-, Finanz- und Ertragslage zu ermöglichen, und ist damit die zunächst beste verfügbare Quelle.

Die Bonitätsanalyse ist im Grundsatz eine zukunftsgerichtete Analyse, denn es wird die Fragestellung verfolgt, inwiefern ein Unternehmen seinen zukünftigen Verpflichtungen nachkommen kann. Naturgemäß liegen jedoch hauptsächlich Vergangenheitsdaten vor, die den Ausgangspunkt der Analyse darstellen. Anders als in der Aktien- oder Unternehmensbewertung, bei der mit den Cashflows zukünftige absolute Größen prognostiziert und anschließend abgezinst werden, spielen bei der Bonitätsbewertung eher Relationen von Abschlussgrößen in Form von Kennzahlen eine Rolle. Es ist davon auszugehen, dass diese Relationen eher auf die Zukunft übertragen werden können, da nicht unbedingt explizite Annahmen über die Höhe von Wachstumsraten notwendig sind.

Zusätzlich ist zu entscheiden, wie viele Jahresabschlüsse der Vergangenheit bei der Analyse herangezogen werden sollen. Dabei besteht generell der Konflikt zwischen der zeitlichen Nähe zum Beurteilungszeitpunkt und einer möglichst langen Historie, um die Datenbasis zu erweitern und die Stabilität der Geschäftsentwicklung zu beurteilen. Aus diesem Grund wurden die Kennzahlen als Mittelwerte über unterschiedlich lange Zeiträume vor dem zu erklärenden Rating berechnet, um die jeweilige Aussagekraft zu überprüfen.

Zielsetzung der empirischen Untersuchung war es, durch Anwendung der multiplen Regressionsanalyse auf Basis von Bilanzkennzahlen die Ratings der Agenturen möglichst gut zu erklären, um Ansatzpunkte für die Ableitung eines eigenen Ratingansatzes zu erhalten. Dabei bilden die Ratings der Agenturen, umgewandelt in eine numerische Skala, die zu erklärenden Variablen. Methodisch ist dieser Ansatz eine Anlehnung an Untersuchungen zur Erklärungskraft von Bilanzkennzahlen für am Kapitalmarkt verwendete Aktienrisikogrößen.[17] Sofern die Agenturen unterschiedliche Urteile vergeben haben, wurde der Mittelwert der Ratings gebildet. Die Kennzahlen wurden als Mittelwerte der Zeiträume von ein bis fünf Jahren vor dem zum Erklärungszeitpunkt bestehenden Rating berechnet.

Einer Vielzahl von Kennzahlen wird in der Bonitätsanalyse eine Aussagekraft beigemessen. Bei der Untersuchung war jedoch zu berücksichtigen, dass viele Kennzahlen inhaltlich in einem Zusammenhang stehen und somit bei gleichzeitiger Berücksichtigung verbundener Kennzahlen eine implizite Erhöhung der Gewichtung des Analysefelds erfolgt, das mit der Berechnung abgedeckt wird.[18] Ein Verfahren, das die Auswahl nur der Variablen ermöglicht, die die abhängige Größe signifikant erklären, ist die schrittweise Regression. Bei diesem Verfahren wird zunächst die Variable mit dem

---

16 Vgl. *Salomo, S./ Kögel, K.* (2000).

17 Vgl. *Templin, H.-U.* (1998).

18 Vgl. *Schmidt, R.* (1980), S. 547.

höchsten Erklärungsgehalt für die abhängige Variable in die Regressionsgleichung aufgenommen. Anschließend erfolgt die schrittweise Aufnahme der Variablen mit dem jeweils nächsthöheren Wert. Nach jedem Berechnungsschritt wird jedoch überprüft, ob noch alle Variablen signifikant zur Gesamterklärung beitragen. Variablen, für die das nicht der Fall ist, werden aus der Regressionsfunktion eliminiert. Das Ergebnis der schrittweisen Regression ist eine Regressionsfunktion, die als unabhängige Variable nur Größen enthält, die signifikant zur Erklärung der abhängigen Variablen beitragen.[19]

Als Ergebnis der empirischen Untersuchung hat sich gezeigt, dass auf Basis von drei Kennzahlen mehr als 70% (gemessen auf Basis des Bestimmtheitsmaßes der Regression) der Ratings signifikant erklärt werden können. Im Mittel verfehlt die Prognose der Ratings auf Basis der Regressionsfunktion nur um ein „notch". Bei diesen drei Kennzahlen handelt es sich jeweils um eine Kennzahl zur Ertragskraft sowie zur Finanzkraft und außerdem um die Unternehmensgröße (gemessen auf Basis der logarithmierten Umsatzerlöse). Die höchste Aussagekraft hat sich bei der Verwendung von Kennzahlenmittelwerten über zwei Jahre ergeben.

Ein Verfahren, das zur Überprüfung der Stabilität einer Lösung in Bezug auf die Stichprobenzusammensetzung geeignet ist, ist das sogenannte Hold-Out-Verfahren. Dabei wird mehrmals nach dem Zufallsprinzip jeweils ein bestimmter Anteil der Unternehmen der Stichprobe gelöscht, und die Analysen werden auf der Basis der verbleibenden Unternehmen durchgeführt. Bei Anwendung dieses Verfahrens und Ausschluss von jeweils 10 Prozent der Unternehmen hat sich eine hohe Stabilität gezeigt. Dabei wurden jeweils die identischen Kennzahlkombinationen ausgewählt, die ähnlich hohe Erklärungsbeiträge leisten.

Im weiteren Abschnitt der Untersuchung wurden die Abweichungen zwischen einem auf Basis der Regressionsfunktion geschätzten und dem tatsächlichen Rating im Einzelfall analysiert. Dabei zeigte sich, dass in der Regel entweder wesentliche qualitative Faktoren zu einer Anpassung des Ratings geführt haben, oder dass sich seit dem letzten Abschluss so wesentliche Änderungen (Fusionen, Restrukturierungen) ergeben haben, dass dieser dem aktuellen Rating nicht mehr gerecht wird.

Auf Basis der Ergebnisse der Regressionsanalysen wurde der regelbasierte Teilansatz von HI-SCORE entwickelt. Die in der Regression aussagekräftigsten Kennzahlen bilden das Gerüst des Ansatzes, wodurch mit den drei Kennzahlen repräsentative Indikatoren für die Erfolgslage, Finanzlage und die Wettbewerbsposition (Marktrisiko) berücksichtigt sind. Zusätzlich wurden weitere Kennzahlen in den Bewertungsansatz aufgenommen. Insgesamt sind drei Kennzahlen zur Ertragslage und vier Kennzahlen zur Finanzlage sowie die Unternehmensgröße im letztlich entwickelten Ansatz enthalten. Tests haben gezeigt, dass die Ergebnisse dann eine höhere Stabilität aufweisen. Als Erfolgskennzahlen sind die Umsatzrendite, die Betriebsrendite (EBIT/ Umsatz) sowie

---

[19] Vgl. *Backhaus, K. et al.* (1990), S. 23 f.

die Eigenkapitalrendite einbezogen. Die Betriebsrendite ist als Erfolgsmaß des Kerngeschäftes weitestgehend zukunftsbezogen, da keine außerordentlichen Komponenten in die Berechnung eingehen. Die Umsatzrendite zeigt den letztlich im Unternehmen erwirtschafteten Überschuss. Die Eigenkapitalrendite ist aufgrund der steigenden Shareholder Value-Orientierung besonders dann von Bedeutung, wenn sie so niedrig ausfällt, dass durch die Aktionäre ein erhöhter Druck auf die Unternehmensleitung ausgeübt wird.

Die Finanzkennzahlen sind das Verhältnis von Cashflow zu Finanzschulden, die Relation von EBIT zu Bruttozinsaufwand, die Eigenkapitalquote sowie der Deckungsgrad II. Der Cashflow wird als Größe nach Veränderung des Working Capital berechnet. Damit ist ein schlechtes Management in Form von zu hohem Aufbau von Forderungen und Vorräten implizit einbezogen. Der Deckungsgrad II wird als Verhältnis von langfristigem Kapital zu langfristig gebundenem Vermögen berechnet. Ein branchengemäß nur niedriges gebundenes Vermögen und damit geringere Eigenkapitalanforderungen werden auf diese Weise abgebildet.

Schließlich geht die Unternehmensgröße als Faktor in den Bewertungsansatz ein. Die reine Unternehmensgröße bietet, isoliert betrachtet, keinen direkten kausalen Zusammenhang zur Bonität eines Unternehmens. Es hat sich jedoch gezeigt, dass die Anzahl der Konkurse mit steigender Unternehmensgröße abnimmt.[20] *Ben-Zion* und *Shalit* begründen dieses damit, dass Konkurse vor allem in den ersten Jahren einer Geschäftstätigkeit auftreten, große Unternehmen aber eine längere Zeit gebraucht haben, um diese Größe zu erreichen.[21] Als weitere Gründe für einen inversen Zusammenhang werden die Möglichkeiten effizienterer Diversifikation genannt. Schließlich wird großen Unternehmen die Möglichkeit der Realisierung von Economies of Scale unterstellt, die zu Kostenvorteilen und daraus resultierenden Überrenditen führen.[22] *Dhingra* führt als Argumente außerdem das Ausnutzen der Marktmacht sowie eine häufigere Führung großer Unternehmen durch ein angestelltes Management als durch Eigentümer an.[23]

Es ist jedoch zu bedenken, dass die Unternehmensgröße zwar diverse positive Bonitätsimplikationen hat, dass Größe an sich jedoch ohne ein entsprechendes Management, das die Potenziale auch nutzen kann, nicht zu den beschriebenen positiven Effekten führt. Davon abgesehen, ergeben sich gerade für kleinere Unternehmen auch einige Vorteile gegenüber großen Wettbewerbern. So sind kleine Unternehmen oft flexibler in der Reaktion auf Umfeldveränderungen und müssen nicht langwierige

20 Vgl. *Beaver, W. H./ Kettler, P./ Scholes, M.* (1970), S. 662.
21 Vgl. *Ben-Zion, U./ Shalit, S. S.* (1975), S. 1018.
22 Vgl. *Ben-Zion, U./ Shalit, S. S.* (1975), S. 1018.
23 Vgl. *Dhingra, H.* (1981), S. 26. In empirischen Untersuchungen hat sich ein im Vergleich zu eigentümergeführten Unternehmen geringeres Risiko in Unternehmen gezeigt, die durch ein angestelltes Management geleitet werden, vgl. *Monson, R. J./ Downs, A.* (1965), S. 221-236; *Bühner, W.* (1984), S. 812-824.

Entscheidungsprozesse durchlaufen. Große Unternehmen können überorganisiert und überbürokratisiert sein und bieten damit viele Reibungsverluste. Auch wenn tendenziell die Größe ein besser ausgebautes Controlling und Risikomanagement erwarten lässt, so haben doch Beispiele gezeigt, dass die Größe allein keinen ausreichenden Schutz vor Betrug und überhöhten Risiken bietet.

Für jede Kennzahlausprägung wird im HI-SCORE-Ansatz auf Basis eines vordefinierten Schemas eine Teilnote auf einer Skala von eins bis zehn vergeben. Dabei steht der Wert zehn für eine im Sinne des Beurteilungsziels sehr gute Kennzahlausprägung. Die Festlegung der Skalengrenzen erfolgte auf Basis der Kennzahlverteilung innerhalb der Untersuchungsstichprobe, der durch Sensitivitätsanalysen überprüften Anfälligkeit der Gesamtergebnisse auf Notenveränderungen sowie unter Berücksichtigung der von den Ratingagenturen veröffentlichen Kennzahlmittelwerte einzelner Ratingklassen.

Mit dieser Transformation wird das Problem von Ausreißerwerten abgefangen. Außerdem erfolgt dadurch eine Umwandlung der Kennzahlausprägungen in eine für alle Kennzahlen einheitliche Dimension, die im nächsten Schritt unter Berücksichtigung einzelner Gewichte zu einem Gesamtwert verdichtet werden.

Abbildung 11: *Grundaufbau der regelbasierten Analyse*

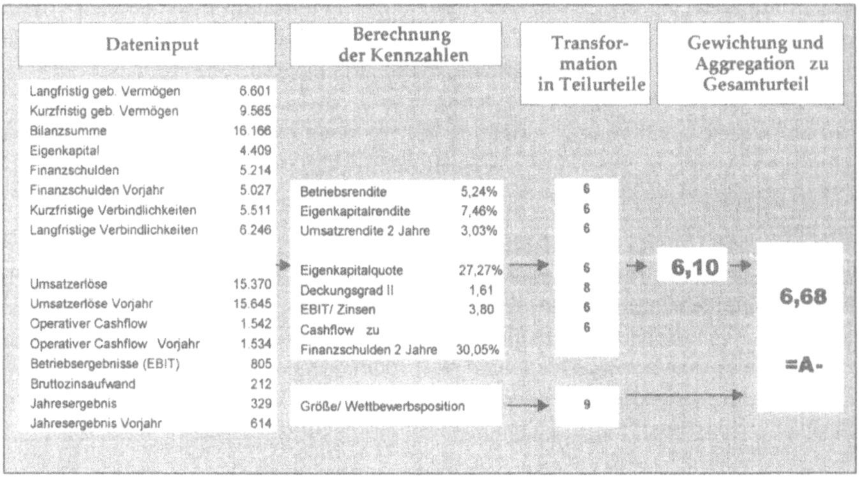

In der Praxis hat sich das HI-SCORE-Modell hervorragend bewährt. Die Daten können online über eine Schnittstelle auf Quartalsbasis eingelesen und auf ein Geschäftsjahr hochgerechnet werden, so dass eine schnelle und zeitnahe Aktualisierung gewährleistet ist.

Abbildung 12: *Notenverlauf Ericsson*

			12/2000	9/2000	1999	1998	1997	1996
Betriebsrendite			5	7	6	7	7	6
Eigenkapitalrendite			8	10	8	8	8	7
Umsatzrendite			8	8	9	10	10	10
Eigenkapitalquote			7	7	7	7	7	7
Deckungsgrad II			9	9	9	9	9	9
EBIT/Zinsen			2	7	6	7	7	7
CF/Finanzschulden			1	1	7	8	6	6
Größe			9	9	9	9	9	9
	10/01	05/01						
HI-SCORE			BBB	BBB+	AA -	AA	AA -	A+
Moody 's	Baa1	A3	A1	A1	A1	A1	A1	A1
S&P	BBB+	A -	A+	A+	A+	A+	A+	A+

Die voranstehende Abbildung 12 zeigt den Verlauf der Noten im Mehrjahresvergleich für das Unternehmen Ericsson. Auf Basis des Kennzahlprofils der Werte von 1996 war ein hohes A-Rating durchaus angemessen. Nach mehreren Jahren mit weiterhin sehr guten Kennzahlwerten ergab sich im Jahr 2000 ein deutlicher Wechsel. Dies war im Wesentlichen zurückzuführen auf die Relation des operativen Cashflow zu Finanzschulden. Die Neunmonatszahlen führten bereits auf Basis der HI-SCORE-Modells zu einer Herabstufung in BBB, während die Ratingagenturen diesen Schritt erst im Oktober (Moody's) bzw. November 2001 vollzogen haben. Auffällig ist auch, dass der Faktor Größe über die gesamte Zeit ein konstanter und positiver Faktor ist, allerdings den Gesamteffekt der Bonitätsherabstufung nur mildern, nicht aber verhindern kann.

Eine weitaus dramatischere Entwicklung im Fall Swissair zeigt die folgende Abbildung 13. Bereits nach Veröffentlichung der Jahresergebnisse 2000 ergab sich auf Basis des HI-SCORE-Modells ein Rating von B+, während das Unternehmen am Kapitalmarkt erst im Juni 2001 als nicht mehr dem Investmentgradebereich zuzuordnen galt.

Abbildung 13: *Ergebnisse Swissair*

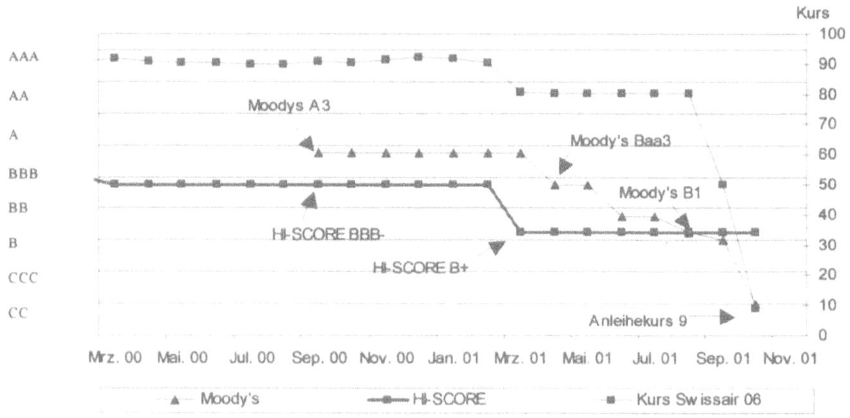

Sämtliche Ratingherabstufungen, die seit der starken Entwicklung des Eurobondmarktes durch die Ratingagenturen aus dem Investmentgradebereich in den sogenannten High Yield-Bereich vorgenommen wurden, und bei denen keine Bilanzmanipulationen vorlagen, konnten durch das Modell identifiziert werden.

3.3.1.2 Qualitative Analyse: Der Input der Analysten

Die Detailanalyse der Ergebnisse der Regression hat deutlich gemacht, dass auf Basis der Jahresabschlusskennzahlen bereits ein Großteil der Ratings erklärt werden kann, dass die Grenzen jedoch im Einzelfall bei qualitativen Bonitätsfaktoren sowie bei Strukturbrüchen durch Fusionen oder Großakquisitionen liegen. Daher umfasst der Helaba Invest-Ansatz die weitere Teilkomponente einer qualitativen Analyse.

Eine Liste möglicher qualitativer Faktoren der Bonitätsanalyse ist lang, die einzelnen Aspekte stehen ebenso für die Faktoren der Grenzen einer kennzahlbasierten Bilanzanalyse. Dabei stehen Fragen der Existenz außerbilanzieller Risiken wie Prozessrisiken, spezieller Geschäftsrisiken (Öltransporte) und Übernahmerisiken, die Finanzpolitik, die Glaubwürdigkeit des Managements sowie die Erfolgsaussichten einer neuen Unternehmensstrategie im Vordergrund. Weitere Felder der Analyse, die über die Jahresabschlussanalyse hinausgehen, sind die Branchenanalyse mit der Prognose von Branchenentwicklungen sowie die Beurteilung der Wettbewerbsposition eines Unternehmens.

Die Individualanalyse umfasst jedoch auch eine individuelle Überprüfung des quantitativen Teilurteils. Die Frage, inwiefern die auf Basis der Vergangenheitsabschlüsse berechneten Kennzahlen auf die Zukunft übertragen werden können, ist eine der wesentlichen Fragestellungen, die innerhalb dieses Analyseschritts zu beantworten ist. Die Tests haben gezeigt, dass die Relationen für den Großteil der Unternehmen im Zeitablauf relativ konstant sind. Das erhöht die Aussagekraft einer jahresabschlussbasierten Analyse. Dennoch ist in der Analyse zu berücksichtigen, dass sich die Situation und Struktur eines Unternehmens in Zukunft substanziell verändern kann. In diesem Fall sind Annahmen über die Entwicklung der Kennzahlausprägungen zu treffen. Es ist zu untersuchen, ob sich ein beobachteter Trend möglicherweise in der Zukunft fortsetzt, oder ob eher eine Trendumkehr anzunehmen ist. Dieses kann der Fall sein, wenn bereits geeignete Maßnahmen zur Umkehr eines negativen Trends ergriffen wurden. In diesem Zusammenhang kommt auch den Zwischenberichten eine große Bedeutung zu, auf deren Basis die Beurteilung zeitnah aktualisiert werden kann.

Es ist außerdem zu überprüfen, ob beispielsweise der Größenscore als Indikator der Wettbewerbsposition ein dem zu beurteilenden Unternehmen angemessenes Urteil ergibt. Gleichzeitig stellt sich beispielsweise die Frage nach der Werthaltigkeit von ausgewiesenen Firmenwerten oder der Existenz impliziter oder expliziter Garantien von Anteilseignern.

Das Resultat der internen Bonitätseinschätzung ist ein internes Rating. Dabei verwendet die Helaba Invest die am Kapitalmarkt übliche Skala der großen Agenturen. Dieses interne Rating geht als wesentlicher Bewertungsmaßstab in die Relative Value-Analyse ein.

3.3.2 Die Relative Value-Analyse

Ein Rating spiegelt die Bonität und die Fähigkeit eines Schuldners wider, den Verpflichtungen dauerhaft und fristgerecht nachzukommen, und bildet damit eine wichtige Grundlage für die Ermittlung des Fair Value eines Corporate Bonds.

Für eine Anlageentscheidung ist die relative Bewertung einer Anleihe im Verhältnis zu Vergleichsanleihen von Bedeutung. Dabei werden am Sekundärmarkt zirkulierende Anleihen relativ zur entsprechenden Kurve bewertet, um aktuell billige oder teuere Anleihen zu identifizieren. Zusätzlich ist eine Anleihe hinsichtlich ihrer eigenen Spreadentwicklung zu beurteilen. Das folgende Schema verdeutlicht die einzelnen Schritte der Relative Value-Analyse.

Abbildung 14: *Entscheidungsschritte Relative Value-Analyse*

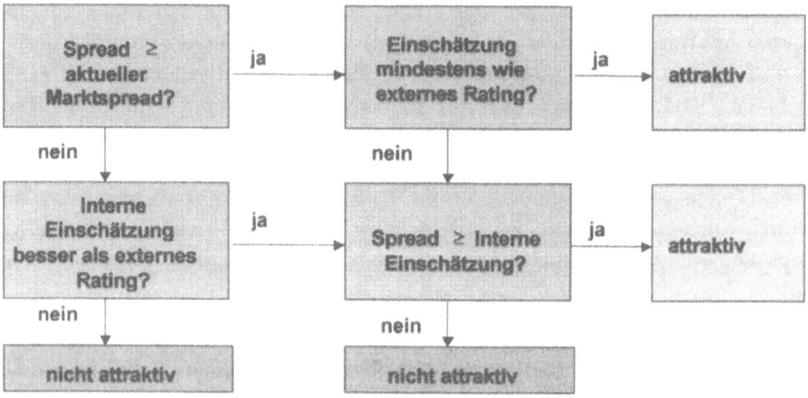

In einem ersten Schritt wird für jedes Ratingsegment in Euroland eine Zinsstrukturkurve geschätzt. Diese repräsentiert den Zusammenhang zwischen der Restlaufzeit und dem Renditeniveau von Anleihen einer Bonitätsklasse. Dabei sind möglichst marktgängige, liquide Bonds auszuwählen, die den Anlagehorizont adäquat abbilden. Die folgende Abbildung 15 zeigt beispielhaft die Zinsstrukturkurve für das Single-A-Segment.

Abbildung 15: *Zinsstrukturkurve A-Segment*

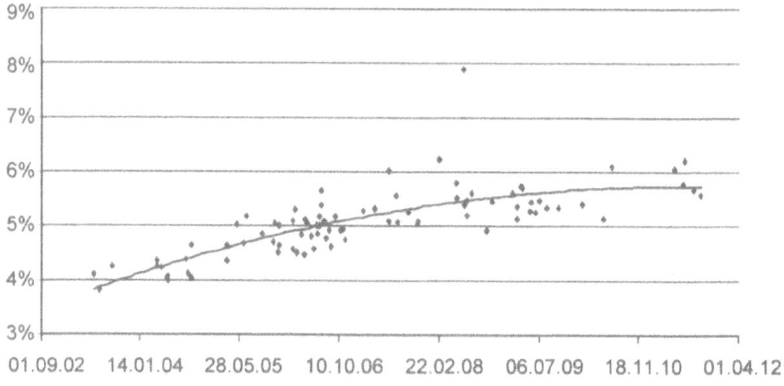

Im Grundsatz kann eine Anleihe, deren Rendite/ Restlaufzeit-Kombination oberhalb der mittleren „fairen" Zinsstrukturkurve liegt, als günstig beurteilt werden. Dagegen repräsentieren Punkte unterhalb der Kurve teure Anleihen. Damit ist eine aktuelle Markteinschätzung auf Basis der externen Bonitätseinschätzung vollzogen.

Zusätzlich wird jedoch die Frage gestellt, ob ein einzelner Emittent auch nach eigener Einschätzung in das Ratingsegment gehört, dem er auf Basis der externen Ratings zugeordnet ist. Daher folgt in einem zweiten Schritt der Vergleich des internen mit dem externen Rating. Sofern diese nicht übereinstimmen, wird für die weitere Beurteilung das interne Rating herangezogen und ein Bond auf Basis der dann relevanten Zinsstrukturkurve beurteilt. Nur wenn der Spread unter Zugrundelegung des internen Ratings attraktiv erscheint, kommt eine Anleihe für ein Portfolio in Frage. Ansonsten gelangt der Entscheider auf Basis des Entscheidungsdiagramms in das Feld „nicht attraktiv".

Damit ist die Bewertung eines Bonds im Vergleich zu anderen Bonds mit gleicher Bonitätseinstufung vollzogen. Zusätzlich sind weitere Ausstattungsmerkmale wie das Emissionsvolumen, die Besicherung und sonstige Klauseln sowie der Bekanntheitsgrad des Emittenten in Form von Auf- oder Abschlägen zu berücksichtigen, um eine faire Bewertung einer Anleihe zu bestimmen.[24] Ein geringes Volumen führt in der Regel zu einer geringeren Liquidität im Sekundärhandel und damit zu einem Spreadaufschlag. Dagegen führt ein bekannter Name dazu, dass sich der Emittent im Vergleich zu anderen Unternehmen günstiger refinanzieren kann.

Darüber hinaus wird der Trend der Spreadentwickung in die Beurteilung einbezogen, denn ein Bond kann zwar im Vergleich zu anderen Bonds attraktiv erscheinen, aber durchaus in den Folgetagen noch attraktiver werden. Daher wird der aktuelle Spread einer Anleihe durch die sogenannte Z-Transformation standardisiert. Vom aktuellen Spread wird zunächst der Spreadmittelwert eines gewissen Zeitraums, beispielsweise der letzten 180 Tage, subtrahiert. Damit zeigt sich, ob ein Spread ober- oder unterhalb des eigenen historischen Wertes liegt. Zur Standardisierung wird dieser Wert noch durch die Standardabweichung dieser Spreadzeitreihe dividiert. Auf diese Weise wird ein sogenannter Z-Wert ermittelt, der die relative Attraktivität eines Bonds gemessen an seiner eigenen historischen Entwicklung wiedergibt. Ein positiver Z-Wert bedeutet, dass der Spread über dem historischen Mittelwert liegt und vice versa. Durch Division durch die Standardabweichung wird dieser Wert normiert und ermöglicht damit, die relative Attraktivität eines Bonds im Vergleich zu anderen Papieren herzustellen.

Eine Anleihe, deren Spread oberhalb der Zinsstrukturkurve des vergleichbaren Ratingsegmentes sowie oberhalb des historischen Mittelwertes liegt, kommt für die Portfoliokonstruktion in Frage.

---

24 Vgl. *Behrenwaldt, U.* (1996), S. 298.

3.3.3 Die Überprüfung des Aussagegehaltes des Modells

Um die Güte des HI-SCORE-Modells zu überprüfen, wurde die bereits dargestellte Untersuchung zur Erklärungskraft von Ratings auf die HI-SCORE-Ergebnisse übertragen. Dabei ergaben sich die in der folgenden Tabelle 3 gezeigten Ergebnisse.

Tabelle 3: *Regressionsergebnisse zur Erklärung von Ratings und HI-SCORE*

		Agenturen	HI-SCORE
Ratingklassen	AA	0,7593	0,6334
	A	0,7059	0,6563
	BBB	0,3768	0,5279

Während der Erklärungsgehalt der externen Ratings bei den höheren Ratingklassen AA und A höher liegt als im HI-SCORE-Modell, liegt die Aussagekraft des HI-SCORE-Modells im BBB-Segment deutlich höher als die Bonitätseinstufungen der Agenturen. Die stärkere Aussagekraft im BBB-Segment ist jedoch besonders hoch einzuschätzen, da der Abstand zum High Yield-Bereich hier nur noch gering ist, und eine adäquate Einschätzung daher umso wichtiger wird.

Am Beispiel von Alcatel wird aufgezeigt, dass auf Basis des HI-SCORE-Ansatzes die Ratingveränderungen vonseiten der Agenturen sowie die deutliche Spreadausweitung antizipiert wurden. Das HI-SCORE-Modell hat bereits im März 2001 zu einer Herabstufung in den High Yield-Bereich geführt (vgl. Abbildung 16). Bei weiteren Ratingherabstufungen der letzten Jahre in den High Yield-Bereich wurde dieses Ergebnis in der Regel bestätigt.

Abbildung 16: *Rating-, Spread- und HI-SCORE-Verlauf Alcatel*

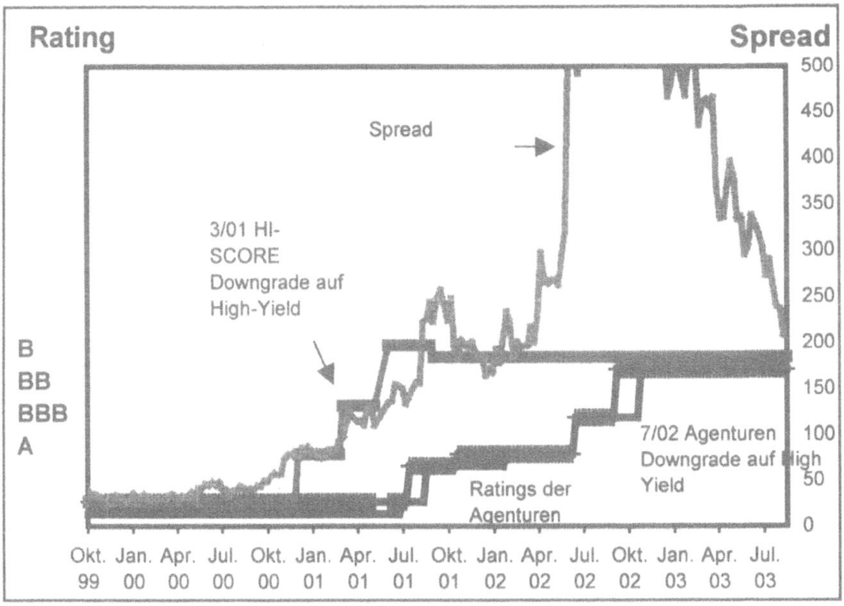

4 Zusammenfassung

Mit dem Markt für Corporate Bonds etabliert sich ein neues Marktsegment in Europa, das im Vergleich zu den klassischen Märkten einige Besonderheiten aufweist. Für die nähere Zukunft dürfte sich der Trend zur Verbriefung von Forderungen weiter verstärken. Weiterhin ist eine zunehmende Professionalisierung der Risikobewertung zu erwarten. Die Anzahl bestehender Ratings wird deutlich steigen, dabei dürfte es einen Trend zum BBB Rating geben. Schließlich wird die Bedeutung von Online-Plattformen entscheidend zunehmen.

Der hier dargestellte Investmentprozess wurde entwickelt, um den Herausforderungen des Corporate Marktes gerecht zu werden. Wesentliche Merkmale sind das auf Basis statistischer Untersuchungen entstandene HI-SCORE-Modell sowie die klare und deutliche Struktur des Gesamtprozesses.

Quellenverzeichnis

Altman, E./ Saunders, A. (1997); Credit risk measurement: Developments over the last 20 years, Journal of Banking & Finance, Vol. 21 (1997), S. 1721-1742.

Backhaus, K. et al (1990); Multivariate Analysemethoden, Berlin 1990 (Springer).

Baetge, J./ Sieringhaus, I. (1996); Bilanzbonitäts-Rating von Unternehmen, in: *Büschgen, H. E./ Everling, O.* (Hrsg.); Handbuch Rating, Wiesbaden 1996 (Gabler), S. 221-248.

Basel Committee on Banking Supervision (2004); International Convergence of Capital Measurement and Capital Standards: a Revised Framework, Basel Commitee Publications No. 107, June 2004.

Beaver, W. H./ Kettler, P./ Scholes, M. (1970); The Association Between Market Determined and Accounting Determined Risk Measures, in: The Accounting Review, Vol. 45 (1970), S. 654-682.

Behrenwaldt, U. (1996); Funktionen des Rating für Anleger, in: *Büschgen, H. E./ Everling, O.* (Hrsg.); Handbuch Rating, Wiesbaden 1996 (Gabler), S. 291-303.

Ben-Zion, U./ Shalit, S. S./ Size (1975); Leverage, and Dividend Record as Determinants of Systematic Risk, in: The Journal of Finance, Vol. 30 (1975), S. 1015-1026.

Berblinger, J. (1996); Marktakzeptanz des Rating durch Qualität, in: *Büschgen, H. E./ Everling, O.* (Hrsg.); Handbuch Rating, Wiesbaden 1996 (Gabler), S. 21-110.

Betsch, O./ Groh, A./ Lohmann, L.(2000); Corporate Finance, München, 2000 (Vahlen).

Bühner, W. (1984); Rendite-Risiko-Effekte der Trennung von Eigentum und Leitung im diversifizierten Großunternehmen, in: Zeitschrift für betriebswirtschaftliche Forschung, 36. Jg. (1984), S. 812-824.

Dhingra, H. L. (1981); Market Structure and Risk-Return Relationships: The Canadian Evidence, in: Akron Business and Economic Review, 1981, S. 25-30.

Duffee, G. (1996); Treasury yields and corporate bond yield spreads: An empirical analysis, Finance and economics discussion series, 96/ 20, 1996.

European Central Bank (2001); Recent developments in corporate bond spreads, in: European Central Bank (Ed.); Monthly Bulletin, August 2001, S. 15-17.

Everling, O. (1991); Credit Rating durch internationale Agenturen: Eine Untersuchung zu den Komponenten und instrumentalen Funktionen des Rating, Wiesbaden, 1991 (Gabler).

Fisher, F. M./ McGowan, J. J. (1993); On the Misuses of Accounting Rates of Return to Infer Monopoly Profits, in: American Economic Review, Vol. 73 (1983), S. 66-80.

Hauschildt, J./ Leker, J. (2000); Krisendiagnose durch Bilanzanalyse, 2. Aufl., Köln 2000 (Otto Schmidt).

Heinke, V. (1998); Bonitätsrisiko und Credit Rating festverzinslicher Wertpapiere, Bad Soden 1998 (Uhlenbruch).

Jahn, E. (1995); Ratings als Bonitätsindikator – eine Analyse, in: Kreditwesen, 48. Jg. (1995), S. 510-513.

Kniese, W. (1996); Die Bedeutung der Rating-Analyse für deutsche Unternehmen, Wiesbaden 1996 (Deutscher Universitäts-Verlag).

Krag, J./ Schmelz, M./ Seekamp, V. (1998); Bonitätsanalyse mit Hilfe von Rating-Agenturen, Marburg 1998.

Lewe, F. (2002); Bonitätsbewertung am Corporate Bond Markt - eine empirische Untersuchung am Markt für Euroanleihen, Diplomarbeit, Frankfurt am Main 2002.

Meyer-Parpart, W. (1996); Ratingkriterien für Unternehmen, in: *Büschgen, H. E./ Everling, O.* (Hrsg.); Handbuch Rating, Wiesbaden 1996 (Gabler), S. 111-174.

Monson, R. J./ Downs, A. (1965); A Theory of Large Managerial Firms, in: The Journal of Political Economy, Vol. 73 (1965), S. 221-236.

Moody's Investor Service (o. Jg.); Historical Default Rates of Corporate Bonds Issuers, 1920-1999.

Salomo, S./ Kögel, K. (2000); Krisendiagnose mit wissensbasierten Systemen, in: Krisendiagnose durch Bilanzanalyse, in: *Hauschildt, J./ Leker, J.* (Hrsg.); Krisendiagnose durch Bilanzanalyse, 2. Aufl., Köln 2000 (Otto Schmidt), S. 221-239.

Schmidt, R. (1980); Quantitative Ansätze zur Beurteilung der wirtschaftlichen Lage von Unternehmen, in: Betriebswirtschaftliche Forschung und Praxis, 32. Jg. (1980), S. 544-555.

Schmidt, R. (1997); Alternative Ansätze zur Erteilung von Ratings, in: Vorzeitige Beendigung von Finanzierungen. Rating von Unternehmen. Bankrechtstag 1996, Schriftenreihe der Bankrechtlichen Vereinigung, Berlin/ New York 1997, S. 137-161.

Schnabel, H. (1996); Die Funktion des Rating für deutsche Industrieunternehmen als Emittenten, in: *Büschgen, H. E./ Everling, O.* (Hrsg.); Handbuch Rating, Wiesbaden 1996 (Gabler), S. 305-325.

Standard & Poor's CreditWeek, January 2000.

Steiner, M./ Heinke, V. (2000); Der Informationswert von Ratings – Eine empirische Analyse am Markt für internationale DM-Anleihen, in: Zeitschrift für Betriebswirtschaft, 70. Jg. (2000), S. 541-565.

Templin, H.-U. (1998); Unternehmensrisiko und Bilanzkennzahlen, Wiesbaden 1998 (Deutscher Universitäts-Verlag).

Wagner, W. C. (1991); Rating mittelständischer Unternehmen, Frankfurt am Main 1991.

Weber M./ Krahnen, J. P./ Vossmann, F. (1998); Risikomessung im Kreditgeschäft: Eine empirische Analyse bankinterner Ratingverfahren, 1998.

Weinstein, M. (1977); The Effect of a Rating Change Announcement on Bond Price, in: Journal of Financial Economics, Vol. 5 (1977), S. 118-127.

Autorenverzeichnis

Ecke, Matthias

Dipl.-Kfm., Abteilungsleiter im Bereich Finanzen, DekaBank Deutsche Girozentrale Frankfurt am Main, Doktorand bei Prof. Dr. *Reinhart Schmidt* an der Martin-Luther-Universität Halle-Wittenberg

Herr *Ecke* studierte an der Martin-Luther-Universität Halle-Wittenberg sowie für ein Jahr an der Louisiana State University in Baton Rouge Betriebswirtschaftslehre. Nach dem Studium war er von Mai 1998 bis September 2003 als Teamleiter Finanzdienstleistungen bei Consart Management Consultants in Frankfurt beschäftigt. Seit Oktober 2003 ist Herr *Ecke* bei der DekaBank Deutsche Girozentrale in Frankfurt verantwortlich für die Abteilung Ergebnis-Controlling. Er ist verheiratet und hat eine kleine Tochter. Zu seinen Interessen zählen Fragestellungen der Kapitalmarktforschung.

Ehrentreich, Norman

Dipl.-Volksw., Minneapolis, externer Doktorand an der Martin-Luther-Universität Halle-Wittenberg, z. Zt. Forschungsaufenthalt an der University of Minnesota

Nach einer Ausbildung in Jena als Physikalisch-Technischer Assistent Studium der Volkswirtschaftslehre an der Martin-Luther-Universität von 1993-1999, Schwerpunkt Geld und Währung, und Teilnahme am DAAD-Austauschprogramm mit der University of Minnesota. 1999-2003 wissenschaftlicher Mitarbeiter am Lehrstuhl für Finanzwirtschaft und Bankbetriebslehre an der Martin-Luther-Universität. *Norman Ehrentreich* beschäftigt sich vorrangig mit agentenbasierter Modellierung dezentralisierter Märkte, Behavioral Finance, rationalen und effizienten Finanzmärkten, Geld und Währung sowie Geschichte der volkswirtschaftlichen Lehrmeinungen.

Gramlich, Dieter

Prof. Dr. habil., Leiter Studiengang Bank, Berufsakademie Heidenheim – Staatliche Studienakademie Baden-Württemberg, Lehrbeauftragter an der Martin-Luther-Universität Halle-Wittenberg

Studium der Betriebswirtschaftslehre an den Universitäten Mannheim und Paris Dauphine, Promotion über das internationale Bankgeschäft (Universität Mannheim) und Habilitation mit einer Arbeit zum Risikoverbund bei Kreditinstituten (Martin-

Luther-Universität Halle-Wittenberg). Forschungsaufenthalte in London und Tokio. Arbeitsschwerpunkte betreffen die Gebiete Finanzielles Chancen-/ Risikenmanagement, Gesamtbanksteuerung, Portfoliomanagement.

Holzapfel, Florian

Dr., Unternehmensberater, McKinsey & Company, München
Dr. *Florian Holzapfel* studierte Wirtschaftsingenieurwesen an der Universität Karlsruhe und promovierte bei Prof. Dr. *Reinhart Schmidt* am Lehrstuhl für Finanzwirtschaft und Bankbetriebslehre der Universität Halle-Wittenberg. Nach dem Studium eines MBA und einjähriger Praxiserfahrung bei First Union in Charlotte, NC/ USA, arbeitet er seit 2000 als Unternehmensberater bei McKinsey & Company Inc., München, mit den Schwerpunkten Finance und Health Care.

Sapusek, Annemarie

Dr., Deutsche Bundesbank, Frankfurt, Abteilung „Marktanalysen und Portfolios", und Habilitandin an der Wirtschaftswissenschaftlichen Fakultät der Martin-Luther-Universität Halle-Wittenberg
Dr. *Sapusek* studierte und promovierte an der Wirtschaftsuniversität Wien und absolvierte Forschungsaufenthalte an der HEC Paris und der Tuck School of Business at Dartmouth College. Nach Assistententätigkeit an der Wirtschaftsuniversität Wien war sie von 1994 bis 2003 wissenschaftliche Assistentin am Lehrstuhl von Prof. Dr. *Schmidt*. Ihre Forschungs- und Interessenschwerpunkte liegen in den Bereichen der empirischen Kapitalmarktforschung und der Kapitalmarkttheorie, der Marktmikrostruktur, des Going Public, der Optionen, des Portfoliomanagements und der Corporate Finance.

Schiefner, Lars

Dipl.-Math., Dipl.-Kfm., Referent Operationelle Risiken, Landesbank Sachsen Girozentrale, Leipzig
Studium der Mathematik und Betriebswirtschaftslehre an der Martin-Luther-Universität Halle-Wittenberg, Wissenschaftlicher Mitarbeiter am Lehrstuhl für Finanzwirtschaft und Bankbetriebslehre der Martin-Luther-Universität Halle-Wittenberg 1998-2003, Tätigkeitsschwerpunkte: Controlling operationeller Risiken und Liquiditätsrisiken.

Schmidt, Reinhart Prof. Dr., Lehrstuhl für Finanzwirtschaft und Bankbetriebslehre, Martin-Luther-Universität Halle-Wittenberg

Studium der Betriebswirtschaftslehre in München und Köln, Promotion und Habilitation an der Universität Bonn. Drei Jahre Tätigkeit als Unternehmensberater bei der Karoli-Wirtschaftsprüfung GmbH in Essen. 1972-1994 ordentlicher Professor der Betriebswirtschaftslehre an der Christian-Albrechts-Universität zu Kiel. Seit 1994 Universitätsprofessor an der Martin-Luther-Universität Halle-Wittenberg. Prof. *Schmidt* ist Vorstandsmitglied des Deutschen Aktien-Instituts e.V. (DAI) in Frankfurt am Main sowie Vorsitzender des Wissenschaftlichen Beirats des DAI, Vizepräsident des Stiftungsrates der Graduate School of Business Administration Zürich, Aufsichtsratsvorsitzender des Instituts für Unternehmensforschung und Unternehmensführung an der Martin-Luther-Universität Halle-Wittenberg e.V. und Vorstandsvorsitzender des Instituts für Genossenschaftswesen an der Martin-Luther-Universität Halle-Wittenberg e.V. Zu seinen Forschungsschwerpunkten gehören die Bereiche empirische Kapitalmarktforschung, Unternehmensanalyse/ Rating/ Aktienbewertung, Corporate Governance.

Templin, Hans-Ulrich Dr., Geschäftsführer Helaba Invest Kapitalanlagegesellschaft mbH, Frankfurt am Main

Hans-Ulrich Templin ist zuständig für das Portfoliomanagement von spezialisierten Investmentkonzepten, hierunter fällt auch das Management von Kreditrisiken. Nach dem Studium der Betriebswirtschaftslehre und der Tätigkeit als Assistent bei Prof. Dr. *Schmidt* an der Universität Kiel war er zunächst bei der DATEV eG tätig. Die Promotion zum Thema „Unternehmensrisiko und Bilanzkennzahlen" erfolgte in Halle. Vor dem Wechsel in das Fondsmanagement der Helaba Invest war *Hans-Ulrich Templin* Analyst bei der DZ Bank.

GPSR Compliance

The European Union's (EU) General Product Safety Regulation (GPSR) is a set of rules that requires consumer products to be safe and our obligations to ensure this.

If you have any concerns about our products, you can contact us on ProductSafety@springernature.com

In case Publisher is established outside the EU, the EU authorized representative is:

Springer Nature Customer Service Center GmbH
Europaplatz 3
69115 Heidelberg, Germany

Batch number: 10809441

Printed by Printforce, the Netherlands